現代の産業・企業と地域経済

──持続可能な発展の追究──

大西勝明
小阪隆秀 編著
田村八十一

晃洋書房

まえがき

　周知のように国連は，2015年に採択されたSDGs（持続可能な開発目標）において，持続可能な開発の三側面，すなわち経済，社会及び環境を調和させて，「人類を貧困の恐怖及び欠乏の専制から解き放ち，地球を癒やし安全にすることを決意」して，「世界を変革」することを提唱した．しかし，世界は，「1％対99％」という言葉に象徴されるように，一方の側には富が蓄積され他方の側には貧困が蓄積され益々格差は拡大している．

　本書は，このような国連のSDGsに近い問題意識を以前から持っている22名の研究者が，経済・産業・企業および地域・環境において，それぞれの問題意識に即して，現代の資本主義社会ないし世界が現実にどのような状況に直面しているかを析出することで，本書なりの「世界の変革」に向けた課題や展望を描き出すことを試みようとしたものである．その際に，日本の企業や地域がどのような課題を抱えており，どのような方向に向かわなければならないかも念頭において執筆されている．

　そこで，本書は，第Ⅰ部「産業構造と分析」，第Ⅱ部「企業・ガバナンス改革」，第Ⅲ部「地域・環境問題」の3部からなる構成をとった．2010年代を意識した，新しい動向の把握が各部とも試みられている．また，全体状況を鳥瞰しつつ個別的な事象の分析を展開しており，この点についても納得してもらえるのではないかと自負している．さらに本書の研究成果には執筆者が所属している産業研究会ならではの伝統的な特徴が継承されている．なお，本書の執筆者が所属している産業研究会については，「あとがき」を参照されたい．

　第Ⅰ部「産業構造と分析」では，日本の産業構造の変容ついての考察をトップに主要産業やベトナム産業の展開をも分析している．

　第Ⅱ部「企業・ガバナンス改革」においては，日本企業のガバナンスの問題点，国際的な視点からのガバナンスの留意点が指摘されている．また，日本企業への投資と関連した問題点が，国際的視点から再検討されている．ホットな東芝問題の分析等，重要な示唆が開示されている．

　第Ⅲ部「地域・環境問題」においても新たな取り組みを試みている．環境問題は，これまでの産業研究会の活動においては比較的手薄な領域であったが，若い研究者の参加により，本格的な論考の提示が可能となった．一方，地域や零細企

業の現状に関して，いかにその展望を提示していくのかについては深刻な討議を経てきている．安易に地域や零細企業の明るい未来などということがいえるのかということについては，執筆者の間でも多様な議論があった．執筆者が悩みつつ，これらの章で展望を試みていることを理解してもらいたい．

　本書は，前述したSDGs，持続可能性をテーマにした著作という方向性を意識して各自執筆に臨んだ．しかし，必ずしも全体を通してこの観点が徹底されているわけではない．とはいえ，現代的状況の下でSDGsを尊重し，可能な限りその展望を提示しようとしたことも確かである．

　最後になったが，厳しい出版状況の下で，困難な著書の出版を引き受け，全面的に協力いただき，産業研究会の伝統とエネルギーを理論的に結集していただいた晃洋書房編集部阪口幸祐氏に衷心よりお礼を申し上げておきたい．

2018年3月

編集委員会
大 西 勝 明
小 阪 隆 秀
田 村 八十一

目　　次

まえがき

第Ⅰ部　産業構造と分析

第1章　2010年代日本の産業構造とその変容
　　　　　　　　　　　　　　　　　　　　　　　村　上　研　一　2

　は じ め に　（2）
　1　産業構造の概観　（2）
　2　分配関係と雇用・賃金　（6）
　3　日本産業の国際競争力・国際的地位の変容　（7）
　お わ り に　（11）

第2章　日本・韓国・中国造船業の発展過程と課題
　　　　　　　　　　　　　　　　　　　　　　　飯　島　正　義　13

　は じ め に　（13）
　1　日本造船業の発展過程　（13）
　2　韓国造船業の発展過程　（16）
　3　中国造船業の発展過程　（17）
　4　日本・韓国・中国造船業の課題　（19）
　お わ り に　（21）

第3章　食料品製造業の構造的変化とグローバル化
　　　　　　　　　　　　　　　　　　　　　　　　秋保親成　24

　はじめに　(24)
　1　独占市場と競争市場　(24)
　2　収益構造とその変化　(26)
　3　雇用構造と収益性，技術的構成の関係　(28)
　4　食料品製造業における海外展開の状況と課題　(31)
　おわりに　(33)

第4章　建設産業における労働者化する個人請負就労者とその特徴
　　　　　　　　　　　　　　　　　　　　　　　　柴田徹平　36

　はじめに　(36)
　1　2000年代における建設技能労働者の状態　(37)
　2　労働者化した一人親方の増大とその背景　(39)
　3　労働者化した一人親方の労働条件　(40)
　おわりに　(43)

第5章　多国籍製薬企業の特質と産業分析
　　　――Johnson & Johnson, Gilead, Roche, 武田薬品工業などを
　　　　中心にして――　　　　　　　　　　　　田村八十一　46

　はじめに　(46)
　1　多国籍製薬企業の産業上の特質　(46)
　2　製薬企業のグローバル・ランキング　(47)
　3　製薬企業の経営戦略　(49)
　4　急成長するGilead――多国籍製薬企業の成長性分析　(51)
　5　収益性と売上高研究開発費率からみた製薬企業の特質　(53)
　6　売上高単位あたり従業員数における百分比率趨勢分析　(54)

おわりに——多国籍製薬企業の課題　(56)

第6章　21世紀・ベトナム産業の展開
　　　　　　　　　　　　　　　　　　　　　　大西勝明　58

はじめに　(58)
1　ドイモイ政策の導入・市場経済化　(58)
2　外国資本の導入　(60)
3　AECの形成　(62)
おわりに　(65)

第Ⅱ部　企業・ガバナンス改革

第7章　「ものづくり」の危機と企業ガバナンス改革
　　　　　　　　　　　　　　　　　　　　　　丸山惠也　70

はじめに　(70)
1　今日の経済・企業の構造変化と「ものづくり」の危機　(70)
2　企業ガバナンスと「ものづくり」——東芝の場合　(73)
3　株主価値極大化と短期収益主義——日本版ガバナンス改革　(76)
おわりに——「ものづくり」の再建とガバナンス改革　(79)

第8章　製品アーキテクチャーの革新とバリューチェーンにおける「支配」
　　　　　　　　　　　　　　　　　　　　　　小阪隆秀　81

はじめに　(81)
1　変化する自動車のアーキテクチャー　(82)
2　開発・設計による付加価値創造　(85)
3　組立メーカーによる「支配」の形成　(89)

4 メガサプライヤーと新規参入企業による「支配」への挑戦　(91)

 おわりに　(94)

第9章　日本企業の競争力低下と「国際競争力ランキング」
　　　　　　　　　　　　　　　　　　　　那須野 公人　98

 はじめに　(98)

 1 日本の1人あたりGDPの推移　(99)

 2 日本の国際競争力ランキングの推移　(100)

 3 日本の産業・企業の国際競争力の低下　(102)

 おわりに　(104)

第10章　成長なき経済，企業の余剰資金，対外M&A
　　　　　　　　　　　　　　　　　　　　國島弘行　106

 はじめに　(106)

 1 戦後経済成長の諸段階と成長なき経済段階　(106)

 2 バブル崩壊，銀行危機以後の企業の経営戦略　(109)

 3 投資有価証券投資，対外直接投資，M&A拡大　(113)

 おわりに　(117)

第11章　企業金融と企業買収
　　　　――東芝の事例の理解のために――　　高橋　衛　119

 はじめに　(119)

 1 20世紀初頭の企業買収の事例と企業金融の理論　(119)

 2 企業金融の理論と1980年代以降の企業買収の事例①　(122)

 3 企業金融の理論と1980年代以降の企業買収の事例②　(123)

 おわりに　(126)

第12章　不正会計と監査制度
　　　　　——東芝のウエスチングハウス社買収を中心に——　谷江武士　130

1　粉飾決算と不正会計　(130)
2　東芝の不正会計　(131)
3　東芝の不正会計と監査制度　(135)
4　東芝内部の監査委員会（委員会設置会社）による監査のチェック機能
　　　　　　　　　　　　　　　　　　　　　　　　　　　　　　　(138)
5　不正会計と監査の課題　(139)

第13章　米国機関投資家投資行動の現代的特質
　　　　　——プライベート・エクイティのバイアウト投資とM&A——
　　　　　　　　　　　　　　　　　　　　　　　　　岩波文孝　141

1　米国株式市場構造と機関投資家　(141)
2　プライベート・エクイティの投資戦略　(144)
3　プライベート・エクイティ・ファームの投資動向　(146)
4　プライベート・エクイティ・ファームの投資行動の特質　(149)

第Ⅲ部　地域・環境問題

第14章　大都市工業集積における地域産業政策の可能性
　　　　　——東京・大田区の場合——　　　　　　小林世治　154

はじめに　(154)

1　工業集積内の階層分裂——大田区「悉皆調査」結果から　(154)
2　政策主体の「ものづくり」離れ——産業構造の変化と羽田国際化　(156)
3　新たな進出分野をめぐって——医工連携の場合　(158)
4　小零細層の活路——都市型複合集積への転換　(160)

おわりに——もう一つのグローバル化　(161)

第15章　中小企業振興と地方行政，企業家の役割

　　　　　　　　　　　　　　　　　　　　　　　　　　　菊地　進　164

　はじめに　(164)
　1　「地方創生」と産業振興　(164)
　2　中小企業振興条例と事業所調査　(167)
　3　中小企業の経営力，人材育成力　(170)
　おわりに　(173)

第16章　グローバル経済下の地域中小企業の役割
　　　　　——地場産業の中小企業を中心に——　　　　山本篤民　175

　はじめに　(175)
　1　国内の製造業と地場産業の動向　(176)
　2　地場産業の中小企業の取り組み　(178)
　おわりに　(181)

第17章　浜松地域の繊維企業の挑戦

　　　　　　　　　　　　　　　　　　　　　　　　渡部 いづみ　184

　はじめに　(184)
　1　繊維産業の現状　(185)
　2　浜松産地の現状　(187)
　3　浜松産地・企業の取り組み　(187)
　4　今後の方向性と挑戦　(190)
　おわりに　(193)

第18章　「循環型地場産業」の創造
　　　　　——持続可能な循環型社会の形成に向けて——　熊坂敏彦　195

　1　「脱成長時代」における「地場産業」の復権　(195)

- 2 「地場産業」の現状と問題　(196)
- 3 「産地革新」の展開と新たな「地場産業」創生の萌芽　(197)
- 4 「循環型地場産業」の定義と特徴　(200)

おわりに　(203)

第19章　東京オリンピックと地域経済
―― 産業連関表と部門費振替表の類似性を手がかりとして ――

内野一樹　205

はじめに　(205)
- 1 産業連関分析　(205)
- 2 部門別計算　(207)

おわりに　(212)

第20章　中国の新型都市化とサステナビリティ
―― 都市, 産業, 人口の融合 ――

賈　曄　215

はじめに　(215)
- 1 中国の都市化プロセス　(215)
- 2 従来型都市化の課題　(217)
- 3 持続可能な成長のための新たな都市化政策　(220)
- 4 サステナビリティに向けて　(222)

第21章　企業と環境問題の関係性
―― 異なる視点からの分析 ――

所　伸之　225

はじめに　(225)
- 1 ネガティブ・ファクターとしての企業　(226)
- 2 ポジティブ・ファクターとしての企業　(227)
- 3 市民社会と企業　(230)

お わ り に ── 2つの視点の融合　　(233)

第22章　原子力発電の持続不可能性
山田雅俊　234

　は じ め に　(234)
　1　核の平和利用と日本における原子力開発体制の整備　(235)
　2　日本における原子力発電の導入・普及と限界　(237)
　お わ り に　(241)

あ と が き　(245)

第Ⅰ部　産業構造と分析

第1章

2010年代日本の産業構造とその変容

村上研一

はじめに

　本章は，2010年代の日本産業の特質とその変容について，各産業の生産物の販路，産業別の投資動向，分配関係，国際分業下での地位の変容などを踏まえて検討することを課題とする．まず産業連関表から日本産業の総体的把握を行ったうえで，機械受注や雇用，貿易統計など年次統計を用いた動向分析を加え，上記課題にアプローチしていこう．

1　産業構造の概観

　本節では，今日の日本産業の性格について，生産額の産業別構成とともに，各産業への有効需要の内容を反映する産業別販路構成の分析を通じて概観する．2000年，05年，11年の産業連関表から，産業別国内生産額の販路構成の推移について，00年の国内生産総額を100として示した**表1-1**を用いて検討しよう[1]．なおこの間の実質経済成長率は，02年から08年に至る「いざなぎ越え」景気下で2％前後だったが，米国金融危機を発端とする世界不況下の08・9年，さらに東日本大震災が発生した11年はマイナス成長に陥った．

（1）産業構造とその変容

　表1-1で「生産的部門計」の国際生産総額は，2000年から05年にかけて3.24％増加している．産業別には，金属，輸送機械，一般機械，運輸・通信・放送など拡大が顕著な産業と，軽工業，電気機械，建設業など大きく縮小している産業とに二分される．00年代の「いざなぎ越え」景気では，グローバル競争に直面する中で，競争力を維持・強化して輸出依存的成長を遂げた産業と，競争力低下に伴う輸入品の浸透によって国内生産が縮小した産業とに分岐が生じたことを

表1-1 産業別国内生産額の販路構成の推移（名目）

(単位：%)

	年	原材料 R	労働手段 F	流通資材 ZR	流通設備 ZF	サービス資材 SR	サービス設備 SF	公共資材 GR	公共設備 GF	消費手段 A	輸出	国内生産総額
農林水産業	00	1.78	0.02	0.00	0.00	0.31	0.01	0.00	0.00	1.12	0.01	3.25
	05	1.64	0.02	0.00	0.00	0.32	0.01	0.00	0.00	1.00	0.01	3.00
	11	1.47	0.02	0.00	0.00	0.35	0.01	0.00	0.00	1.01	0.01	2.88
軽工業	00	5.16	0.14	1.39	0.15	1.98	0.16	0.24	0.00	10.51	0.33	20.07
	05	4.55	0.14	0.97	0.17	1.78	0.10	0.21	0.00	8.74	0.37	17.03
	11	4.22	0.12	0.80	0.15	1.95	0.09	0.14	0.00	8.73	0.37	16.57
化学・窯業・土石	00	7.80	0.00	0.32	0.00	1.46	0.00	0.06	0.00	2.17	0.96	12.77
	05	7.97	0.00	0.37	0.00	1.58	0.00	0.09	0.00	2.63	1.55	14.19
	11	7.85	0.00	0.43	0.00	1.75	0.00	0.10	0.00	2.65	1.87	14.65
金属	00	6.01	0.03	0.07	0.03	0.04	0.02	0.03	0.00	0.13	0.52	6.89
	05	7.41	0.01	0.09	0.01	0.05	0.01	0.03	0.00	0.10	0.86	8.55
	11	7.93	0.02	0.09	0.02	0.06	0.01	0.04	0.00	0.11	1.22	9.50
一般機械	00	1.34	2.21	0.37	0.54	0.05	0.49	0.01	0.00	0.23	1.60	6.84
	05	1.42	2.25	0.40	0.56	0.07	0.56	0.01	0.00	0.20	1.93	7.40
	11	0.94	1.56	0.31	0.44	0.09	0.48	0.08	0.00	0.09	2.03	6.02
電気機械	00	3.28	1.12	0.23	0.68	0.01	0.37	0.06	0.00	2.17	2.76	10.70
	05	2.75	0.78	0.25	0.45	0.01	0.16	0.06	0.00	2.20	2.98	9.63
	11	2.06	0.78	0.22	0.37	0.01	0.17	0.04	0.00	1.48	2.36	7.49
輸送機械	00	3.17	0.46	0.33	0.29	0.00	0.58	0.15	0.00	1.30	2.03	8.31
	05	4.28	0.63	0.34	0.41	0.00	0.59	0.07	0.00	1.62	2.77	10.70
	11	3.36	0.48	0.33	0.30	0.00	0.15	0.06	0.00	1.16	2.52	8.37
建設	00	0.59	3.58	0.62	1.33	0.18	1.16	0.09	2.34	2.95	0.00	12.84
	05	0.59	1.85	0.68	1.30	0.17	1.26	0.10	2.28	2.46	0.00	10.68
	11	0.64	1.59	0.71	0.98	0.17	1.10	0.14	1.67	1.88	0.00	8.87
電力・ガス・水道	00	1.96	0.00	0.37	0.00	0.74	0.00	0.17	0.00	1.49	0.02	4.75
	05	1.75	0.00	0.48	0.00	0.73	0.00	0.21	0.00	1.47	0.04	4.69
	11	2.05	0.00	0.57	0.00	0.79	0.00	0.23	0.00	1.52	0.01	5.17
運輸・通信・放送	00	5.52	0.00	2.25	0.00	0.68	0.00	0.27	0.00	3.84	0.72	13.29
	05	6.37	0.00	3.41	0.00	1.01	0.00	0.44	0.00	4.79	1.07	17.09
	11	5.95	0.00	3.12	0.00	1.05	0.00	0.42	0.00	4.82	1.03	16.39
生産的部門計	00	36.92	7.56	5.96	3.02	5.45	2.79	1.09	2.34	25.91	8.96	100.00
	05	39.00	5.66	7.00	2.89	5.71	2.69	1.22	2.28	25.20	11.59	103.24
	11	36.67	4.57	6.59	2.26	6.22	2.02	1.24	1.67	23.45	11.42	96.11

出所：各年の「産業連関表」より作成.

示している［村上 2013：第6章］．

　さらに2005年から11年にかけて，表1-1の「生産的部門計」の国内生産総額は7％程度縮小している．産業別には，建設業とともに，輸出産業である電気機械，輸送機械，一般機械での縮小が顕著である．化学・窯業・土石，金属，電力・ガス・水道の各産業の生産額は増加しているが，表出していない実質ベースの生産額はいずれも低下しており，この間の原料・資源価格の高騰を反映している．このように，05年から11年にかけて，00年代以来継続的に国内生産が縮小している産業だけでなく，00年代には輸出依存的成長を遂げた金属や輸送機械，一般機械などを含め，国内産業の生産額が全般的に縮小している．

（2）　販路構成の産業別動向

　表1-1に示した「生産的部門計」の販路構成では，原材料と流通資材は2000年代の好況期に拡大・11年にかけての不況下で縮小という景気変動に従った動きを示している．他方，設備投資を反映する労働手段，流通設備，サービス設備は，00年以降減退を続けている．

　消費手段の国内生産額も2000年代以降減退を続けており，05年から11年にかけては電気機械での縮小が顕著であるが，輸入品の浸透による国内生産の縮小にも起因している点は看過できない［村上 2017b］．これに対して，輸出の構成比は00年8.96％から05年11.59％へと大きく拡大しており，輸出依存的な「いざなぎ越え」景気の実態を反映している．なお，08-9年不況は米国発金融危機に端を発する輸出減退が主因だったにもかかわらず，11年の輸出構成比は11.42％と高止まっている．このような日本産業の外需依存の継続は，次節で明らかにする国民生活悪化に伴う内需の縮小にも起因するものと考えられる．輸出構成の変化を産業別に検討すると，電気機械と輸送機械で縮小している一方，生産財を中心とする化学・窯業・土石，金属，一般機械で拡大している点に注目される．

　2005年から11年にかけての販路構成では，サービス資材のみが大きく拡大している．産業別には化学・窯業・土石での生産額が中心であるが，産業連関表を詳しく分析すると，医療機関・福祉施設の医薬品購入の増大を反映していることが分かる［村上 2017b］．

（3）　設備投資と資本蓄積の動向

　表1-1では，設備投資を反映する労働手段，流通設備，サービス設備の構成比が減退し続けているが，産業別には建設業での減少が著しい．これら民間投資

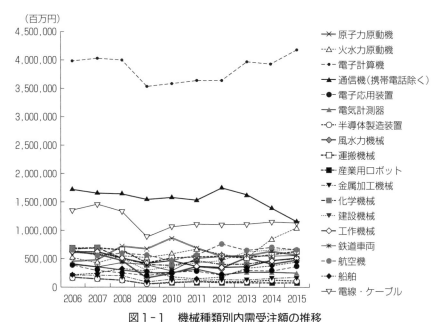

図1-1　機械種類別内需受注額の推移

出所：各年の「機械受注統計調査年報」より作成．

とともに，公共投資を意味する**表1-1**の公共設備の構成比も減退しており，建設投資の全般的縮小が明瞭である．

　機械設備投資を反映する機械受注額の2015年までの推移を機種別に示した**図1-1**では2010年代，電子計算機投資が増大しているが，表出していない受注先では金融・保険業と防衛省を含む官公需の伸びが中心である．一方，通信機投資の減退が顕著だが，第3節で明らかにする国際競争力低下にも起因するものと考えられる．なお，10年にかけて投資額が増大した原子力原動機は11年以降に縮小し，火水力原動機の投資額が増加している．表出していないがこれら原動機の受注先は電力業が中心で，11年の原発事故，さらに電力自由化に伴う参入の増加等を反映しているものと思われる．このように，全般的に停滞基調にある国内投資の中で，金融技術革新や軍需とも関連が広がっている電子計算機分野，原発問題を含むエネルギー政策の影響を受ける電力分野での投資拡大が明らかである．

2 分配関係と雇用・賃金

表1-1では2005年から11年にかけて消費手段の生産額は顕著に縮小していたが,本節では,実収入および雇用・賃金を中心に,国内消費を規定する分配関係の動向を検討する.

消費者物価指数と実収入指数の推移を示した**図1-2**をみると,消費者物価は2008年や14年に一時的上昇がみられるが,1998年以降停滞基調で,所謂デフレ傾向を反映している.実収入は98年から03年に大きく下落した後も停滞を続け,消費者物価指数との乖離幅が広がっている.このように,国民の実質収入は,90年代末から00年代半ばにかけて急速に低下した後,10年代半ばにかけてもゆるやかに減退を続けている.

次に,2005・10・15年「国勢調査」および15年「賃金構造基本調査」から,雇用動向と賃金を産業別に検討しよう.15年の平均賃金年額が498.2万円であった製造業従業者数はこの間,1048.6万人→902.9万人→870.9万人と減少しているが,内訳では平均賃金年額が554.2万円と高い電機産業の従業者数が166.0万人→136.8万人→116.1万人と急減している.さらに,平均賃金年額が512.6万円の建設業で従業者数が544.1万人→451.0万人→438.2万人,平均賃金年額が547.2万人の卸売

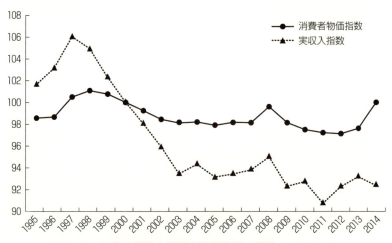

図1-2 実収入指数と消費者物価指数の推移（2000年＝100）

注：「実収入成長率」は2人以上・勤労世帯.
出所：「家計調査年報」「消費者物価指数年報」より作成.

業で従業者数が345.4万人→304.8万人→288.7万人と減少が著しい．一方，この間に従業者数が増えたのは，平均賃金年額が354.0万円の「社会保険・社会保障・介護事業」(223.5万人→270.2万人→342.1万人)，平均賃金年額が330.0万円の労働者派遣業(91.2万人→164.5万人→169.1万人)が中心である．このように，比較的高賃金の諸産業での従業者減，低賃金の介護分野と派遣労働者の増加が，図1-2に示された実収入の減退につながったことが明瞭である．

　従業者数が増加している労働者派遣業について，2000・05・11年産業連関表を利用して労働者派遣業の販売総額の伸びに対する販路産業別寄与率を推計すると，派遣労働者の利用を増やした産業が変化したことが明瞭になる．00年代前半の販路別寄与率は，電機14.2％・輸送機械14.1％など製造業が50.4％を占め，輸出産業での競争力維持・強化を目的に派遣労働者の利用を拡大したものと捉えられる．一方，05年から11年の寄与率では，製造業が23.1％に低下する一方，医療・介護分野12.6％，対事業所サービス11.1％，建設9.7％，運輸・通信8.7％など内需産業で高い．こうした内需産業での派遣労働の利用拡大は，図1-2に示した実質所得の縮小・停滞が続く中でコストダウンを迫られた結果と考えられるが，一層の所得低迷と内需の減退につながり，内需産業に更なるコストダウンを迫る，という悪循環を生み，国内再生産の縮小を引き起こしているものと理解できる（この点については，藤田［2017：第5章］も参照）．

3　日本産業の国際競争力・国際的地位の変容

　表1-1では，外需依存的成長が破たんした2008-9年不況後の10年代においても，国内再生産の縮小にも起因して，日本産業の外需依存性の高止まりが確認された．ただし，11年から15年にかけては貿易赤字が継続した．本節では，各産業の貿易動向とともに，輸出産業の国際的地位の変容について考察しよう．

(1)　貿易赤字の要因

　品目別貿易収支の推移を示した図1-3では2011年以降，貿易収支総額が赤字となっているが，直接的には石油やLNGなど鉱物性燃料の赤字拡大が主因であることが明瞭である．ただし，貿易赤字が最も拡大した14年における鉱物性燃料の貿易赤字は，貿易収支総額では黒字を維持していた08年と同水準である．14年は08年と比較して，輸送機械や一般機械，とりわけ電気機械の貿易黒字額が落ち込んでいるため，鉱物性燃料の貿易赤字額は同水準でも，貿易収支総額の大幅な

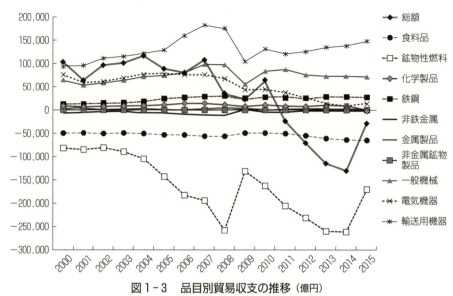

図1-3　品目別貿易収支の推移（億円）

出所：財務省「貿易統計」より作成．

赤字につながっていることが明らかである．

近年の為替レートと主な品目別の輸出数量指数の推移を示した図1-4では，円安が進んだ2010年代，ほとんどの品目で輸出数量が停滞ないし減退している．他方，円安は資源・エネルギー輸入価格上昇を通じて鉱物性燃料輸入額の拡大をもたらす[2]．従来の日本では，円安は電機・自動車など輸出産業の輸出拡大につながり，資源輸入額の増加を上回る輸出額増大によって，恒常的に貿易黒字を確保できた［村上 2017a］．ところが10年代には，円安にもかかわらず輸出量が増大しなかったことが，日本が貿易赤字に陥った根因と考えられる．

（2）　輸出産業の国際的地位の変容

2010年代，円安でも日本の輸出が伸びなかった要因は何か，産業ごとに検討しよう．

図1-3で2010年代に最大の貿易黒字を計上しているのは，自動車を中心とする輸送用機械である．ただし図1-4の輸出数量では，円安の進んだ12年以降に自動車輸出は横ばい，自動車部品輸出は減少している．この点に関して，日本自動車メーカーの国内・海外生産および輸出台数と日本からの部品輸出量の動向を

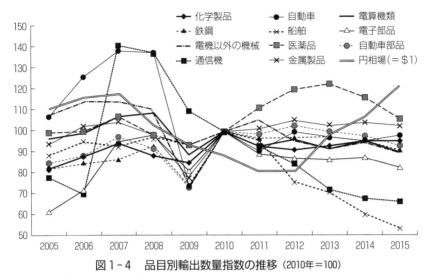

図1-4 品目別輸出数量指数の推移（2010年＝100）
出所：財務省「貿易統計」より作成．

示した図1-5をみると，00年代までは海外生産と部品輸出が平行して拡大していたが，12年以降は国内生産と輸出が停滞する中で，海外生産がさらに拡大する一方，部品輸出は減少している．これは，日本自動車メーカーの海外生産用部品の現地調達への切り替えと部品サプライヤーを含めた海外展開［坂本2017：第2章］を反映しており，海外生産拡大が国内生産の増加につながらない実態が明確である．

図1-3で電機産業の貿易黒字は2010年代に急減しているが，品目別貿易収支の推移を示した図1-6を検討しよう．図1-6では10年代，従来から貿易赤字であった家電機器に加え，スマホを含む通信機やパソコンを含む事務用機器，さらにテレビなど音響・映像機器の貿易赤字が拡大している．一方，半導体等電子部品の貿易黒字も縮小しており，貿易黒字を継続しているのは「電気回路等の機器」や半導体等製造装置，電気計測機器など産業用機器が中心である．このように，電機産業については非量産分野である産業用機器は貿易黒字を維持しているものの，量産品である製品と部品の競争力が急速に失われているため，電機産業全体の貿易黒字が急減したものと考えられる．

図1-3では2010年代，輸送用機器についで一般機械の貿易黒字が大きいが，一般機械の貿易収支と相手国別輸入額をドル建てで示した図1-7をみると，12年以降はドル建ての貿易黒字額は縮小している．図1-7ではこの間，中国を中

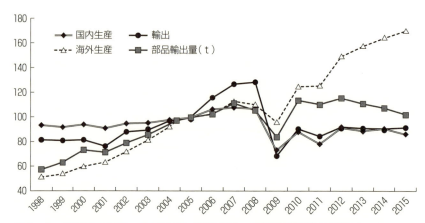

図1-5 自動車の国内・海外生産・輸出台数, 部品輸出指数の推移 (2005年=100)
出所:財務省「貿易統計」および日本自動車工業会発表資料より作成.

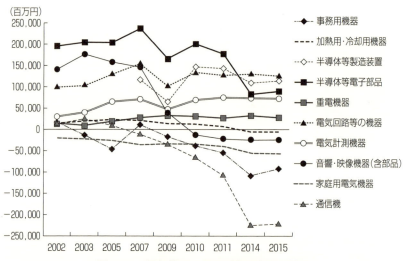

図1-6 電気機器の品目別貿易収支の推移
注:「半導体等製造装置」は2007年より「貿易統計」に掲載されるようになった.
出所:財務省「貿易統計」より作成.

心に輸入が拡大しており, 日本産業機器メーカーが汎用機器を中心に中国現地生産・逆輸入を拡大している実態［吉田 2011:108］を反映しているものと思われる.

このような輸出産業の国際的地位の変容とそれに伴う国内生産の空洞化が, 円

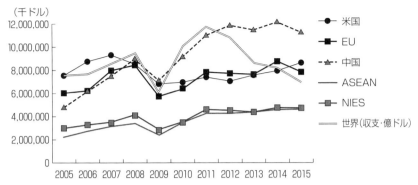

図1-7　電算機のぞく一般機械の相手地域別輸入と貿易収支の推移
出所：財務省「貿易統計」より作成．

安下の2010年代に輸出が停滞・減退したことの要因である．電機産業は量産分野である製品と部品で国際競争力を喪失しつつあり，日本企業の競争力が維持されている自動車・一般機械産業でも海外生産が一段と加速しているため，円安でも輸出が増加せず，貿易赤字が拡大する産業構造となっているものと考えられる．

おわりに

　以上の分析を通じて，2010年代日本産業の特質が鮮明になった．日本経済は2008-9年世界不況に伴う深刻な不況に陥った後，国内生産・投資・消費の停滞が続いている．その要因の第一は，介護分野や非正規雇用など低賃金雇用の拡大に伴う内需の減退である．内需減は内需産業での非正規雇用の利用拡大を促し内需の更なる縮小を招く事態が生じている．第二は，電機・自動車・一般機械など輸出産業の国際競争力衰退と海外生産拡大によって，円安でも輸出が増加しない産業構造となっている点である．こうした内需・輸出双方の停滞が，投資減退と日本産業の縮小再生産につながっており，従来の外需依存的成長に代わる持続可能な産業構造への転換が求められる．

注
1）販路構成の定義と，産業連関表から販路構成を検討する方法については，村上［2013：序章］を参照．
2）2010年から14年にかけて，石油およびLNGの輸入額は9.4兆円および3.5兆円から

13.9兆円および7.9兆円に増加したが，輸入数量は石油6.7％減およびLNG26.4％増である．鉱物性燃料全体の輸入額は17.4兆円から27.7兆円に10.3兆円増加しているが，このうち輸入数量増大要因は0.3兆円に過ぎず，大半は価格上昇要因によることが明瞭である．

参考文献

坂本雅子［2017］『空洞化と属国化』新日本出版社.
藤田実［2017］『戦後日本の労使関係』大月書店.
村上研一［2013］『現代日本再生産構造分析』日本経済評論社.
─── ［2017a］「「輸出大国」の行き詰まりと地域循環経済への課題」『政経研究』108.
─── ［2017b］「現代日本産業の停滞と国際的地位の変容」『企業研究』（中央大学）28.
吉田三千雄［2011］『戦後日本重化学工業の構造分析』大月書店.

第2章

日本・韓国・中国造船業の発展過程と課題

飯島正義

はじめに

　2015年の世界の船舶竣工量は6756万総トンで，ピーク時の2011年の1億184万総トンの66％の水準にある．国別シェアをみると，第1位中国2516万総トン（37.2％），第2位韓国2327万総トン（34.4％），第3位日本1300万総トン（19.2％）となっている．また，2015年の竣工隻数（合計2870隻）は，第1位中国949隻（33.1％），第2位日本520隻（18.1％），第3位韓国358隻（12.5％）で，この3国で竣工量の90.8％，竣工隻数の63.7％が占められている［日本造船工業会 2016］．

　日本は，竣工量で1956年イギリスを抜いて世界一となったが，2000年に韓国，2009年中国に抜かれた．本章では，こうした現状をふまえながら日本，韓国，中国の造船業の発展過程を歴史的にたどることで3国の造船業の発展の特徴をつかむと同時に，3国の課題について考察することを課題としている．

1　日本造船業の発展過程

　第2次世界大戦後，日本の造船業が本格的に復興していくのは，1947年9月の「計画造船」の開始からである．戦時中に甚大な被害を被った海運業に対して，造船業の被害は比較的軽微で済み，対日賠償や財閥解体の緩和により造船設備の撤去を免れたことが造船業の復活の基礎となった．計画造船はこうした状況を前提としてスタートしたが，発注が大手造船所に多くなされたことから戦後の日本造船業は大手造船企業を中心として展開されていくこととなる．その後，朝鮮戦争ブームや世界的なタンカーブームの中で，日本造船業は船舶輸出によって発展を遂げていくが，1950年代前半には早くも造船不況の壁に遭遇してしまう．この不況に際して，日本造船企業は溶接・ブロック建造方式などの新工法を導入して短納期化・船価の低価格化を実現し国際競争力を強化していったが，その一方で，

大手造船企業は造船（技術）と関連した陸上機械部門の強化，好不況・作業の繁閑の影響を緩和させる調節弁として臨時工・社外工（請負工）の雇用構造を定着させていった．大手造船企業は，その後も造船不況のたびに新技術開発と人員調整などを実施しながら非造船部門（陸上機械部門）を強化し，「総合重工企業」へと脱皮していくのである．

　高度経済成長期に入ると，1956年のスエズ動乱による海上運賃の上昇などを背景として第1次輸出船ブーム（1955～57年）が起こり，日本は1956年に竣工量でイギリスを抜いて世界一となった［長塚・澤山 2003；麻生 2008］．1960～62年の造船不況期には，球状船首，船舶の大型化・高速化などの新技術開発が行われるとともに，大手造船企業は陸上機械部門の強化，臨時工・社外工（請負工）の削減，スケールメリットを追求するための経営・事業統合を進めていったのである［古賀 1995］[1]．1963～64年には，戦時中に大量に建造された貨物船が代替期を迎えたことで第2次輸出船ブームが，1965～70年には超大型タンカーの需要増大や日本経済の好景気による国内船の発注増などによって第3次輸出船ブームが起こり，大手造船企業はこれらのブームに対応するため新たな生産拠点に大型船建造システム（少品種大量生産システム）を構築していったのである．また，この時期は日本が資本の自由化を要求された時期でもあり，造船業界でもそれに対応するための業界再編が行われた［古賀 1995］[2]．そして，この時期以降注目されてくるのは，防衛力整備計画に基づく艦艇建造が顕著となっていくことで，その発注は大手造船企業（三菱・石川島・川崎等）に行われたのであった．

　1971年のニクソンショックとそれに続くスミソニアン体制による円高で造船企業に対する受注は，一時的に後退するが，73年，74年はこれまで以上の大量受注となった．その背景には，石油備蓄用としてのタンカー需要の増大，ソ連・北欧での不作による穀物用貨物船の発注増，円再切り上げを見越した投機的発注，列島改造ブームなどがあった．大手造船企業は，このような背景のもとで設備投資を拡大していくが，政府が世界シェア50％維持の方針をとったことも造船企業を後押しした．しかし，74年から77年にかけて大量のキャンセルや船種変更が生じ，さらに円高が重なったことで造船業界は一転過剰設備に悩むこととなっていく．タンカーなどの大型船を中心に建造してきた大手造船企業は，それまであまり実績のなかった一般貨物船や自動車運搬船などの分野に参入し，高度経済成長期後半から積極的な設備投資を展開し，輸出船市場にも進出していた中規模造船企業と激しい競争を繰り広げることとなり，三重造船や今井造船など中規模造船企業が経営破たんしていったのである（1976～80年に47社が倒産）．

政府は，1978年「特定不況産業安定臨時措置法」を制定し，造船業を「特定不況業種（構造不況業種）」に指定し，政府主導で1980年と1988年に大幅な「設備削減」と業界再編（大手・中堅造船企業による中小造船企業の系列化）を行っていった．こうした中で，設備を大幅に削減された大手造船企業（一部中堅造船企業含む）は，新鋭設備の事業所を維持しながら陸上機械部門に力を注ぎ，将来の需要回復に備えて中小造船企業を系列化していったのである［古賀 1993］．また1978年「特定不況地域中小企業臨時措置法」によって，函館，相生，玉野，因島，今治，佐世保など造船業が盛んな地域がその対象として指定されたことで，今日みられるような日本における造船所の分布が西日本に集中することとなったのである．

　1985年のプラザ合意後の急激な円高の進行により造船業界は新たな不況段階に入り，政府は大手を中心とする企業系列化をさらに推し進めていった（1986年21グループ44社から88年8グループ19社へ集約）．

　1980年代以降，日本造船業にとって最大の問題は，韓国造船業の台頭であった．後述するように，韓国は1960年代後半から造船業に本格的に進出していくが，当初日本からの技術導入を期待した．しかし，日本の造船企業はブーメラン現象を恐れ，技術供与に消極的であったことから韓国企業は欧州造船企業との提携により技術を導入して建造能力を急拡大させていったのである．そして，1990年代のバブル崩壊以降は日本の大手造船企業と技術・資本提携して世界シェアを高め，2000年に竣工量で日本を追い抜いていくのである．日本は1980年代まで世界シェア50％を保持していたが，造船業が「構造不況業種」に指定されてから造船所の新設は行わず，各造船所での生産性を向上させつつ建造能力に見合った受注・建造を継続してきた．それが1990年代末からの世界的な海運・造船業界の好況期に韓国に後塵を拝する要因となったのである．

　1990年代の円高の高進，国際的な過当競争による船価の低迷は，大手造船企業の造船部門の収益を悪化させ，大手造船企業はこれまでの大型タンカー中心の建造から高付加価値船（LNG・LPG船，コンテナ船等）建造へと大きくシフトしていくのである．さらに大手造船企業は，国内における現業部門や営業部門だけでなく，設計部門も含めた人員削減と外国（韓国・中国）資本との連携（資材調達，技術供与等）を強めるとともに，一層の多角化（「陸上がり」）を推進していくのである[3]．

　このようなことから大手造船企業（重工業メーカー）にとって造船部門は，今日すでに主要部門ではなく，造船部門が分社化されたりして建造以外の船舶の設計・開発，舶用機関の提供などエンジニアリング事業に主力が移りつつある．そ

の結果,竣工量では造船専業企業(今治造船,名村造船,大島造船,新来島ドック,常石造船など)が大手造船企業を上回る状況となっているのである[4]。

造船専業企業は,これまで企業統合による経営規模の拡大に努めるとともに,船種を絞り込みながら生産工程の徹底した見直しを進め,短納期,コスト低減,効率化を追求してきた.そして大手造船企業と提携・協業関係の強化を図りながら技術力を向上させ,一部高付加価値船も手がけるようになっているのである.造船専業企業が建造する船種(タンカー,バルクキャリア(ばら積み船),自動車専用船など)は,韓国,中国と競合する船種であり[麻生 2013],激しい競争が展開されている.

2000年以降になると,中国の造船業も国内の経済発展により竣工量を急増させており,韓国や中国との競争の中で日本の造船業界は,競争力強化のために更なる統合・再編・提携を推し進めているのである[5]。

近年は,海洋環境基準の厳しさや省エネ,為替レートが円安に転換したことなどから高性能・高品質な日本造船企業の受注が再び増加しつつある[国土交通省 2016].

2 韓国造船業の発展過程

韓国政府は,1960年代に造船業を「外貨獲得の輸出産業」として位置づけ育成してきた.韓国造船業が本格的に発展するのは,1967年に「造船工業振興法」が制定され,政府による大規模なインフラ投資や税制面における手厚い保護が与えられてからである.造船業が輸出産業として位置づけられた背景には,新興国としての政策的意味もあるが,国内船需要がほとんどないために最初から輸出を重視せざるをえないという韓国独自の事情もあった.

韓国造船業は,高い技術力を保持しながら日本造船業に追いやられた欧米の造船企業(主に欧州)から技術導入を図りながら,船舶の建造部門(組立て)に特化し,他のものは外部から購入する方針を採り,低船価受注で竣工量を増加させてきた.また,韓国政府は,造船業の急速な規模拡大を図るために少数の財閥を優遇し政府主導で発展させてきた[6]。したがって,造船関連企業や中小企業の育成が遅れ,すそ野の狭い構造を形成することとなった.こうした構造的な特徴は,その後の建造量の増加に比例して関連工業製品の輸入増加を招き,貴重な外貨を大量に消費してしまうという事態を引き起こしていくこととなる.そこで,韓国政府は,1970年代後半からヨーロッパや構造不況に陥っていた日本から造船関連

工業の技術導入を推し進め，造船関連工業の育成と国産化率の向上を図っていった［伊丹・伊丹研究室 1992］．1985年のプラザ合意後の急激な円高によって日本から輸入する関連資材・製品価格は高騰し，その輸入先を日本から欧米に移さざるを得なくなっていくが，製品や部品を含めた急速な国産化は船体建造・組立に特化し成長してきた韓国造船業にとって非常に難しく，円高下にあっても一部の製品・部品については日本からの輸入を継続させざるを得ず，その輸入額はむしろ増加したのであった．1987年の「民主化宣言」を契機として韓国内の賃金が上昇し，さらにウォン高が重なり，韓国の船舶竣工量は日本に迫りながらその成長は一時的に鈍化せざるを得なかったのである．

　1990年代後半のアジア通貨危機の影響で大規模設備投資を行った複数の造船所が経営危機に陥ったが，政府や大手造船企業の支援によって建造能力を温存したために予想以上の低船価で受注量を確保していくこととなる．こうした韓国の利益を度外視した戦略によって西欧の造船企業の多くは，造船部門から他部門への転換や撤退を余儀なくされたのである［長塚・澤山 2003］．そしてまた，このような韓国の強気の戦略は，1990年代後半からの大型船需要の到来とウォン安によって2000年に竣工量で日本を追い抜く結果をもたらし，2000年代前半から始まる世界的な海運・造船業界の好況の波にうまく乗ることを可能とさせたのであった．

　韓国の大手造船企業は，2000年以降（特に2010年以降），「多角化」（総合重工業化）として造船から海洋資源開発分野に比重を移していったが，近年原油価格の低迷に伴う投資減退により業績が悪化し，再びタンカーなどの一般商船への回帰の動きを示しているのである［仲谷 2016：31］．

3　中国造船業の発展過程

　中国において近代的な造船業が発展していくのは，1970年代末の「改革開放」政策以降である．それ以前の商船建造は小規模で国内向けを少量生産する程度で，建造設備や技術は国際水準に立ち遅れる状況であった［張 2011］．中国では，造船業は軍需産業としての役割をもつため「改革開放」後も政府の規制・監督下に置かれてきている．

　中国の造船政策は，「国輪国造」（自国の船は自国で作る）と「輸出振興」を基本として展開されてきた．「国輪国造」では自主開発にこだわるのではなく，海外設備や技術を導入して造船業の近代化が目指された．また，「輸出振興」では，中国の低賃金の優位性を活かした低付加価値船の輸出から始めるとされた．こう

した政策の結果，1982年の中国の船舶竣工量は1万総トン（世界シェア1.9%）であったのが，1995年には96万総トン（世界シェア4.2%）へと急拡大していったのである［張 2011］．

中国は，1990年代後半から新造船需要の拡大を背景として世界市場への参入を目的に造船業の拡大に注力し，90年代末から造船業を一層急拡大させていく．これは，江沢民主席の「面向世界開拓前進，努力発展船舶工業」（世界に顔を向けて開拓前進し，船舶工業の発展に努力せよ）という指示が大きく影響しているといわれる．1999年これまで造船所や関連工業を総括していた国営の中国船舶工業総公司を北方の中国船舶重工集団公司（CSIC：China Shipbuilding Industry Corp.）と南方の中国船舶工業集団公司（CSSC：China State Shipbuilding Corp.）に2分割し，この国営2グループを中心に成長を目指す体制が整えられた．2001年「第10次五カ年計画」（2001～05年）が開始され，南方の中国船舶工業集団公司（CSSC）は，長江河口と広州（珠江）に，北方の中国船舶重工集団公司（CSIC）は，渤海湾に「大型新鋭造船所」を新設していった［対馬 2011］．これらの大型造船所は，広大な埋め立て地に建設され，船体組立（ブロック加工）と建造ドックに特化した船体組立専門造船所で，舶用設備などは日本など海外から輸入するというものであった．

国営2グループの拡大と並行して，2000年代前半からの世界的な海運・造船業界の好況の中で，省や市政府も大規模な雇用が見込める造船業を優遇する政策を展開し，また民営造船所も大型工場の建設に踏み切っていった．そしてさらに，日本や韓国の造船企業も中国へ進出していったのである[7]．その結果，中国は巨大な造船建造能力をもつこととなり，2009年船舶竣工量で日本を，2010年には韓国を抜いて世界一の造船国となったのである[8]．しかし，このような中国造船業の発展は，主として船体建造部門に特化して成長を図る政府の造船業育成政策によってもたらされたもので，そのことは舶用製品を生産する舶用工業と造船用鋼材を生産する鉄鋼業の競争力の弱さと表裏の関係をなすものであった．そこで，中国政府は「第10次五カ年計画」（2001年）に引き続いて，「船舶工業中長期発展企画」（2006年）や「船舶工業調整と振興企画」（2009年）などを策定して，こうした弱さを修正しながら「国船国融」（自国の船には自国の金融機関が融資する）の方針をとって，「造船大国」から「造船強国」への転換を図っているのである．

中国では，2000年代半ばから国営造船所だけでなく民営造船所による設備投資が増大したことから建造能力は急拡大したが，リーマンショックによって世界の船舶需要が激減し，過剰設備を抱える状況となっている．中国政府は，国営海運からの発注を国営造船所に集中するとともに，代替需要に補助し，国営造船所を

支援する政策をとっていることから民営造船所の大手の一部，中小は苦境に立たされている状況にある［国土交通省 2014］．

4　日本・韓国・中国造船業の課題

　これまで日本，韓国，中国の造船業の発展過程を歴史的にみてきたが，ここで造船業の産業としての特徴を見ておきたい．それは，その中に造船業を規定する課題が含まれていると考えるからである．造船業は，一言でいえば「総合組立産業」である．産業としての特徴をあげると，① 船主（海運業者）の個別的意向が強い受注生産産業である，② 船舶の需要者である海運業者がグローバルな性格をもつために造船業もグローバルな産業となっている，③ 世界経済の動向や海運事情の影響を受けやすく，変動幅（振幅）の激しい産業である，④ 建造期間が長いためにその間の為替レートや資材価格等の変動の影響を受けやすい，⑤ 膨大な関連産業を持つすそ野の広い産業であると同時に生産面において労働集約的な側面をもつ産業である，などをあげることができる．韓国や中国が産業発展の基礎として造船業を位置づけて注力してきたのは，造船業がすそ野の広い産業で他産業の発展に役立つこと，生産面に労働集約的な側面をもち，低賃金を活かせるからである．しかし，造船業は「総合組立産業」であり，自動車産業同様あらゆる産業の技術が集約されたものであり，一気に展開できるものではない．そこで，韓国や中国は，政府の手厚い保護のもとで船舶の建造部門に特化し，建造部門以外は欧米や日本から輸入して，技術蓄積を図りながら発展させていくという方針をとったのである．

　世界の船舶竣工量で日本がイギリスを，韓国や中国が日本を追い抜いていったが，その要因としては，世界市場の急拡大に対して既存造船国が対応できない状況の中で新興国が船舶の大量建造システムを構築できたかどうかがポイントであったと指摘されている［麻生 2008；2013］．第2次世界大戦後の世界における船舶竣工量の動きをみると，何度か大きな振幅を繰り返しており，特に大量発注が行われた際にそれに対応できた国が世界一となっているのである．日本の造船業は，高度経済成長期の労働力不足（特に熟練工）に対処するために，既存の造船所の拡張ではなく広大な埋め立て地などに新鋭大規模造船所を建設するとともに，船舶の大量建造システムを構築して世界的な大型船需要に応えたのである．それが竣工量でイギリスを凌駕できた要因であり［長塚・澤山 2003］，そのような新鋭大規模造船所の建設と船舶の大量建造システム方式を導入・踏襲し，1990年代後半

以降の世界的な船舶需要拡大の波に乗ったのが韓国と中国であった．

　現状における日本造船業の強みは，「海事産業クラスター」が形成され，国内で完結できる体制が存在していることである．国内船主（海運業者）の86％が国内造船企業に発注（隻数ベース）しており，さらに国内造船企業も国内舶用企業から91％を調達している状況にある［国土交通省 2014］．しかし，この点は日本の強みであると同時に今後の課題でもある．つまり，この体制をいつまで維持できるのかということが課題になってくるのである．

　日本だけでなく竣工量で日本を上回った韓国や中国の造船業もそれぞれ課題を抱えている．3国の造船業の生産拠点は今日でも国内を中心としており，3国とも為替レートの動向が大きな意味をもつものとなっているが，特に韓国は，国内船主（海運業者）からの発注が少なく，国内需要を期待できない分がそのまま輸出圧力となり，為替変動の影響を強く受ける構造となっているのである[9]．

　総合的な技術力という点では，現時点において中国より日本・韓国が抜きん出ていると推察する．竣工量で世界一の中国は，政府主導で造船業の高度化を図っているが，ディーゼルエンジンや発動機など基幹製品・部品の輸入が続いており［日本舶用工業会 2015］，日韓とはまだ技術的な差が存在している．

　日本の船舶装備品の輸出入をみると，輸出額では舶用内燃機関（1998億円，56.7％）が最も多く，次いで航海用機器（611億円，17.3％），部分品・付属品（421億円，11.9％）となっている．輸出先では，アジア（1524億円，43.2％，そのうち中国230億円，15.1％，韓国191億円，12.5％）が最も多く，北米（985億円，27.9％），欧州（639億円，18.1％）と続いている．輸入額では，艤装品（370億円，57.8％）が最も多く，次いで舶用補助機械（102億円，16.2％）となっている．輸入先は，欧州（284億円，45.0％，そのうちドイツ130億円，20.7％，ノルウェー97億円，15.5％）が最も多く，アジアは35.7％で，そのすべてが韓国（118億円，18.7％）と中国（107億円，17.0％）で，品目は艤装品となっている［国土交通省 2015］．つまり，日本はすでに基幹部門以外のコスト削減の分業体制を中韓との間で構築しているのである．韓国の舶用製品の国産化率は90％を超え，100％に近いといわれているが，輸出は全体として少ない状況となっている[10]．

　2015年の典型的なばら積み貨物船の平均的なコスト構造（労務費，資機材費，管理費等）をみると，日本は韓国に対して若干優位に，中国に対しては同等レベルにあると推計されている［国土交通省 2014］．しかし，このコスト差は，先述してきたように為替変動によって水泡に帰してしまうものである．

　日本・韓国の大手造船企業は，造船業の変動幅（振幅）の激しさへの対応とし

てこれまで「多角化」(総合重工化) を展開してきた．日本の大手造船企業は，1990年代以降，造船・重機産業の延長 (製鉄機械，通信機器，航空機等)，ハイテク部門への参入 (情報処理，コンピュータソフト開発，バイオ等)，レジャー・サービス関連への進出 (スポーツ・遊園地施設等) など他分野への「多角化」を加速させてきた．一方，韓国の大手造船企業は，造船と関連する海洋分野への進出を図っており，日韓で多角化の内容が異なっている．韓国・中国は，海洋分野では日本より一歩抜け出ているといわれている．

おわりに

日本造船業の今後の発展のための取組み課題としては，① 企業連携・事業統合の推進，② 技術開発等への支援，③ 海外展開の促進，④ 造船業における人材の確保・育成などがあげられている [国土交通省 2016]．2014年に設置された「海事イノベーション部会」(国交省海事分科会) も指摘するように，開発・設計，建造，運航すべてについて過去の取組みの延長ではない抜本的な生産性向上策が採れるかどうかが今後の日本造船業にとっての大きな課題であると考える．大手造船企業は，すでに造船部門が主要部門ではなくなっており，オーナー経営者が多い造船専業企業が建造の中心的役割を果たしている．こうした中でどのような方向で造船業を再編していくのか，また少子高齢化の中で海事産業を担う人材をどのように確保し，技術力を維持・発展させていくのかが今後一層重要度を増していくと推察する．

注

1) この時期には，石川島重工業と播磨造船の合併，三菱造船の佐世保重工業の系列化，日立造船の舞鶴重工業の系列化等が行われている．
2) この時期には，石川島播磨重工業による呉造船所の吸収合併，三井造船と藤永田造船所の合併，日立造船と尾道造船の業務・技術提携等が行われている．
3) 日立造船は日本鋼管とユニバーサル造船を設立したことで，造船とは関係がなくなってきている．
4) 2014年の世界造船企業の竣工量ランキングをみると，上位10位以内には韓国企業5社，中国企業3社，日本企業2社が入っている．日本企業は今治造船 (3位) とジャパンマリンユナイテッド (8位) の2社で，11位名村造船所，12位大島造船所となっている．
5) 1995年 IHI の船舶部門と住友重機の艦船部門が共同出資して「マリンユナイテッド」を設立，2002年 IHI の船舶海洋事業の分社化によって「IHI マリンユナイテッド」とな

った．同年には日立造船と日本鋼管の船舶部門が統合して「ユニバーサル造船」を設立，2013年「IHI マリンユナイテッド」と統合して「ジャパンマリンユナイテッド」(JMU) となっている．2013年には三菱重工業と今治造船が LNG 船の共同受注・設計を行う「MILNG カンパニー」を設立，さらに大島造船所，新来島どっく，サノヤス造船，常石造船，日本郵船及び日本海事協会が共同研究・設計を共同で行う「マリタイムイノベーションジャパン」(MIJAC) を設立，2014年には名村造船所が佐世保重工業を完全子会社化，今治造船も傘下の幸陽船渠を吸収合併している．

6) 韓国の代表的な造船企業は，現代重工業，サムスン重工，大宇造船海洋であるが，いずれも距離的には近接した場所にあり，広大な用地に複数のドックをもっている．

7) 日本企業では，川崎重工業が合弁で南通中遠川崎船舶工程有限公司を，常石造船が独資で常石集団（舟山）造船有限公司を設立，韓国企業としては STX が STX 大連集団を設立している．

8) 中国の2010年，2015年の手持ち工事量を船種別にみると，低付加価値船の割合が依然として高く，低付加価値船の輸出が多い状況にある．

9) 韓国はドル建て，日本・中国はドル建てと円・元建ての契約が組める点で韓国に比べて為替の影響は緩和されるといわれる．

10)「造船拡大で成長，次は輸出へ」『COMPASS』2010年11月，56．

参考文献

麻生潤 [2008]「造船：大量建造システムの移転と変容――環黄海トライアングルの形成」，塩地洋編『東アジア優位産業の競争力』ミネルヴァ書房．

――― [2013]「船種別造船市場と韓国造船業」『同志社商学』第64巻第5号．

伊丹敬之・伊丹研究室 [1992]『日本の造船業――世界の王座をいつまで守れるか――』NTT 出版．

古賀義弘 [1993]「造船業再編成下における構造変化と生産システムの動向」，産業学会『産業学会研究年報』第9号．

――― [1995]「造船業」，産業学会編『戦後日本産業史』東洋経済新報社．

国土交通省 [2014]「第1回海事イノベーション部会」資料2．

――― [2016]「海事レポート」．

――― [2015]「舶用工業統計年報」．

張珈銘 [2011]「中国造船業の成長と舶用工業――「組立生産型」と「国内供給型」――」アジア経営学会『アジア経営研究』第17号．

対馬和弘 [2011]「3部門トップを達成した中国造船業」『世界の艦船』海人社．

仲谷能一 [2016]「足下の日本の造船事情から描くこれからの成長戦略」『KAIUN 海運』日本海運集会所．

長塚誠治・澤山健一 [2003]「20世紀における世界造船業の趨勢に関する分析と研究――英国の盛衰要因と日本・韓国・中国の発展と今後――」海事産業研究所．

日本舶用工業会［2015］「舶用工業製品の輸出と輸入の動向」
日本造船工業会［2016］「造船工業会資料」．

第3章

食料品製造業の構造的変化とグローバル化

秋 保 親 成

はじめに

　持続可能な社会を構想していく上で，"食"が占める役割は極めて大きい．それは，食事という行為がわれわれの生命を維持するために決して欠くことができないということだけでなく（消費としての"食"），その食を生み出すための活動もまた，われわれの生活を支える営みとなるとともに（生産としての"食"），地場産業を典型に，それぞれの地域ごとに培われてきた歴史や文化，いわば地域社会のアイデンティティを構成する重要な要素にもなっていると考えられるためである（文化としての"食"）[1]．

　他方で，グローバル競争の激化や少子高齢化といったマクロ的な環境変化を筆頭に，食品産業はその社会的役割（生産としての"食"の役割）を今後も担い続けることが可能なのか，重要な局面にさしかかっているといえる．

　以上のことを念頭に，本章では持続可能な社会形成を検討する観点から，近年における食料品製造業[2]の産業構造の変化と海外展開の進捗状況を捉え，課題を析出していく．

1　独占市場と競争市場

　食料品製造業における産業構造とその変化について検討するにあたり[3]，まず本節では，同製造業における市場の独占化・寡占化の進展状況について確認していきたいと思う．表3-1は，食料品製造業の主要品目に関する生産集中度の推移を捉えたものである．ここでCR10は同製造業における上位10社，CR 3は上位3社の累積生産集中度を示しており，HHI（ハーフィンダール・ハーシュマン指数）は各品目に関する市場独占度を指数化したものである．

　よく知られているように，食料品製造業にはビールやインスタントコーヒー，

第3章 食料品製造業の構造的変化とグローバル化

表3-1 食料品製造業の生産集中度

品目	上段：CR10，下段：CR3（ともに%）					上段：HHI，下段：同・変化率(%)		
	1975年	1984年	1994年	2004年	2014年	1975年	1994年	2014年
ビール	100	100	100	100	100	4,223	3,373	2,879
	93.1	89.9	93.1	93.3	79.0	—	▲20.1	▲14.6
インスタントコーヒー	100	100	100	100	100	6,711	5,268	4,711
	99.5	99.8	98.6	96.3	97.5	—	▲21.5	▲10.6
ウイスキー	99.9	98.6	99.9	100	100	5,698	6,411	4,505
	96.7	91.4	99.1	94.1	93.9	—	12.5	▲29.7
食パン	38.0	57.2	67.3	95.6	95.6	212	1,446	2,274
	20.3	35.9	52.3	75.2	74.0	—	582.1	57.2
バター	94.7	84.6	89.7	97.0		3,845	2,050	
	81.8	62.8	72.4	72.7		—	▲46.7	
チーズ	98.1	97.9	98.6	99.6	99.1	3,744	2,355	1,875
	84.0	74.5	71.7	72.2	67.6	—	▲37.1	▲20.4
即席めん類	94.4	92.1	95.8	92.2	97.5	1,560	1,741	2,397
	61.5	64.0	63.1	64.0	74.7	—	11.6	37.7
小麦粉	73.8	73.1	80.6	88.5	90.1	1,540	1,678	2,270
	60.0	58.8	63.7	71.1	72.1	—	9.0	35.3
マヨネーズ・ドレッシング類	100	100	99.8	97.8	97.6	5,862	3,992	3,426
	96.4	89.7	86.8	83.6	82.4	—	▲31.9	▲14.2
ソース類		88.6	86.9	90.2	96.6		1,637	2,284
		64.4	56.8	64.7	74.2		—	39.5
カレールウ		98.1	99.2	98.9	99.1		4,895	4,116
		89.1	92.1	94.1	91.7		—	▲15.9
チューインガム	88.8	91.1	97.8	98.0		2,710	3,206	
	63.9	69.8	73.5	76.4		—	18.3	
焼酎	84.6	81.3	86.7	92.7		1,270	1,442	
	55.7	56.5	57.2	55.8		—	13.5	
ハム・ソーセージ	69.6	67.9	66.3			834	716	
	46.1	39.9	40.8			—	▲14.1	
飲用牛乳	66.8	54.7	54.8			918	561	
	50.6	38.0	36.4			—	▲38.9	
醤油	48.0	51.7	57.9			814	897	
	38.0	40.0	42.2			—	10.2	
味噌	30.7	37.9	43.8			108	296	
	12.6	16.1	24.1			—	174.1	
清酒	13.3	20.6	25.2			18	70	
	4.9	9.8	11.6			—	288.9	
砂糖	77.8	74.9	75.9			683	641	
	33.3	31.6	32.7			—	▲6.1	

注：HHI（ハーフィンダール・ハーシュマン指数）は次の計算式で算出している．
$\sum_{i=1}^{n} C_i^2$（C_i：i 番目企業の集中度（%），n：企業数）
なお HHI は，完全独占（1社独占）の場合は10000となり，競争市場になるほど0に近くなる．
出所：公正取引委員会「生産・出荷集中度調査」．

バターやチーズに見られるように，上位3社でも極めて高い集中が生じている独占的市場がある一方で[4]，清酒や味噌のように，上位10社であっても市場の過半数の獲得も実現できていない競争的な市場があり，両者が二極化しているという特徴があるが，上記の資料からもこのことは読み取ることができる．

次に独占度の推移を見ていくと，全体的には当該期間における数値の上昇傾向，すなわち独占化の進展が確認できるが，市場によってバラツキがある．まず従来は独占型市場の典型であったビールやインスタントコーヒーは，HHIにおいて低下傾向が見られる．すなわち，これらの品目に関しては，独占市場から競争市場としての性格が色濃くなっているといえる．チーズやマヨネーズ・ドレッシング類についても同様の動きが見られる．他方で，もともとは独占度が低い市場であった醤油，味噌，清酒などの産業では数値の上昇が進んでおり，独占化が進行しているものと考えられる[5]．

なお日本の食料品製造業には，ビールなどに代表される「外来型」[大矢 2016：111]の（戦後の高度成長期を通じて浸透した）新興的な部門では独占度・寡占度が高く，「在来型」の伝統的な部門では逆に低いという傾向があった．だが1990年代やそれ以降の状況を見ると，その構図は崩れつつあるものと思われる．特に在来型の市場には，地場産業や地域社会を支える企業や従業員も数多く存在する．上記の各指標の上昇は，逆にこうした地域産業の苦境の結果と読み解くこともできよう．

2　収益構造とその変化

続いて，近年の食料品製造業における収益構造の変化について検証していこう．**表3-2**は，この間の製造業全体と食料品製造業（食品および飲料・飼料・たばこ（以下，「飲料等」と記す））における従業者数，付加価値額，有形固定資産額をもとに，それらの構成と変化をまとめたものである．各枠組の左側は実数，右側は各要素を組み合わせた比を計上している．具体的には上から順に「1人あたり付加価値」，「1人あたり有形固定資産」，「有形固定資産あたりの付加価値」となっている[6]．

以上を踏まえて，製造業全体と食料品製造業を比較してみよう．まず1人あたり付加価値について見てみると，製造業全体と比較して食品部門の水準の低さ，飲料等部門の水準の高さが目立つ．また製造業全体の同数値は期間を通じておおむね上昇しているが，食品部門は，1993年に上昇した後は横ばいまたは低下する

表3-2　食料品製造業の収益構造の推移

(単位：人、100万円、%)
(左側上段から従業者数(A)、付加価値額(B)、有形固定資産額(C)、右側上段からB/A、C/A、B/C)

業種	1986年		1993年		2000年		2007年		2014年		1986年-2000年	2000年-2014年	1986年-2014年
製造業全体	7,147,350	9.8	7,331,294	12.5	6,264,949	14.4	6,199,935	14.7	5,585,960	14.2	-12.3%	-10.8%	-21.8%
	69,751,907	5.9	91,583,556	8.6	90,130,016	9.3	91,357,302	8.9	79,206,212	8.1	29.2%	-12.1%	13.6%
	42,499,191	164.1%	63,374,007	144.5%	58,242,392	154.8%	55,362,955	165.0%	45,038,703	175.9%	37.0%	-22.7%	6.0%
食品	643,673	7.9	748,633	9.3	779,683	9.2	838,707	8.3	870,809	8.6	21.1%	11.7%	35.3%
	5,070,053	3.8	6,977,372	5.3	7,200,939	5.2	7,067,848	4.9	7,471,380	5.0	42.0%	3.8%	47.4%
	2,415,623	209.9%	3,981,021	175.3%	4,051,796	177.7%	4,137,123	170.8%	4,364,146	171.2%	67.7%	7.7%	80.7%
飲料・飼料・たばこ	84,661	19.9	78,044	32.2	65,336	45.7	63,428	41.2	60,731	37.9	-22.8%	-7.0%	-28.3%
	1,685,559	13.4	2,512,033	22.6	2,987,269	27.0	2,610,663	24.0	2,301,732	22.4	77.2%	-23.0%	36.6%
	1,136,587	148.3%	1,764,526	142.3%	1,767,050	169.1%	1,523,631	171.3%	1,357,602	169.5%	55.5%	-23.2%	19.4%
肉製品	44,769	8.3	48,628	8.7	51,884	7.8	52,878	7.3	63,091	6.9	15.9%	21.6%	40.9%
	373,800	3.9	421,449	4.9	404,426	4.9	385,105	4.5	432,905	3.7	8.2%	7.0%	15.8%
	172,980	216.1%	238,310	176.8%	256,381	157.7%	192,502	200.1%	231,066	187.4%	48.2%	-9.9%	33.6%
乳製品	36,920	13.3	39,599	16.0	37,551	18.4	35,692	16.8	34,076	20.3	1.7%	-9.3%	-7.7%
	489,747	7.5	635,121	10.5	690,328	13.0	600,690	14.0	690,358	16.0	41.0%	0.0%	41.0%
	278,629	175.8%	417,663	152.1%	487,904	141.5%	501,113	119.9%	544,421	126.8%	75.1%	11.6%	95.4%
水産練製品	20,358	5.9	21,441	8.7	20,267	8.0	19,917	7.5	19,570	7.5	-0.4%	-3.4%	-3.9%
	119,494	2.7	185,991	4.4	162,751	4.6	148,345	4.7	145,979	4.1	36.2%	-10.3%	22.2%
	54,913	217.6%	94,806	196.2%	94,126	172.9%	93,450	159.1%	80,002	182.5%	71.4%	-15.0%	45.7%
野菜漬物	16,003	5.4	19,444	6.8	20,481	6.7	18,879	6.5	15,240	5.7	28.0%	-25.6%	-4.8%
	87,052	2.1	131,885	3.4	136,893	3.5	123,344	3.3	86,789	2.9	57.3%	-36.6%	-0.3%
	33,471	260.1%	66,677	197.8%	71,971	190.2%	61,798	199.6%	43,800	198.1%	115.0%	-39.1%	30.9%
味噌	4,732	11.7	4,632	13.0	4,389	12.7	3,655	13.6	2,935	13.7	-7.2%	-33.1%	-38.0%
	55,599	5.0	60,157	6.3	55,574	8.4	49,572	9.6	40,116	8.4	0.0%	-27.8%	-27.8%
	23,851	233.1%	29,199	206.0%	36,868	150.7%	35,016	141.6%	24,539	163.2%	54.6%	-33.3%	3.1%
醤油・食用アミノ酸	8,648	13.2	7,518	17.8	6,002	20.0	4,890	20.2	3,775	17.2	-30.6%	-37.1%	-56.3%
	114,390	5.0	134,107	10.4	120,013	12.5	98,970	12.5	64,898	13.3	4.9%	-45.9%	-43.3%
	43,249	264.5%	78,281	171.3%	75,237	159.5%	61,179	161.8%	50,237	129.2%	74.0%	-33.2%	16.2%
ソース	3,735	23.2	4,620	30.2	7,033	21.0	7,616	16.1	5,966	12.0	88.3%	-15.2%	59.7%
	86,718	8.5	139,562	10.2	147,443	8.3	122,307	11.1	71,513	9.5	70.0%	-51.5%	-17.5%
	31,645	274.0%	47,251	295.4%	58,369	252.6%	84,607	144.6%	56,838	125.8%	84.4%	-2.6%	79.6%
砂糖	4,758	6.9	3,602	11.4	2,532	9.0	1,588	10.7	1,764	14.6	-46.8%	-30.3%	-62.9%
	32,806	7.2	41,198	12.3	22,773	15.3	15,823	22.9	25,813	19.5	-30.6%	13.3%	-21.3%
	34,441	95.3%	44,279	93.0%	38,691	58.9%	38,672	68.7%	34,468	74.9%	12.3%	-10.9%	0.1%
小麦粉	7,204	22.6	6,002	21.3	3,996	18.0	3,749	16.7	3,378	15.6	-44.5%	-15.5%	-53.1%
	162,805	14.3	127,721	17.5	71,738	25.4	61,681	25.3	52,736	22.7	-55.9%	-26.5%	-67.6%
	102,865	158.3%	105,218	121.4%	101,381	70.8%	93,567	65.9%	76,764	68.7%	-1.4%	-24.3%	-25.4%
パン	82,047	5.9	83,761	7.4	78,107	7.7	81,527	8.1	76,983	10.0	-4.8%	-1.4%	-6.2%
	483,316	3.0	617,517	4.0	604,773	3.6	659,354	3.7	767,176	4.6	25.1%	26.9%	58.7%
	246,265	196.3%	336,709	183.4%	283,591	213.3%	303,220	217.5%	351,305	218.4%	15.2%	23.9%	42.7%
生菓子	47,836	6.8	59,023	8.1	52,113	8.1	62,858	7.3	61,333	7.2	8.9%	17.7%	28.2%
	324,117	3.0	478,011	3.6	423,382	3.7	457,477	3.2	443,087	3.3	30.6%	4.7%	36.7%
	144,652	224.1%	211,088	226.5%	192,216	220.3%	201,743	226.8%	200,003	221.5%	32.9%	4.1%	38.3%
米菓	18,869	7.5	18,085	8.3	15,421	8.7	14,661	9.9	14,007	11.6	-18.3%	-9.2%	-25.8%
	140,653	2.5	150,573	3.9	133,626	4.1	144,806	4.1	162,170	4.4	-5.0%	21.4%	15.3%
	46,399	303.1%	70,436	213.8%	63,414	210.7%	60,836	238.0%	61,541	263.5%	36.7%	-3.0%	32.6%
動植物油脂	7,591	23.7	6,683	34.2	5,910	35.2	7,778	25.9	8,765	22.7	-22.1%	48.3%	15.5%
	179,809	16.9	228,804	28.4	207,996	26.6	201,469	22.7	198,914	26.2	15.7%	-4.4%	10.6%
	128,634	139.8%	189,705	120.6%	157,497	132.1%	176,685	114.0%	229,575	86.6%	22.4%	45.8%	78.5%
めん類	22,335	7.1	29,964	8.9	30,396	9.1	30,919	8.3	33,859	7.4	36.1%	11.4%	51.6%
	158,049	3.4	266,978	5.9	278,023	5.5	256,995	4.8	251,201	4.7	75.9%	-9.6%	58.9%
	76,356	207.0%	177,957	150.0%	168,318	165.2%	148,176	173.4%	159,375	157.6%	120.4%	-5.3%	108.7%
豆腐・油揚	11,270	5.5	14,092	7.1	15,316	7.7	16,373	6.1	14,338	6.9	35.9%	-6.4%	27.2%
	62,158	2.7	99,708	4.2	117,717	4.9	100,414	4.4	98,683	4.7	89.4%	-16.2%	58.8%
	30,213	205.7%	59,424	167.8%	75,616	155.7%	71,424	140.6%	67,000	147.3%	150.3%	-11.4%	121.8%
冷凍調理食品	23,674	5.2	34,399	6.8	37,526	6.9	35,584	6.9	43,384	6.9	58.5%	15.6%	83.3%
	122,513	2.6	232,627	5.1	257,418	5.4	246,793	5.2	298,602	4.6	110.1%	16.0%	143.7%
	61,956	197.7%	174,064	133.6%	203,209	126.7%	186,698	132.2%	197,823	151.1%	228.0%	-2.7%	219.1%
惣菜	16,622	4.7	27,608	6.3	40,079	5.7	52,137	5.5	60,214	5.0	141.1%	50.2%	262.3%
	78,712	2.0	174,124	3.1	230,046	2.7	287,376	2.7	303,927	2.5	192.3%	32.1%	286.1%
	33,654	233.9%	86,851	200.5%	108,683	211.7%	141,556	203.0%	150,749	201.6%	222.9%	38.7%	347.9%
清涼飲料	17,851	18.2	19,273	42.1	18,726	47.3	24,746	31.3	23,861	32.8	4.9%	27.4%	33.7%
	324,524	8.6	811,024	15.1	884,872	19.3	773,832	16.9	781,718	18.5	172.7%	-11.7%	140.9%
	153,607	211.3%	291,019	278.7%	361,411	244.8%	395,958	195.4%	442,290	176.7%	135.3%	22.4%	187.9%
ビール	10,741	26.5	10,980	35.7	6,296	67.5	3,407	103.1	3,767	108.7	-41.4%	-40.2%	-64.9%
	284,758	29.1	391,590	66.7	425,249	108.5	351,209	128.1	409,287	77.7	49.3%	-3.8%	43.7%
	312,353	91.2%	732,504	53.5%	683,057	62.3%	436,586	80.4%	292,545	139.9%	118.7%	-57.2%	-6.3%
清酒	17,413	14.0	18,140	16.4	12,952	19.1	8,376	18.1	7,565	16.1	-25.6%	-41.6%	-56.6%
	243,664	5.2	297,836	8.8	247,360	12.0	151,341	13.5	121,513	14.7	1.5%	-50.9%	-50.1%
	89,759	271.5%	159,581	186.6%	155,820	158.7%	112,821	134.1%	111,428	109.1%	73.6%	-28.5%	24.1%
製茶	1,957	20.5	2,373	12.7	2,840	14.5	3,097	15.7	3,838	8.3	45.1%	35.1%	96.1%
	40,094	5.7	30,217	4.8	41,196	6.2	48,664	5.7	31,759	8.9	2.7%	-22.9%	-20.8%
	11,164	195.7%	11,398	265.1%	17,625	233.7%	26,574	183.1%	34,341	92.5%	57.9%	94.8%	207.6%

注1：有形固定資産額は年末現在高(土地を除く).
注2：右欄の網掛け部は、期間中の変化が±50%を超えるものを指している.
出所：経済産業省「工業統計表」.

傾向にあり，飲料等部門は従業者数と付加価値額の大幅な増減に伴って，全体として波が激しくなっている．この結果，製造業全体に比べ食品部門はより低位に，また飲料等部門はより高位に，格差が広がる形になっている．次の1人あたり有形固定資産に関しては，製造業全体と食品および飲料等の各部門の間に大きな差は見られない．いずれの部門も，93年または00年までは上昇しているが，その後はやや低下する方向にある．そして有形固定資産あたりの付加価値について見ると，製造業全体では93年以降，着実に上昇しているのに対し，食品部門は93年以降，全体的に低下・停滞傾向にある．また，飲料等の部門は07年から14年にかけて若干の低下が見られるものの，製造業全体に近い動きを示している．

以上の結果は，ともすると製造業全体の生産性の向上と，それに反する食料品製造業，特に食品部門における改善の遅れを示しているようにも映る．しかしながら従業者数と付加価値額の数値に注目すると，別の側面が浮かび上がってくる．同資料の数値から明らかなように，製造業全体では，特に1990年代から近年にかけて従業者数は大幅に減少しており，93年から14年で約175万人減，増減率は−23.8％にも及ぶ．これに対して，食品部門の雇用は逆に増加している．この限りにおいては，食品部門は雇用を底支えし，雇用の受け皿としての機能を果たし続けてきたと評価をすることができる[7]．

また付加価値額の点でも，食料品製造業は大幅な低迷に陥っていたわけではなく，むしろ堅調に推移してきた．世界経済危機の影響もあり，2007年から14年の期間において製造業全体では付加価値額が大幅に落ち込んでいるのに対して，食品部門は逆に小幅ながら増加している点は，特筆すべき点であろう．

なお，有形固定資産に関しても同様のことがいえ，製造業全体では1990年代以降において減少傾向が見られる一方で，食品部門では増加し続けている．この点については，特に同部門における合理化（資本節減）の遅れの表れとする評価が一般的であると思われるが[8]，資本蓄積の着実な進展と評価する余地も残されているため，より厳密な検証が必要である．

3 雇用構造と収益性，技術的構成の関係

続いて，この間の食料品製造業における雇用構造と収益性，技術的構成の関係について検証していきたい．

まず図3−1のaは，従業者中のパート・アルバイトの比率（以下，「PA／L比率」）と付加価値生産性（従業者1人あたり付加価値額）の関係を捉えたものである．

まず看取できることは，PA／L比率と付加価値生産性の間には負の相関関係があること，つまりPA／L比率が高いと付加価値率は低く，逆ならば逆の関係にある点である．例えば惣菜部門はPA／L比率が2001年で65％，14年で70％と最も高い水準に位置しているが，付加価値生産性では01年が552万円／人，14年では505万円／人と逆に最も低い水準に留まっている．また，比較的に小規模な店舗でも生産が可能な加工食品においてはPA／L比率が高く生産性が低いこと，逆に大規模な生産拠点を有する飲料部門や素材部門は逆にPA／L比率が低く生産性が高いことも，一般的な傾向といえよう．

そしてこの間の変化としては，同比率と生産性の相関度（近似曲線の傾き）がより急になっていることが挙げられる．当該期間において食料品製造業はパート・アルバイトの雇用比率が大半の部門で上昇しているが，同時に付加価値生産性が低下している部門も多いため，このような結果が生じたものと考えられる[9]．

次に図3-1のbは，従業者に占める女性の比率と資本装備率の関係を捉えている．一般に，同製造業は製造業全般の中でも女性比率が高く，また資本装備率が低い特徴がある[10]．こうした傾向は同資料の期間においても看取できるが，部分的には変化が見られる．

まず就業者中の女性の割合については，惣菜や野菜漬物，冷凍調理食品など，これまで高い比率を誇っていた二次加工（最終需要）部門を筆頭に，比率が低下している部門が多い．これに対して，有形固定資産比率については，大幅に下がっているビールを除き，おおむね横ばいか，わずかな増減で推移している．結果として，両年の近似曲線は，より右肩下がりに傾斜するに至っている．有形固定資産については先のようにビール部門の低下の影響が大きいが，他の部門における微増によって，下支えされているものと考えられる．他方で女性比率についても一部例外は見られるものの，主要な部門においてはおおむね低下が生じていると捉えられる．より多角的な検証が今後必要となるが，上記の資料は食料品製造業において，いわば「男性労働化」が生じている可能性を示唆している．

なお補足すると，同製造業における従業者中の非正規労働者の割合は製造業全体の中では高く，またこの間，その格差は広がっている．例えば先の工業統計によると，2001年の従業者に占める「パート・アルバイト等」の割合は製造業全体では14.6％であったのに対し，食料品製造業では44.5％，また2014年においては，製造業全体は18.6％（+4.0）となる一方で，食料品製造業は49.4％（+4.9）となっている．総じていえば，2000年代に入り製造業においても非正規化が進行していく一方で，食料品製造業はその推進役を担ってきたと見なしうる．そして前述

a 従業者中のパート・アルバイトの比率と付加価値生産性

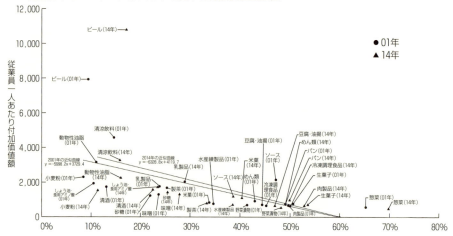

b 従業者中の女性割合と資本装備率

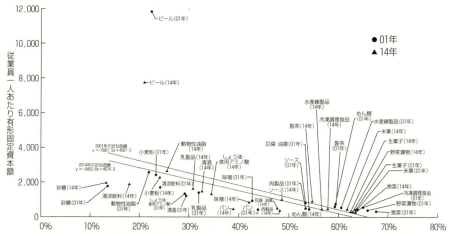

図3-1 食料品製造業の雇用構成，付加価値率，資本装備率の関係とその変化
注：表3-2と同様．
出所：経済産業省「工業統計表」．

の議論と重ね合わせると，食料品製造業は，その多くが非正規雇用ではあるものの，特に男性労働者の雇用の受け皿としてその社会的機能を果たしてきたものと考えることができる．

4　食料品製造業における海外展開の状況と課題

　少子高齢化を背景に，食料品製造業では国内市場の縮小が懸念され続けている．こうした状況の打開策として日本企業と政府は，食品産業の海外進出を推し進めている[11)12)]．本節では同産業の市場構造に大きな変化をもたらす要素として，この海外進出の進展状況について検討していこう．表3-3は，食料品製造業における地域別の海外展開の状況を捉えたものである．まず現地法人数は当該期間（2004年度から15年度）で全体的に126社，増減率32.3%と着実に増えているが，なかでもアジア（117社，49.8%）の伸びが著しい．また増減率だけでいえば欧州（34.4%）も目立つ．従業者数についてもおおむね同様の傾向が見られ，アジアや欧州・北米において大幅な増加が生じている．

　次に，売上高についてもアジアが他を圧倒する規模に成長しているが，加えて特徴的なことは「現地販売」の急増と「第三国向け」販売の抑制である．本資料によると，前者に関しては全地域の平均を上回っている一方で，後者は額面こそ増加しているものの，その伸び率は全地域平均を大きく下回っている．他方で北米や欧州では，第三国向けにおいて極めて高い水準で増加している．同様の傾向は仕入高にも見られ，アジアにおいては現地調達が，北米や中南米においては第三国からの輸入の割合が高い．

　ただし，収益性の面では事情が変わってくる．例えば経常利益で見ると，アジアにおける同利益の規模は全地域の中でも他を大きく上回っているが（2015年度で2366億円），伸び率という点においては，アジアの2.6倍に対して欧州は約15倍と，後者の方がはるかに高い水準である．当期純利益についても，ほぼ同様の傾向が見られる．

　そして以上の結果として，アジアがその規模の拡大に反して収益性を低下させているのに対し，北米や欧州（特に後者）は上昇を実現できている．前者の地域がまだ発展途上である一方で，後者の地域は効率性の向上が著しい．この限りでは，アジア地域への進出は規模を追求する途上の段階であるといえるが，今後，人件費や原料費の上昇や貿易自由化の進展など，マクロ的な経済環境の変化の進行に伴って，収益性の改善に向けての取り組みが，より全面的に推進されることが予想される[13)]．

表3-3 日本企業の海外進出の状況

(単位:社,人,百万円,%)

	全地域 04年度	全地域 15年度	全地域 増減率(%)	北米 04年度	北米 15年度	北米 増減率(%)	中南米 04年度	中南米 15年度	中南米 増減率(%)
現地法人企業数	390	516	32.3	81	88	8.6	19	15	-21.1
常時従業者数	133,057	300,831	126.1	12,673	21,766	71.8	8,664	13,225	52.6
1社あたり	344	718	108.8	160	298	85.9	456	1,017	123.1
売上高	2,060,975	6,241,104	202.8	517,897	1,394,442	169.3	88,521	251,761	184.4
日本向け輸出額	271,271	459,178	69.3	105,602	199,257	88.7	15,149	18,254	20.5
現地販売額	1,523,915	5,025,150	229.8	379,906	1,020,548	168.6	51,990	153,346	195.0
第三国向け	265,789	756,776	184.7	32,389	174,637	439.2	21,382	80,161	274.9
仕入高	1,356,890	3,333,335	145.7	351,588	663,065	88.6	49,316	113,991	131.1
日本からの輸入額	37,649	141,002	274.5	4,614	66,293	1,336.8	975	5,316	445.2
現地調達額	1,216,462	3,023,581	148.6	326,642	492,907	50.9	47,970	106,361	121.7
第三国からの輸入額	102,779	168,752	64.2	20,332	103,865	410.8	371	2,314	523.7
経常利益	136,617	429,252	214.2	29,251	110,900	279.1	9,393	26,027	177.1
1社あたり	377	1,115	195.4	412	1,655	301.8	522	2,892	454.2
当期純利益	40,972	270,124	559.3	-22,761	88,660	-489.5	6,081	17,946	195.1
1社あたり	115	696	504.9	-316	1,304	-512.4	320	1,631	409.7
内部留保残高	156,475	1,409,118	800.5	56,790	295,191	419.8	25,075	40,407	61.1
1社あたり	692	4,181	503.9	1,072	5,090	375.0	1,929	4,490	132.8
研究開発費	1,367	4,750	247.5	327	2,846	770.3	111	x	x
1社あたり	34	66	93.0	30	178	498.4	37	x	x
設備投資額	64,206	158,333	146.6	19,276	72,278	275.0	7,085	11,921	68.3
1社あたり	371	618	66.6	551	1,364	147.6	644	1,192	85.1
(参考)売上高営業利益率	9.2	8.8		7.6	10.8		10.4	9.4	
売上高経常利益率	6.6	7.4		5.5	9.5		10.6	13.6	

	アジア 04年度	アジア 15年度	アジア 増減率(%)	欧州 04年度	欧州 15年度	欧州 増減率(%)	オセアニア 04年度	オセアニア 15年度	オセアニア 増減率(%)
現地法人企業数	235	352	49.8	32	43	34.4	23	18	-21.7
常時従業者数	100,317	249,160	148.4	5,941	12,241	106.0	5,462	4,439	-18.7
1社あたり	429	847	97.7	186	532	186.7	237	277	16.8
売上高	881,548	3,683,134	317.8	233,626	603,102	158.1	339,383	308,665	-9.1
日本向け輸出額	80,881	209,633	159.2	12,123	15,022	23.9	57,516	17,012	-70.4
現地販売額	702,709	3,334,656	374.5	145,125	228,314	57.3	244,185	288,286	18.1
第三国向け	97,958	138,845	41.7	76,378	359,766	371.0	37,682	3,367	-91.1
仕入高	553,862	2,128,398	284.3	137,561	275,949	100.6	264,563	151,932	-42.6
日本からの輸入額	25,989	52,727	102.9	5,884	16,336	177.6	187	330	76.5
現地調達額	486,447	2,048,099	321.0	93,598	224,615	140.0	261,805	151,599	-42.1
第三国からの輸入額	41,426	27,572	-33.4	38,079	34,998	-8.1	2,571	3	-99.9
経常利益	65,694	236,592	260.1	3,473	57,210	1,547.3	28,806	-1,477	-105.1
1社あたり	297	854	187.3	112	3,365	2,903.9	1,372	-98	-107.2
当期純利益	39,826	145,788	266.1	2,645	41,031	1,451.3	15,181	-23,301	-253.5
1社あたり	187	534	185.6	85	1,954	2,190.0	723	-1,553	-314.9
内部留保残高	62,690	980,177	1,463.5	1,892	164,394	8,588.9	10,028	-71,051	-808.5
1社あたり	506	4,101	711.2	95	9,670	10,122.2	627	-5,075	-909.7
研究開発費	380	1,235	225.0	310	649	109.4	239	x	x
1社あたり	20	26	31.4	103	108	4.7	60	x	x
設備投資額	26,581	46,366	74.4	4,134	14,589	252.9	7,130	13,179	84.8
1社あたり	266	278	4.5	295	973	229.4	548	1,198	118.4
(参考)売上高営業利益率	8.3	7.3		4.9	19.6		14.0	5.8	
売上高経常利益率	7.6	6.6		1.5	9.9		8.4	-0.5	

注1:調査項目によって集計企業数に違いがあるため、実数については単純に比較できない。
 2:中東は集計企業数が両年度において0社、アフリカは15年度に「現地法人企業数」の欄には1社記載されているが他の項目に情報がなかったため、ともに除外した。
 3:参考欄の利益率はともに原資料のもの。ここでは、計算に必要な各項目すべてに回答があった企業のみを集計している。
出所:経済産業省「海外事業活動基本調査」。

おわりに

　以上の検証を踏まえ，結論を述べて小括としたい．

　まず国内における食料品製造業は，バブル崩壊後の長期停滞を背景に製造業全体が雇用を削減していくなか，働き手の受け皿となってきたことが確認された．そしてそれは従来の食料品製造業において主流を占めていた女性労働者だけでなく，その伸びを上回る男性労働者の増加を伴っていた．一方でそれは他の産業部門と同様あるいはそれ以上に，労働力の非正規化を大いに含んだものである．ゆえに今後は量の問題よりも質の問題，つまり正規雇用の増加を中心とした安定的・持続的な雇用の拡充が，最大の課題であると考えられる．「生業」としての食料品製造業の社会的機能を強化することは，持続可能な社会を構築するうえで，まさに鍵を握るものと考えられる．この点で，現在のような同産業における雇用状況の改善は，まさに必要不可欠の取り組みであるといえよう．

　では「グローバル化」がますます進展する現況において，同製造業に今後も「生業」の担い手としての役割を期待することは可能であろうか．一般的に，海外展開が積極的に推し進められている部門では，同時に雇用の空洞化が懸念されるわけであり，それは食料品製造業も例外ではない．

　だが，例えば二国間や地域間で産業の担い手たる労働者や地域住民との同士の交流が活発に結ばれることによって，独自の「価値」をもつ商品が創造され，またそのことが切欠となって，新たに商品の作り手（労働者）の需要が生み出される可能性も大いにありうるだろう．利潤追求の一環としての海外進出を超えた，上記のような相互交流が社会的に創造されることによって，はじめて「グローバル化」と「持続可能な社会」は共存可能なものになりうるだろう．同産業が今後追求すべき方向も，この点にあるものと思われる．

注
1）国民が「食」を通じた豊かな生活を享受するために食品産業が果たしてきた役割として，農林水産省は「食品産業の将来ビジョン」（以下「ビジョン」）において次のものを挙げている．①国民に対する安全な食料の安定的な供給，②国民に対して良質かつ多様な食料を供給し，豊かな生活の実現に貢献，③国産農林水産物の最大の需要者として国内農林水産業を支える，④国民経済，特に地域経済の担い手，⑤資源の有効利用の確保及び環境への負荷の低減［農林水産省 2012：1］．なお，「ビジョン」の政策的評価については神井［2014］を参照．

2) 本章では「食料品」を，日本標準産業分類上の「飲料」その他の部門を含むものとして議論を進める．このことに付随して，「飲料・飼料・たばこ」などと区別をする必要がある場合には，本章では「食品」部門と表記する．
3) なお時子山・荏開津・中嶋［2013］は食品工業（食料品製造業）の特徴として挙げられるものを次の8点としている．なお，①～⑤が食品工業の市場構造上の特徴，⑥～⑧が市場行動上の特徴である．① 市場の二極集中性，② 需要の停滞，③ 原材料比率の高さ，④ 家庭用比率の高さ，⑤ 地域密着性，⑥ 広告関係費の高さ，⑦ 製品差別化，⑧ R&D（研究開発費）比率の低さ［時子山・荏開津・中嶋 2013：106］．
4) 特に清涼飲料水は先行研究において，食料品製造業のなかで最も大企業性が強く，かつ寡占性が弱い業種であると見なされている［中島 1997：57］．
5) こうした市場構造に関して，「ビジョン」では市場原理に基づく競争の加速と，それによる資本の大規模化が志向されている．「……IT等を活用した生産・物流体制の見直しによる効率化や，競争優位分野への重点化と競争劣位分野からの撤退等による選択と集中，水平・垂直両方向での企業統合・企業間連携による事業規模の拡大を進めることも必要である」［農林水産省 2012：8］．
6) あくまで参考の限りであるが，これらの指標に近接する理論的概念としては，剰余価値率（剰余価値／可変資本），資本の有機的構成（不変資本／可変資本），利潤率（利潤／投下資本）が挙げられる．
7) 他方，当該期間における食品部門の雇用増のうち多くはパート・アルバイトなど非正規雇用で占められる割合も高い．この点で食品部門は，製造業における「非正規化」を推進した産業の一つであるとみなすこともできる．いずれにせよ，こうした同産業の実情は，持続可能な経済社会を検討するうえで欠かせない，根本的な課題が存在し続けていることを，改めて指し示しているものと思われる（後述）．
8) 例えば「ビジョン」の場合，同産業においては過剰設備の解消が遅れているものと認識している［農林水産省 2012：4］．
9) ただし，ここでの「付加価値生産性」は「従業者1人あたり」であり，労働時間の長短によらず一律に「1人」とカウントされている．このため短時間労働者が多くなればなるほど，こうした労働者が少ない部門に比べて「付加価値生産性」が相対的に低くなる可能性があることに注意が必要である．
10) 例えば工業統計表によると，2014年において従業者に占める女性の割合は製造業全体が27.7%になるのに対して，食料品製造業は53.0%となっている．また資本装備率についても，製造業全体は14年に806万円／人にのぼっているが，食料品製造業では614万円／人，食品に限定すると501万円／人にとどまっている．
11) 「ビジョン」でも，グローバル起点すなわち「グローバルな観点での競争力強化」は食品産業が目指すべき方向における3つの視座のうちの1つとして掲げられている［農林水産省 2012：9］．また，2017より開催されている「食品産業戦略会議」においても，その課題として「新規需要開拓（海外需要，健康需要，機能性・食文化等の訴求等）」

の検討を挙げており［農林水産省食料産業局 2017：2］，基本的にその路線は上記「ビジョン」の延長線上にあるものと思われる．
12) 2016年の世界のグローバル企業の売上高ランキング（Food Engineering, "2016 Top 100 Food & Beverage Companies"）によると，世界のトップ50社のうち日本企業は7社ランキングしているものの，最上位はサントリーの17位にとどまり，また同年1位のネスレと同社とでは食品売上高において4倍もの開き（前者が812億ドル，後者が218億ドル）がある．こうした点が，海外諸国に比べグローバル化が遅れていると主張される際の根拠の一つとなっている．
13) なお補足すると，「ビジョン」では次の5つの戦略のもとでの輸出の拡大が提唱されている．① 原発事故の影響への対応，② 国家戦略的なマーケティング，③ ビジネスとして輸出を支える仕組みづくり，④ 確かな安全性・品質の確保と貿易実務上のリスク等への的確な対応，⑤ 海外での日本の食文化の発信［農林水産省 2012：19］．

参考文献

阿久根優子［2009］『食品産業の産業集積と立地選択に関する実証分析』筑波書房．
大矢祐治［2016］「食品製造業と食品企業の展開」，高橋正郎監修『食料経済（第5版）：フードシステムからみた食料問題』第5章，オーム社．
神井弘之［2014］「「食品産業の将来ビジョン」における食品産業政策の分析」，日本フードシステム学会『フードシステム研究』第21巻第1号．
小林弘明［2014］「わが国フードシステムをめぐる経済環境：地域貿易協定の展開と交易条件」，斎藤修監修『フードシステム学叢書 第3巻 グローバル化と食品企業行動』第5章，農林統計出版．
時子山ひろみ・荏開津典生・中嶋康博［2013］『フードシステムの経済学（第5版）』医歯薬出版．
中島正道［1997］『食品産業の経済分析』日本経済評論社．
農林水産省［2012］「食品産業の将来ビジョン」．
農林水産省食料産業局［2017］「食品製造業をめぐる情勢」，食品産業戦略会議第1回配布資料（http://www.maff.go.jp/j/shokusan/seizo/attach/pdf/vision_documents-2.pdf 2017年8月25日閲覧）．
堀口健治［1990］「食品工業の資本集中と系列化・寡占化」，加藤譲編著『食品産業経済論』第4章，農林統計協会．
Food Engineering, "2016 Top 100 Food & Beverage Companies" (http://www.foodengineeringmag.com/2016-top-100-food-beverage-companies-1-20, etc. 2017年8月18日閲覧）．

第4章

建設産業における労働者化する個人請負就労者とその特徴

柴田 徹平

はじめに

かつて建設産業には，大工・棟梁などに見られるような高収入が期待できる独立自営業者としての一人親方（＝個人請負就労者）が存在していた．建設職人は将来の独立を目指して，親方の下で技術を磨いたのである．ところが，1960年代後半以降，このような一人親方の地位は低下し，不安定就業層の一翼を担うことになる．どのようにして不安定就業層となっていったのかは柴田［2017a］の三章で明らかにされている．かいつまんでいうならば，労働組合の労働条件規制力の弱化，技術革新による技能に裏付けられた一人親方の報酬交渉能力の低下，大企業の市場参入，重層下請化を契機に不安定就業化が進んだ．なお柴田［2017a］の研究によれば，2000年代において一人親方の3割から4割弱が不安定就業の状態におかれている．

このような不安定就業化が進む中で，一人親方は，報酬の未払い，労災が適用されないなどの労働問題に直面するようになり，労働者としての権利を主張する者が現れるようになったが，一人親方は法律上，事業主なので労働者としての権利を行使するためには，自身の労働者性を主張して裁判を起こし，労働者性が認められないといけない．この一人親方の労働者性に関する裁判動向は，労働法学者を中心に数多くの研究が進められてきたが，結論からいえば，労働者性が認められるケースは非常に少ないのが現状である[1]．

また世界的に見ても，新自由主義的規制緩和が進む中で，実態が労働者に類似しているにもかかわらず，労働法の適用がされない個人請負就労者の活用が世界的に進んでいる．柴田［2017a］[2]によれば，欧米諸国でそれぞれ数十万～数百万人規模の活用が行われているという．このような状況の中で，ILOは2006年に個人請負就労者の法的保護に関する文言が盛り込まれた『雇用関係勧告』（第198号）を採択している．日本においても個人請負就労者は112.7万人（2010年）[3]が

表4-1　A調査とB調査の概要

	A調査	B調査
調査年	2011年1月〜3月	2015年4月〜7月
調査方法	聞取調査	アンケート調査
対象地域	神奈川県	36都道府県
回答数	20人	1468人
平均年齢	51.6歳	46.2歳
平均経験年数	29.2年	23.8年
平均月収	36万4725円	—
職種の数	8職種	35職種

出所：筆者作成.

就業しており，労働法非適用による様々な産業・職種における労働問題の発生や不安定就業の問題が生じており，政策的対応が求められている[4]．この個人請負就労者の中で最も比重が大きいのが建設職種である．建設職種は55.5万人で個人請負就労者の49.2％を占めている[5]．

本章の目的は，建設産業における個人請負活用の2000年代における新たな変化として，実態が労働者であるにもかかわらず，事業主として活用されている，つまり労働者保護から漏出している一人親方の増大を明らかにし，またその不利益の実態を解明することである．

分析に入る前に，一人親方がどのような条件を満たしたときに労働者といえるのか確認する．一人親方の労働者性の判断基準が示されている労働省労働基準法研究会労働契約等法制部会（1996）『労働者性検討専門部会報告（建設業手間請け従事者及び芸能関係者に関する労働基準法の「労働者」の判断基準について）』によれば，日給月給で報酬が支払われている者は，労働者であると明記されている．そして報酬が出来高で支払われている場合は，労働者性に関する8つの判断基準を総合的に判断して労働者性の有無が判断される．

以上のことから，もし報酬が日給月給で支払われている一人親方が存在するならば，現行の労働基準法でも労働者といえ，にもかかわらず，労働者保護から漏出しているのだから，日給月給の一人親方は労働者保護漏出層と規定できる．なお本章の分析では2つの調査を用いる．調査の概要は，**表4-1**の通りである．

1　2000年代における建設技能労働者の状態

一人親方の労働者保護からの漏出という問題を立体的に捉えるためには，この

間の建設技能労働者の状態についても概観する必要がある.

　全建総連東京都連合会『賃金調査報告書』(各年版)によると,技能労働者の賃金が長期的に低下傾向にある.最近20年間の変化では,技能労働者の日給が1995年1万8703円から2015年1万6044円へと14.2%減少している.とりわけ賃金低下が著しかった時期が1990年代後半から2000年代半ばで,この時期はバブル崩壊後の建設投資の減少による市場縮小が進展し始めた時期であるだけでなく,金融危機の影響で企業の倒産が相次いだ時期でもある.建設産業は重層下請構造の産業といわれてきたが,この時期には,企業のコスト削減意識が強まり,元請・下請関係が従来の下請系列化に基づく関係(系列下請企業への工事の優先発注など)からよりドライな市場原理による関係に変容した[6].こうした中で,技能労働者の雇用を担ってきた下請中小企業は,労働者の賃金カットを行うことや社会保険の加入を滞らせることで存続を図らざるを得ない状況にあったのである.

　一方で,ここ数年は人材不足を重くみた国土交通省,業界団体により労働条件の改善策が徐々に進められている.国土交通省は,2013年に公共工事設計労務単価の前年度比15.1%(14年も7.1%引上げ)の引き上げを行った.また大企業を会員とする業会団体である日本建設業連合会は,2014年に『建設技能労働者の人材確保・育成に関する提言』を出し,その中で,40歳代の平均目標年収を600万円とすることを提言している[7].

　こうした近年の国や業界団体の動きは,建設労働組合の長年にわたる運動の成果といえる.これらの動きに加えて,政府は,2012年に建設業法関係法令を改正し,2017年度までに建設業許可業者の社会保険加入率100%の数値目標を掲げ,同年度からの社会保険未加入企業の公共事業からの排除を行うとしている.現実には社会保険料を払いたくても払えない小規模業者を工事現場から排除するなどの課題もあるが,労働条件の改善という点では,労働条件の引き上げの流れに位置づけることができる.

　このような労働条件の引き上げの動きがある一方で,引き下げの圧力もまた強まっている.一つは,トランプ大統領がアメリカはTPPを脱退し,新たな二国間自由貿易協定の締結を目指すことを表明しており,この協定により海外資本が日本の工事を低価格で受注することが可能となり,その結果,国内建設就労者の労働条件が引き下げられる可能性がある.2つは,政府は2020年までの緊急かつ時限的措置として建設分野の技能実習生の受け入れの拡大を行うことを決めており,外国人就労者の受け入れ拡大によって労働条件が引き下げられる可能性がある.

このように建設産業は建設就労者の労働条件の引き下げと引き上げという，相反する力がせめぎあう状況にある．このような建設産業全体の動きの中に一人親方の労働者保護漏出問題を位置づけるならば，それは建設就労者の労働条件の引き下げ圧力といえ，建設産業全体の持続性という点においても好ましくないといえる．

2 労働者化した一人親方の増大とその背景

日給月給で報酬を受け取っている一人親方は，労働基準法上の労働者であることは先に述べた．**表4-2**は，柴田［2017b］が実証分析によって一人親方をその特徴から3つの類型に分類したものである．**表4-2**をみると，常用型の一人親方の9割弱が日給月給で報酬を受け取っていることがわかる．つまり常用型の一人親方の殆どが本来労働基準法の適用対象となる労働者であるにもかかわらず，保護から漏出している労働者保護漏出層であることがわかる．以下ではいつ頃から常用型の一人親方が活用されるようになったのか検討する．

B調査より常用型が一人親方・手間請になった経緯を見ると，常用型の一人親方は，「建設会社・工務店の従事者から一人親方・手間請へ」が36.6%，「親方から独立して一人親方・手間請へ」が29.6%でこの2つの経緯の合計が66.2%である（「事業主から一人親方・手間請へ」16.4%，「はじめから一人親方・手間請だった」12.2%，「無回答」5.2%）．

つまり常用型の一人親方の66.2%は，雇用されている状態から一人親方・手間請になったといえる．このことから，常用型の一人親方というのは，以前は雇用されていたが，何らかの事情で契約形態のみ請負に切り替えられた（外注化され

表4-2　働き方別の一人親方の特徴

	独立自営型	手間請型	常用型
業務遂行上の裁量性	○	○	×
報酬の支払われ方	出来高見合いが7割弱	出来高見合いが7割強	日給月給が9割弱
報酬水準決定の特徴	**市場型** 他者との競合，受給状況を考慮して自社で決定	**労使型** 元請が一方的に決定する場合がある	**労使型** 元請が一方的に決定する場合がある
年間所得400万円未満	63.2%	62.3%	76.8%

注：月収は，収入－経費・材料費．それゆえに月収から社会保険料を引いた額が手取りとなる．太枠線内の労働者的特徴．
出所：柴田［2017a：133］より引用．

た）存在であると考えられる．

次にいつ頃から一人親方・手間請になったのかという点であるが，常用型が一人親方・手間請になってからの年数階級別割合をみると，「0～5年」，「6～10年」，「11～15年」の合計が42.6%になる．B調査を行ったのが2015年であるから2000年代に入ってから一人親方・手間請になった常用型が42.6%もいるということになる．これに「16～20年」まで含めれば，55.8%と6割近くなる．一人親方・手間請になってすぐ常用型で働いたのかは定かではないので，一概にはいえないが，常用型の活用は2000年代以降に増加してきたといえよう．

2000年代に常用型の一人親方の活用が進んだ理由は，90年代後半以降の公共・民間工事の減少，市場競争や低価格受注競争の激化により，中小・零細業者の事業の縮小，倒産・廃業が進むという社会情勢のもとで，下請中小企業が生き残るために，せざるを得ない中で進められてきたからであると考えられる．

とりわけ日本の総合工事業者（元請）の多くは，技能労働者を自ら雇用せず，直接施工機能を有していないことが多い．また建設業法における許可基準の要件に「施工機能」が含まれていないことで，こうした現状は放置され，結果として現場の労働力を雇用しているのは下請・中小企業であり，重層下請の下で絶え間ない単価削減圧力と低価格受注競争にさらされている．この事実が常用型の活用が行われた根本的背景と考えられる．

3　労働者化した一人親方の労働条件

2節では，常用型の一人親方の活用が2000年代以降に活発化してきたことを明らかにしてきた．本節では，常用型の一人親方を量的に把握した上で，労働者と扱われないことで如何なる不利益を被っているのかを明らかにする．まず常用型の一人親方を推計しよう．やや荒っぽい試算になるが，B調査によれば，一人親方に占める常用型の割合は35.2%である．2010年時点で建設職種の個人請負就労者は55.5万人であるから19万5360人となる．これだけの職人が本来労働者として保護を受けられるにもかかわらず，受けられていないのである．

次に不利益の実態について，労働条件の水準とその不安定性に分けて検討する．分析では，A調査の聞き取り調査対象者20人のうち常用型の5人のデータを用いる．

まず労働条件の水準であるが，表4-3は常用型の労働条件を一覧表にしたものである．Aさんの場合は，日当1日1万7000円から2万円．月25日就労（繁忙

期があり，月20日の場合もあるが，基本は25日），収入は42万5000円である．一見高そうに見えるが，ここから経費の自己負担を行っている．雇用労働者であれば，経費負担は会社が行うが常用型の場合は自己負担となる．Aさんの場合，経費は月9万2000円である．

なお建設政策研究所［2017］『2016年首都圏4組合賃金実態調査分析報告書』は，神奈川，千葉，埼玉，東京の一人親方5965人の経費負担額を公表している．同報告書によると，ガソリン・燃料代，電車・バス代，高速料金，駐車場代，釘・金物代，作業・安全用品の負担額の合計が11万1271円である．首都圏の一人親方は11万円強の経費負担を行っている．

話を戻すと，その結果，Aさんの手取は33.3万円となる．収入に占める経費の

表4-3 常用型の一人親方の労働条件

呼称	職種	年齢	報酬	経費の内容	経費額	手取 (①－②)	社会保険料の内容	社会保険料額
Aさん	大工	55歳	日当1日1.7万～2万．月25日就労．日当1.7万として**収入42.5万（1.7万＊25日）円**．	ガソリン代，高速代，道具維持費，協力会費，金物代	9.2万円	33.3万円	国保，労災，年金	6万円
Bさん	左官	53歳	日当1日1.7万円，半日仕事の場合1日8500円．月18日就労＋半日3日で**33.4万円**．	なし	なし	33.4万円	国保，労災，年金	4.95万円
Cさん	塗装工	35歳	日当1日平均1.7万円．月25日就労．**収入41.6万円**．	交通費，ガソリン代，駐車場代，高速代，瑕疵工事保険	16.6万円	25.0万円	国保，労災，年金	4.1万円
Dさん	大工	62歳	坪4万円（30坪）＊3棟の360万円＋応援240万円で**月の収入50万円**．	道具代，ガソリン代，金物代，駐車場代	10.9万円	39.1万円	国保，労災，年金，生命保険	9.95万円
Eさん	大工	71歳	日当1日1.7万円．月15日就労の収入**25.5万円**．	ガソリン代，駐車場代，高速代，道具代，車両維持費	7.0万円	18.5万円	国保，労災	3.5万円

注：国保＝建設国保，労災＝一人親方労災，年金＝国民年金を指す．
出所：A調査より筆者作成．

割合は21.6%で2割を超える．なお5ケースのうち他の3ケースでも経費負担が見られた．収入に占める割合は，Cさん39.9%，Dさん21.8%，Eさん39.2%と大きな比重を占めている．日当がそのまま収入とならないところが常用型の特徴の一つである．

いまひとつの特徴は，社会保険料の負担である．Aさんの社会保険料の内容をみると，建設国民健康保険，一人親方労災保険，国民年金保険に加入している．常用型にとどまらず，一人親方の場合，労使折半の健康保険ではなく，全額自己負担の国民健康保険制度となる．その分，労働者よりも負担が大きい．また労働者であれば，労災保険は全額会社負担であるが，一人親方の場合は，一人親方労災保険制度に加入できる．この労災保険は，国が，労働者以外でも，その業務の実情，災害の発生状況からみて，労働者に準じて，保護することが適当であると認められる人に対して，労災保険制度の特別加入を認めているものである．

近年では工事現場に一人親方が入る際に新規入場者アンケートというのを行い，そこで労災保険制度への加入状況を聞かれ，加入していないと現場に入れて貰えない等の動きがあり，一人親方は事実上，加入を強制されている[8]．一人親方労災保険料の支払いについては，「事故起きなかったら，もどってくる（保険料が）仕組みとかつくれないですかねえ，毎年持っていかれるのは，ちょっと納得できないです」（Cさん，カッコ内筆者加筆）というように負担の大きさを不満に感じている一人親方もいる．

一人親方の場合，収入から経費・材料代を引き，さらにそこから社会保険料を引いたものが本当の意味での手取となる．また当然ここから税金も引かれる．Aさんの場合，収入から経費・材料費と社会保険料を引いた額は，27万3000円である．収入比で64.2%である．他の4ケースについてみると，Bさん85.2%，Cさん50.2%，Dさん58.3%，Eさん58.8%となっており，収入の3割から5割弱が経費・材料費と社会保険料の負担で消えていく．また5人のうち経費・材料費と社会保険料を除いた金額が一番高いのが，Nさんの29.15万円である．この金額で事業主といえるだろうか．

次に労働条件の不安定性を検討する．もし常用型の一人親方が労働条件を自立的に決定できるのならば，それは労働者としての側面を弱めることになる．そこで労働条件を誰が決めているのか5ケースについてみると，報酬額，就業時間ともに会社決定が3ケース（Bさん，Cさん，Eさん）となっており，実態として，その会社に所属し，会社の指揮命令の下で働く状況にあり，まさに労働者として働いている．一方でDさんは，報酬額，就業時間ともに会社と交渉し，決定して

いる．またＡさんは就業時間を自ら決定，報酬額は会社と交渉となっている．ＡさんとＤさんは労働条件の決定において一定の自立性を有している．その要因は，「付き合いがあるのは３〜４社，長いところで20年近くなるかな．信頼されてるんだと思うよ」（Ａさん）というように，長年の取引関係の中で培った技術力への信頼が自立性を担保している．しかしこの自立性が常に維持されるかは不透明な状況である．

　例えば，Ａさんは，「2010年１〜２月にかけて10日間しか仕事がなかった」というように労働条件の自立性があっても，就業の不安定性に直面しているのである．また「2008年に１週間仕事なしが３回」（Ｃさん），「2006年に１カ月間仕事なし」（Ｄさん）など常用型は実態が労働者であるにもかかわらず，有期雇用以上に就業が不安定性な状況にある．

　また報酬額も一人親方の了承なしに一方的に引き下げられるケースもあった．例えばＥさんは，48歳から54歳のときに日当制で日額２万6000円だった．しかしその後，1994年（１日２万円）と2009年（１万8000円）に日当が減額されている．

　Ｅさんのいうところによれば，1994年の減額は，「バブルですよ，はじけて……それから何年かは手間下げないでいてくれたんだけど，これだと（２万6000円）やっていけないって，よく覚えてるよ，55（歳）の時，下げられました」（カッコ内筆者加筆）．

　また2009年の減額は，「年の影響もあると思う……もう若くないからね．けどこのときは，景気が大きく落ち込んで本当に仕事がなくなったんよ．少なくても（日当が）いいから，とにかく仕事をくれって，親方に何度もかけあって……ようやく，ね．」（カッコ内筆者加筆）とのことで，この景気の落ち込みはリーマンショックの影響と考えられる．

　以上のように常用型の一人親方は，就業の不安定性，報酬額の一方的な引き下げなどの不利益を被る状況にあるといえる．勿論全ての常用型がそうであるとは限らないが，不利益を被った際に労働法によって保護されないという点は労働者と決定的に異なる点といえる．

おわりに

　本章では，一人親方の2000年代における新たな特徴を考察してきた．その結果，以下の点が明らかになった．第一に，20万人弱の一人親方が実態上の労働者であるにもかかわらず，労働者としての権利を享受できていないこと，第二に，彼・

彼女らは2000年代に増加してきたこと，第三に，彼・彼女らの労働条件をみると，事業主と呼べるほど高い水準にはなく，また報酬の一方的な引き下げや就業の不安定性に直面していること，が明らかになった．

本章で明らかにした労働者保護漏出層の一人親方は，実態が労働者であるにも関わらず，請負契約を結ばされているという点で，偽装請負といえる．是正されなければならない問題である．しかし，その方法が偽装請負を行っている下請中小企業の取り締まりで終わるなら，何ら本質的な問題解決にはならない．建設産業で偽装請負が発生している根本的な要因は，重層下請構造の頂点にいる大手企業が現場技能労働者の雇用責任を果たさず，その責任と負担を下請中小企業が負っていることにある．ここにメスを入れることが求められている．

注
 1) 代表的な研究として，労働政策研究・研修機構［2006］，川口［2012］などを参照．また労働者性に関する先行研究の検討については柴田［2017a：17-24］を参照．
 2) 柴田［2017a：23］を参照．
 3) 112.7万人の内訳については柴田［2015：134］を参照．
 4) 個人請負就労者の不安定就業問題は，江口［1980］，加藤［1985］の名目的自営業論に始まり，近年では柴田［2017b］が建設個人請負就労者を不安定就業という視角から実証的に解明．また労働法非適用による様々な産業・職種の労働問題は脇田編［2011］を参照．
 5) この推計は，柴田［2015：134］を参照．
 6) 小関・村松・山本［2003］を参照．
 7) 処遇改善を提言した点は評価できるが，実行が会員企業の自主性に任せるスタンスで，実効性が乏しいと指摘されている．処遇改善に向けた労働組合の取り組みが求められる．
 8) 東京土建一般労働組合幹部への聞き取り調査（2012年2月20日）より．

参考文献
江口英一［1980］『現代の「低所得層」下』未来社．
加藤佑治［1985］「日本における不安定就業階層の書類型」『専修経済学論集』第19巻第2号，69-102ページ．
川口美貴［2012］『労働者概念の再構成』関西大学出版．
小関隆志・村松加代子・山本篤民［2003］「建設不況下における元請・下請関係の変容——下請建設業と建設就業者への影響」，社会政策学会編『社会政策学会誌』9巻，224-243ページ．
柴田徹平［2015］「東京都内建設産業における生活保護基準以下賃金の一人親方の量的把握」，社会政策学会編『社会政策』第6巻3号，134-145ページ．

―――　［2017a］『建設業一人親方と不安定就業』東信堂.
―――　［2017b］「個人請負就労者の働き方の類型とその特徴――建設職種を事例として――」『労務理論学会誌』第26号，123-135ページ．
労働政策研究・研修機構［2006］『「労働者」の法的概念に関する比較法研究（労働政策研究報告書 No. 67）』．
脇田滋編［2011］『ワークルール・エグゼンプション』学習の友社．

第5章

多国籍製薬企業の特質と産業分析
―― Johnson & Johnson, Gilead, Roche, 武田薬品工業などを中心にして ――

田村 八十一

はじめに

国連の『我々の世界を変革する』は，SDGs（持続可能な開発のための目標）に関連して医薬や遺伝資源の適切なアクセスなどを世界の変革のターゲットに掲げている［United Nations 2015：paras. 3.8, 15.6］。この医薬品の供給と遺伝子資源の利用に関わる産業の一つが化学産業に属する製薬産業[1]である。そこで，ここでは多国籍化した化学企業のうち，特に人間の生命に大きく関わり，かつ遺伝子技術などを利用する巨大製薬企業ないし産業について，その概要を経営分析ないし財務諸表分析の視点を踏まえて一瞥する。

1 多国籍製薬企業の産業上の特質

先ず，このような製薬産業の特質[2]を確認しておこう。その特質は，（1）医薬品が人命にかかわるため社会的な影響力が大きいこと，（2）日本などの医療保険制度を採用する国では，薬価改定により製薬企業の収益が大きく影響されること，（3）医薬品の特許有効期間内は開発企業が独占的な支配力を持つこと，（4）研究開発投資がどの産業よりも活発な研究開発集約型産業であること，（5）製薬企業の原価構成に占める研究開発費やMR（医療情報担当者）の販売管理費などの固定費に対して変動費の比率が小さいこと，（6）各国に特許出願し，① 本国での生産・輸出，② 現地子会社での生産・販売，③ 国外に特許ライセンスの提供などの方法で，国外からも収益を獲得する多国籍化した産業であることである［小田切 2006：219-221］。

但し，前記（3）について，ヨーロッパ，日本，東アジアが規制価格を採用しているのに対して，最大の市場である米国では規制価格を採用していない［姉川ほか 2007：171］。

2　製薬企業のグローバル・ランキング

　次に2017年の *Fortune* による Global 500 のデータなど[3]を用いて製薬企業の位置と特徴を分析しよう．世界企業500社のランキングである Global 500 のランクは収益を基準にしている．一般に収益は，企業の営業規模の大きさを示すことになる．表5-1は，Global 500 の中から製薬企業（pharmaceuticals）だけを取り上げたもので，15社の製薬企業がランキングしている．このうち，米国に本社を置く企業が6社と最も多い．中国，スイス，英国がそれぞれ2社，ドイツ，フランス，イスラエルがそれぞれ1社となっており，中国とイスラエルを除くと欧米企業で占められている．「欧米日本の医薬品企業が特許で保護された新薬を発売」［姉川 2007：131］しているが，日本最大の製薬企業である武田薬品工業（以下，タケダと呼ぶ）はランキング外にある．

　表5-1にみるように収益において製薬企業トップで，Global 500 ランク86位が China Resources National Corporation（中国华润总公司，以下，CRNC と呼ぶ）である．但し，CRNC は，最も収益のウエイトが高い製薬に加えて，不動産開発，電力，ガス，セメント，ビールの6企業グループを支配している．その一事業として所有されているのが製薬企業グループ China Resources Pharmaceutical Group Limited（華潤医薬集団有限公司）である．但し，CRNC の製薬事業の収益は，各事業合計の過半数に満たない［China Resources (Holdings) Co., Ltd. n.d.］．したがって，以下では CRNC を除いて検討する．

　収益5位までを確認すると，2位が日本では「バンドエイド」などで知られる Johnson & Johnson（以下 J&J と呼ぶ）で収益は718億ドルに上る．3位が抗インフルエンザウィルス薬タミフル（Tamiflu）で知られ，かつ中外製薬を子会社（2016年12月期で所有株式割合59.89%）として傘下に置いている Roche Holding Ltd（以下 Roche と呼ぶ）で534億ドルを計上している．4位が既に特許が切れた高コレステロール血症治療薬 Lipitor などで知られる Pfizer で528億ドル，5位が問題の多い GM（遺伝子組換）種子ビジネスなど営む Monsanto Company（以下，Monsanto と呼ぶ）の買収に踏み切った Bayer AG（以下 Bayer と呼ぶ）で525億ドルとなっている．これら企業は，収益500億ドルを超える規模となっているが，Global 500 ランク5位のトヨタ自動車（以下，トヨタと呼ぶ，収益2546億ドル）と比較すると，J&J の規模は，その3分の1弱程度，製薬企業3位〜5位でトヨタの5分の1程度の規模である．

表5-1　Fortune Global 500における製薬企業ランキング

Global 500 ランク	本社所在地	収益 ランク	企業名	百万ドル	当期純利益 ランク	企業名	百万ドル
86	中国（香港）	1	China Resources National	75,776	1	Johnson & Johnson	16,540
97	米国	2	Johnson & Johnson	71,890	2	Gilead Sciences	13,501
169	スイス	3	Roche Group	53,427	3	Roche Group	9,720
173	米国	4	Pfizer	52,824	4	Amgen	7,722
174	ドイツ	5	Bayer	52,569	5	Pfizer	7,215
186	スイス	6	Novartis	49,436	6	Novartis	6,712
199	中国	7	Sinopharm	47,810	7	AbbVie	5,953
240	フランス	8	Sanofi	41,376	8	Sanofi	5,207
255	米国	9	Merck	39,807	9	Bayer	5,011
273	英国	10	GlaxoSmithKline	37,642	10	Merck	3,920
358	米国	11	Gilead Sciences	30,390	11	AstraZeneca	3,499
429	米国	12	AbbVie	25,638	12	China Resources National	2,580
470	英国	13	AstraZeneca	23,002	13	GlaxoSmithKline	1,231
471	米国	14	Amgen	22,991	14	Sinopharm	504
496	イスラエル	15	Teva Pharmaceutical Industries	21,903	15	Teva Pharmaceutical Industries	329

資産 ランク	企業名	百万ドル	従業員数 ランク	企業名	人
1	Pfizer	171,615	1	China Resources National	420,572
2	China Resources National	158,291	2	Johnson & Johnson	126,400
3	Johnson & Johnson	141,208	3	Novartis	118,393
4	Novartis	130,124	4	Bayer	115,170
5	Sanofi	110,390	5	Sanofi	113,816
6	Merck	95,377	6	Sinopharm	106,772
7	Teva Pharmaceutical Industries	92,890	7	GlaxoSmithKline	99,300
8	Bayer	86,731	8	Pfizer	96,500
9	Amgen	77,626	9	Roche Group	94,052
10	Roche Group	75,609	10	Merck	68,000
11	GlaxoSmithKline	72,985	11	AstraZeneca	59,700
12	AbbVie	66,099	12	Teva Pharmaceutical Industries	56,960
13	AstraZeneca	62,526	13	AbbVie	30,000
14	Gilead Sciences	56,977	14	Amgen	19,200
15	Sinopharm	36,767	15	Gilead Sciences	9,000

注：数値は，原則として2017年3月31日以前の1年決算に基づく直近の連結データであり，Global 500ランクは，収益に基づいている．
出所：http://fortune.com/global500/（2017年8月29日閲覧）より作成．

　次に表5-1の当期純利益トップ5は，J&J（165億ドル，）Gilead Sciences（以下Gileadと呼ぶ，135億ドル），Roche（97億ドル），Amgen Inc.（以下，Amgenと呼ぶ，77億ドル），Pfizer（72億ドル）の順となっている．製薬企業の収益トップ5に入って

いた J&J, Roche, Pfizer に加えて, Gilead と Amgen が浮上している. 2位の Gilead は, 前年において製薬企業の当期純利益トップ (181億ドル) で, 高価な C 型肝炎治療薬である Sovaldi や Harvoni の開発で知られている. 4位の Amgen は, アステラス製薬と合弁会社 (出資比率 Amgen51%, アステラス製薬49%) を2013年に日本に設立している企業である. この2社は, 特に遺伝子技術を重視する製薬会社であるという特徴がある. Amgen は, Genentech, Genetic System, Biogen などと同じように新技術バイオテクノロジー専門企業すなわち DBC (dedecated biotechnology companies) と呼ばれている [上池 2007: 60]. 但し, Amgen は, 今や単なる DBC ではなく, 巨額の利益を獲得する巨大製薬企業となっている.

製薬企業トップの J&J は, 当期純利益で全産業13位の Microsoft (167億ドル) に次いで同14位に位置している. また, 同12位のトヨタ (168億ドル) と比べても, J&J は同額程度の利益を獲得している. 2位の Gilead は, 全産業の当期純利益で18位に位置しており, Roche も同31位に浮上する.

資産では, トップの Pfizer が1716億ドルを保有している. 資産で全産業129位の Pfizer は, 同130位の本田技研工業 (1701億ドル) とほぼ同じ資産規模であり, 同71位のトヨタ (4375億ドル) の4割程度となっている.

従業員数では, J&J がトップで12万を超える従業員を抱えており, 3位の Novartis AG から 6位の Sanofi まででおおよそ10万を超える従業員を雇用している. これに対して, Amgen は 2万人弱であり, Gilead は9000人で Amgen の半分以下, J&J の12分の1以下であり, 従業員が少ない. 遺伝子技術を得意とする製薬会社が, その膨大な利益に対して相対的に雇用に貢献していないことがわかる. なお, 従業員数で全産業176位の J&J の従業員数は, 同28位のトヨタ (36万4445人) の35%程度に止まる.

総じて, 製薬企業は, 収益, 資産, 従業員数はグローバルなトップ企業よりも相対的に大きくないが, 利益の獲得能力は高いといえよう.

3　製薬企業の経営戦略

ここでは, これら製薬企業の一般的な戦略がどのようなものであるかを概観しておこう. 巨大製薬企業は, 今日, M&A 戦略だけでなく, 他企業との提携戦略に加えて, 未充足の医療ニーズであるアンメット・メディカル・ニーズ (unmet medical needs, 以下 UMN と呼ぶ) 領域におけるブロックバスター (blockbuster)[4] に対する研究開発戦略及び販売戦略を進めている.

当初の欧米における製薬企業のM&Aは，①特許切れのリスクを抱えながら新薬の研究開発の長期化と巨額化に対応するために，規模の拡大を通じて研究開発費の負担能力を高めること，②開発に成功した医薬品を販売するために国際的な販売市場，特に価格規制がなく高い成長性が期待できる最大の市場である米国市場の拡大を目指すことであった［姉川 2000：32］．したがって，この段階での欧米や日本のM&Aは，巨大製薬企業同士による規模の経済を追求するものであった．

　さらに2000年代後半以降，欧米や日本の巨大製薬企業による周辺関連企業に対するM&Aが進展している．この近年のM&Aは，次のような流れがある．①PfizerによるEsperian Therapeuicsの買収（2004年）やRocheによるTanoxの買収（2007年）のようにバイオテクノロジー関連企業ないしバイオベンチャー企業を対象にした新薬の可能性を追求するM&A戦略である．②Novartis AGによるhexal AGの買収（2005年，GE（ジェネリック）事業拡大）やSanofiによるAcambisの買収（2008年，ワクチン事業拡大）のように新興国市場進出や事業領域の拡大のためのM&A戦略である．そして，③PfizerやNovartis AGなどのように①と②の両方に股がるM&Aの流れである［伊藤 2010：58-64］．

　①のM&Aは，従来の主力であった生活習慣病領域などの「低分子薬」（構造が単純な低分子化合物を化学的に合成した従来の医薬品）が十分に開発されたことから，癌，アルツハイマー，自己免疫疾患などのUMN領域の研究開発に戦略を移行するために，バイオテクノロジーを用いて体内に存在するたんぱく質を活用するバイオ医薬にシフトするためのものであった．

　「低分子薬の物質特許には科学的構造式が明記されているが，バイオ医薬品は複雑な立体構造を持つため，科学的構造式がない」ので，GEのように「同じ物質を作ることはきわめて困難」で，「特許以外にも高度な製造技術が必要とされるなど参入障壁が高い」［伊藤 2010：65，70］といわれる．しかし，今日では，一種のバイオ版GEともいえるバイオシミラー（biosimilar）が製薬企業で製造・販売される時代に入っている．

　また，②のM&Aだけでなく，研究開発・製造・販売のそれぞれでアウトソーシング，業務提携も進展している．製薬企業は，研究開発では，大学，研究機関，開発業務受託機関（CRO: clinical research organization）などから医薬品研究開発の財・サービスを入手している．製造では，製造委託機関（CMO: contract manufacturing organization）や錠剤化・カプセル充填の専門企業への委託などが進んでいる．さらに販売では，販売受託企業（CSO: contract sales organization）など

への販売委託なども行われている．なお，研究開発のアウトソーシングは，1990年代に米国の製薬産業において急速に成長したという［姉川 2007：100-103］．

4　急成長する Gilead——多国籍製薬企業の成長性分析

以下では，CRNC を除く，2017年に製薬企業の収益と当期純利益でトップ3に入っている J&J，Roche，Gilead を中心に検討する．また，それらに日本のトップ製薬企業であるタケダと Monsanto の買収に踏み切った Bayer を加えて，成長性，収益性などの一部の指標に限定して**表5-2**を用いて俯瞰することにしたい．

表5-2の(A)欄は，21世紀に入った2001年を基準年とした百分比率趨勢分析表である．100を超えれば基準年より成長していることを示し，逆に100を下回れば縮小していることを示す．これにより各社の成長性を分析すると，2016年では，バイオ医薬品企業である Gilead が，資産約72倍（7169），収益130倍（1万3000），利益258倍（2万5804）と他の企業を圧倒的に引き離して急成長している．特に2014年から桁違いに成長しており，Gilead の売上1位の薬品である Harvoni（2014年10月販売開始）や2位の Sovaldi（2013年12月販売開始）というブロックバスターの開発と販売によって急成長したことがわかる．これらに加えて，HIV 治療薬である売上第3位の Truvada や4位の Atripla が収益の下支えとなっている．これらの薬品の開発が収益，資産，利益を急成長させた要因となっている．このように製薬企業は，一度，新薬の開発に成功すれば特許権に守られて，収益が成長すると，変動費率の低さゆえに一気に利益が増大することになる．

資産では，Gilead に次いで J&J が，約15年間で3.6倍程度に成長している．逆に最も資産の成長性が低いのが Roche であり，1.02倍である．2007年，2008年を除くと21世紀に入って Roche は，資産の抑制へと転じたことがわかる．なお，Bayer とタケダは，両社とも2倍程度の成長となっている．

収益では，J&J が2.2倍程度，Roche とタケダが1.7倍に成長している．Bayer の収益の成長性は，他の企業に比して1.5倍と低い．

利益では，日本のトップ製薬企業であるタケダが，半分に縮小してしまっている．特にタケダは，欧米の製薬企業とは対照的に2000年代の後半から利益の縮小期に入っている．2014（2015年3月期）のタケダは，1430億円の連結当期純損失を計上した．この損失は，米国における2型糖尿病治療剤「アクトス」に起因する膀胱がんに対する製造物責任訴訟の費用であるアクトス訴訟填補引当金繰入など

表 5-2 成長性，収益性，売上高研究開発費比率に関する各指標の推移

			2000	2001	2002	2003	2004	2005	2006	2007	2008	2009	2010	2011	2012	2013	2014	2015	2016
(A) 成長性―百分比率趨勢分析表	資産	J&J	81	100	105	125	139	151	183	210	221	246	267	295	315	345	341	347	367
		Gilead	85	100	162	196	271	474	514	734	883	1,220	1,459	2,177	2,672	2,831	4,361	6,522	7,169
		Roche	92	100	85	79	77	92	99	104	101	99	81	82	86	83	100	101	102
		Bayer	98	100	113	101	102	99	151	139	142	138	139	142	139	139	190	200	222
		タケダ	89	100	105	119	130	155	156	145	140	144	142	182	201	233	219	195	222
	収益	J&J	88	100	110	127	143	153	162	185	193	188	187	197	204	216	225	212	218
		Gilead	84	100	200	371	567	868	1,294	1,809	2,282	2,999	3,401	3,587	4,150	4,792	10,647	13,962	13,000
		Roche	98	100	102	107	107	122	144	158	156	168	163	146	156	160	163	165	173
		Bayer	102	100	98	94	98	82	96	107	109	103	116	121	131	133	140	153	154
		タケダ	96	100	104	108	112	121	130	137	153	146	141	150	155	168	177	180	172
	利益	J&J	85	100	116	127	150	184	195	187	228	216	235	171	185	244	288	272	292
		Gilead	-109	100	138	-138	860	1,557	-2,277	3,090	3,848	5,023	5,528	5,336	4,924	5,849	23,070	34,639	25,804
		Roche	231	100	-109	92	191	184	246	307	291	228	238	256	262	305	256	243	261
		Bayer	192	100	111	-140	62	166	176	491	179	141	136	257	260	332	358	426	502
		タケダ	62	100	115	121	118	133	142	150	99	126	105	53	56	46	-60	35	48
(B) 収益性	ROA	J&J	15.3	14.7	16.3	14.9	16.0	17.9	15.7	13.1	15.2	13.0	13.0	8.5	8.7	10.4	12.4	11.6	11.7
		Gilead	-8.4	6.6	5.6	-4.6	20.8	21.6	-29.1	27.7	28.7	27.1	24.9	16.1	12.1	13.6	34.8	34.9	23.7
		Roche	12.4	5.0	-6.4	5.8	12.3	9.9	12.3	14.6	14.3	11.4	14.6	15.5	15.1	18.3	12.6	12.0	12.7
		Bayer	5.1	2.6	2.5	-3.6	1.6	4.3	3.0	9.2	3.3	2.7	2.5	4.7	4.9	6.2	4.9	5.5	5.9
		タケダ	8.5	12.1	13.3	12.3	11.0	10.4	11.1	12.6	8.6	10.6	9.0	3.6	3.4	2.4	-3.3	2.2	2.7
	ROS	J&J	16.5	17.2	18.2	17.2	18.0	20.6	20.7	17.3	20.3	19.8	21.7	14.9	15.6	19.4	22.0	22.0	23.0
		Gilead	-29.0	22.4	15.4	-8.3	33.9	40.1	-39.3	38.2	37.7	37.4	36.4	33.3	26.5	27.3	48.4	55.5	44.4
		Roche	30.0	12.8	-13.7	11.0	22.8	19.3	21.8	24.8	23.8	17.3	18.7	22.4	21.5	24.3	20.1	18.8	19.2
		Bayer	5.9	3.2	3.6	-4.7	2.0	6.5	5.9	14.6	5.2	4.4	3.7	6.8	6.3	7.9	8.2	8.8	10.3
		タケダ	15.5	23.7	26.2	26.5	25.0	26.1	26.0	15.4	20.5	17.6	8.4	8.6	6.5	-8.0	4.6	6.7	
	総資産回転率	J&J	0.93	0.86	0.90	0.87	0.89	0.87	0.76	0.75	0.75	0.65	0.60	0.57	0.55	0.54	0.57	0.53	0.51
		Gilead	0.29	0.29	0.36	0.56	0.61	0.54	0.74	0.72	0.76	0.72	0.69	0.48	0.46	0.50	0.72	0.63	0.53
		Roche	0.41	0.39	0.46	0.52	0.54	0.51	0.56	0.59	0.60	0.66	0.78	0.69	0.70	0.75	0.63	0.64	0.66
		Bayer	0.85	0.82	0.71	0.76	0.79	0.67	0.52	0.63	0.63	0.61	0.68	0.69	0.77	0.78	0.60	0.63	0.57
		タケダ	0.55	0.51	0.51	0.47	0.44	0.40	0.42	0.48	0.56	0.52	0.51	0.42	0.39	0.37	0.41	0.47	0.40
(C) 売上高研究開発費比率		J&J	10.0	10.9	10.9	11.2	11.0	12.5	13.4	12.6	11.9	11.3	11.1	11.6	11.4	11.5	11.4	12.9	12.7
		Gilead	67.3	79.4	28.9	19.0	16.9	13.7	12.7	14.0	13.5	13.4	13.5	14.7	18.1	18.9	11.5	9.2	16.8
		Roche	13.8	13.3	14.3	15.3	16.3	16.0	15.7	18.2	19.4	20.1	21.1	19.6	21.0	19.8	20.8	19.9	22.8
		Bayer	7.7	8.2	8.5	8.5	7.1	7.0	7.9	8.0	8.1	8.8	8.7	8.0	7.6	7.9	8.5	9.2	10.0
		タケダ	8.2	10.0	11.9	11.9	12.6	14.0	14.8	20.1	29.5	20.2	20.4	18.7	20.6	20.2	21.5	19.1	18.0

注：数値は，連結データである．(A)欄は，2001年を基準年（=100）としている．利益は非支配持分に帰属する利益控除前の当期純利益である．単位は，(A)欄がポイント，(B)・(C)欄が％である．タケダは3月期，その他は原則12月期決算である．
出所：Mergent Online データベース，各社の *Form 10-K, Annual Report* 及び『有価証券報告書』より作成．

が要因である．タケダの傾向的な縮小は，「日本の新薬メーカーが海外の新薬メーカーと比べて，保有するブロックバスターの品目数が少ないにもかかわらず，その依存度がきわめて高い」ため，2010年以降の「収益の大半を支えるブロックバスターの特許切れ」［伊藤 2010：55］に直面したことも大きな要因となっている．

このことは，巨大製薬企業にとって新薬の開発・販売が重要な問題であることを改めて浮き彫りにするものであり，その成否が製薬企業の成長性や収益性に大きく影響を与えることを物語っている．

5　収益性と売上高研究開発費率からみた製薬企業の特質

表5-2の(B)欄をみると，2016年で最も収益性が高いのがGileadである．その資産利益率であるROA（＝利益／資産×100）は，23.7％に達成している．この高いROAはどのように達成されているのだろうか．総資産回転率（＝収益／資産）は，1回転を切って0.53と1年間に半分しか回転していない．この低い回転率を補うように，44.4％という高い利幅率すなわち売上高利益率であるROS（＝利益／収益×100）によって，ROAを上昇させていることがわかる．ROAが12.7％と2番目に高いRocheと比較しても，GileadのROAは2倍近い高さであり，利幅率が高いC型肝炎やHIV関連のブロックバスターを販売することによって，高い収益性を確保していることがうかがえる．これらのブロックバスターによって，Gileadは，2014〜2015年には35％近いROAを達成していた．但し，Gileadは，研究開発の成功が軌道に乗った21世紀に入ってROAがプラスに転じたのであり，それ以前は，赤字企業であった．2004年以降（2006年を除く）に，現在のような20％を超えるROAを確保する企業となったのである．時系列でみても20％を超えるROAを達成しているのは5社のなかではGileadだけである．

J&Jは，大衆的な医療品を多く製造販売しているイメージがあるが，回転率はRocheやGileadよりも低く0.51である．それに対してROSは23.0％とGileadに次ぐ高さとなっている．J&Jは，薄利多売型の製薬企業ではないといえる．同社のROAを時系列でみると，2011年，2012年に8％に下がっているが，他の期間は，10％を超えており，特に2000年代（2007年を除く）にはRocheを上回るROAを達成していた．

ここで，さらにJ&Jのセグメント情報（*Form10-K* 2017年1月期）を用いて分析すると，J&Jの医療用医薬品（Pharmaceutical），医療用装置（Medical Devices），一般用医薬品（Comsumer）の売上高税引前当期純利益率は，それぞれ38.3％，22.2％，18.3％であり，医療用医薬品の利幅率が明らかに高いことがわかる．この高いROSを達成しているJ&Jの医療用医薬品の収益は，2016年で334億ドル，総収益の46.5％を占めており，トップ治療薬である免疫疾患領域の関節リュウマチ等治療薬Remicadeは69億ドルの売上高を実現する重要なブロックバスターに

なっている．医療用装置の収益は251億ドルで総収益の34.9%である．処方箋なしで買うことのできる OTC (over-the-counter) などの大衆薬すなわち一般用医薬品の収益は133億ドルで同18.5%と低い．なお，J&Jは，2017年1月に約300億ドルでスイスのバイオ医薬品企業である Actelion Ltd の買収に踏み切っている．

巨大製薬企業にとって研究開発すなわち R&D 戦略は，業績の盛衰において重要な意味をもつ．製薬企業の研究開発は多岐に渡るが，一般に巨大製薬企業は，前述のように他企業との提携や M&A も利用しながら少なからず UMN 領域への研究開発に力を入れている．次にこのような収益性の盛衰にかかわる研究開発費について売上高研究開発費率（=研究開発費／売上高×100）を用いて確認しよう．この指標は，実現した売上高に対して，どの程度の研究開発費を戦略的に投資しているかの程度を明らかにできる．

表5-2の(C)欄をみると，近年，最も売上高研究開発費率が高いのは Roche である．2016年の同社の売上高研究開発費率は，21世紀に入って最高の22.8%まで上昇している．Roche は，2007年頃より，15%前後から20%を超える水準まで戦略的に同比率を高めてきていることがわかる．タケダをみると，2016年の同比率は18%であり，Roche に追随している．収益性が低迷しているタケダは，ほぼ Roche と同じ時期に同比率を7～8%から20%に引上げることで研究開発に力を注いでおり，戦略的に Roche の水準に近い比率を保とうとしていることがわかる．高収益性を誇る Gilead は，売上高研究開発費率が79.4%にも上った2001年以後，傾向的に13%前後を維持していたが，2012年以降，9～19%と変動が大きくなっている．特に Gilead は，2014年に11.5%，2015年に9.2%と同比率を低下させている．これは研究開発費投資が収益の成長に追いついていないことが大きい．但し，同社の研究開発費の成長性は高く，2004年から一貫して成長している．2001年に対して2016年の研究開発費は，15年間で27倍に成長している．

この15年間に次に成長したのがタケダであった．しかし，それは Gilead に比して3.1倍に止まっている．Roche が2.9倍，J&J が2.5倍，Bayer が1.8倍であるので，いかに Gilead の研究開発費の成長性が高いかがわかる．また，21世紀に入って J&J は11%前後，Bayer は8%前後で売上高研究開発費比率が推移しており，両社も収益に対して一定の研究開発投資を戦略的に行っている．

6 売上高単位あたり従業員数における百分比率趨勢分析

国連は，前述の SDGs の目標8で人間らしい雇用であるディーセント・ワーク

(decent work) を掲げている．製薬企業は，適正に雇用を生み出しているのであろうか，それとも雇用破壊を進展させているのだろうか．そこで，従業員数の推移を確認すると，Gilead，タケダ，Roche のように増加している製薬企業と J&J，Bayer のように抑制している製薬企業に2分化されていることがわかる．2001年に対する2016年の倍率は，Gilead で9倍，タケダで2倍，Roche で1.5倍であり，J&J と Bayer でそれぞれ1倍となっている．

但し，各企業の収益は，成長しており規模が拡大してきている．そこで，この規模拡大に見合った雇用がなされているかを売上高単位あたりの従業員数を算出して，その指標を百分比率趨勢分析によって検討してみよう．図5-1は，同指標の2001年を基準年100として示したグラフである．どの製薬企業も規模が拡大するにつれ，売上高単位あたりの従業員数が傾向的に減少しているか，抑制されていることがわかる．特に J&J，Gilead は，2007年まで大きく減少しており，その後，緩やかな減少ないし抑制傾向となっている．但し，Roche は，他の製薬企業と異なり，2010年以降，若干上昇傾向にあり，収益の拡大に伴ってその単位あたりの従業員を増やしている．

なお，タケダの2011年の大きな上昇は，買収した Nycomed A/S で既に雇用されていた従業員による影響であり，積極的に雇用を創造したものではない．これ以後，タケダの趨勢は，140から120ポイントに低下してしまっている．

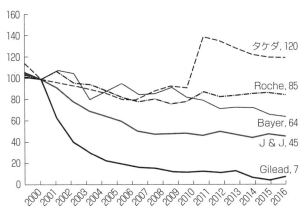

図5-1 売上高単位あたりの従業員数における百分比率趨勢分析（2001年＝100）

注：右側の数値は，2016年のデータである．
出所：Mergent Online データベース，各社の Form 10-K, Annual Report 及び『有価証券報告書』より作成．

以上のように，これら製薬企業は，時系列で分析すると従業員数を増やしてきているのであるが，売上高単位あたりの従業員数から分析すると，減少または抑制しており，規模すなわち収益の拡大に見合うかたちでは，従業員数が増えていないことが明らかとなる．

おわりに——多国籍製薬企業の課題

ここでは，最後に多国籍製薬企業の課題について若干触れることにしたい．

分析したように巨大多国籍製薬企業の高い収益性は，独占的な特許権に守られた高価な医薬品によって実現されている．しかし，このことが特に発展途上国の感染症・非感染症のワクチンや医薬品のアクセスの障害となっている．また，先進国においても高価な医薬品は，そのアクセス問題だけでなく，医療費の高騰に繋がっており，GE薬品の普及政策の要因になっている．国連は，すべての人が，適切な健康増進，予防，治療，機能回復に関するサービスを，支払い可能な費用で受けられるユニバーサル・ヘルス・カバレッジ（universal health coverage: UHC）を達成することをSDGsとして掲げている［United Nations 2015：para. 3.8］．そのためには巨大多国籍製薬企業の高収益性を適正な水準に転換させて，特許権に守られた医薬品の高価格化を是正しなければならない．持続可能な社会をつくるためには，このような問題に対する社会の眼と対話が必要であり，巨大多国籍製薬企業にその社会的責任ないしESGを意識した関与へと向かわせなければならない．この点で製薬企業の知的所有権について，「知的所有権の保護を強化することが技術革新につながるのかどうかは証明された事実というわけではない．むしろ，医薬品開発においては，大学や研究所での公的資金による研究が重要な役割を果たすという例が数多い」［美馬 2007：216-217］という指摘は重要であろう．

加えて，日本においては，製薬企業の医薬品に対する薬価算定について，その根拠や算定内容にかかわる透明性の問題があることが指摘されている．製造総原価の開示や原価算定方式における利益率のあり方（営業利益率14.6％を基本に−50〜+100で評価する設定が高いと問題視されている）が課題となっている［じほう 2007：6-7］．これらの情報開示を徹底して十分な透明性を高めなければならない．

注

1）日本標準産業別分類表では，「製造業」の「化学工業」の中に「医薬品製造業」が位

置付けられている。なお，本研究では，「医薬品製造業」に属する企業を製薬企業と呼び，それらの産業を製薬産業と呼ぶ．
2）小田切［2006］では，製薬産業あるいは医薬品製造業と呼ばずに，「医薬品産業」と呼んでいる．なお，同書では，この産業の「特異性」として6点を挙げている．
3）以下，特に断らない限り，各社の情報については，Form10-K, Annual report,『有価証券報告書』による．
4）製薬企業におけるブロックバスターとは，「グローバルな水準で年間収益10億ドル以上」［European Commission 2009：16］あるいは「1000億円以上の超大型新薬のことをいう」［伊藤 2010：58］．

参考文献

姉川知史［2000］「医薬品企業のM&Aの費用と効果：日本における企業買収の可能性」『医療と社会』1（1）．
─── ［2007］「医事品研究開発のセントラル・ドグマ：医薬品企業の機能と限界」，佐藤光編『生命の産業 バイオテクノロジーの経済倫理学』ナカニシヤ出版，89-153ページ．
姉川知史・安藤泰至・佐藤隆広・佐藤光・佐野一雄・瀬戸日明久・美馬達哉・脇村孝平［2007］「［討論］医薬品産業とはどのような産業なのか」，佐藤光編『生命の産業 バイオテクノロジーの経済倫理学』ナカニシヤ出版，154-175ページ．
伊藤邦雄編［2010］『医薬品メーカー 勝ち残りの競争戦略』日本経済新聞社．
小田切宏之［2006］『バイオテクノロジーの経済学』東洋経済新報社．
上池あつ子［2007］「日本におけるバイオテクノロジーの産業化」，佐藤光編『生命の産業 バイオテクノロジーの経済倫理学』ナカニシヤ出版，29-63ページ．
じほう［2017］『薬事ハンドブック2017』じほう．
美馬達哉［2007］「アメリカのバイオ政策とグローバルエイズ」，佐藤光編『生命の産業 バイオテクノロジーの経済倫理学』ナカニシヤ出版，177-228ページ．
China Resources (Holdings) Co., Ltd. [n.d.] China Resources (Holdings) Co., Ltd. website, available from：http://en.crc.com.cn（2017年8月29日閲覧）．
European Commission [2009] *Pharmaceutical Sector Inquiry, Final Report, Commission Staff Working Document*, retrieved from：http://ec.europa.eu/competition/sectors/pharmaceuticals/inquiry/staff_working_paper_part1.pdf（2017年9月25日閲覧）．
United Nations [2015] *Transforming our world: the 2030 Agenda for Sustainable Development*, retrieved from：http://www.un.org/ga/search/view_doc.asp?symbol=A/RES/70/1&Lang=E（2017年4月9日閲覧）（外務省仮訳『我々の世界を変革する：持続可能な開発のための2030アジェンダ』（2015）http://www.mofa.go.jp/mofaj/gaiko/oda/files/000101402.pdf 2017年4月9日閲覧）．

第6章

21世紀・ベトナム産業の展開

大 西 勝 明

はじめに

　2015年に，ASEAN（Association of South East Asian Nations：東南アジア諸国連合）は，AEC（ASEAN Economic Community：ASEAN経済共同体）の形成に至っている．そして，ベトナムでは，2016年，ドイモイ政策（1986年）路線採用以来30年の節目を迎え，第12回党大会においてはドイモイの30年間が総括されている．さらに，2017年には，ASEANが，設立50周年をむかえた．ASEANは，1967年にインドネシア，マレーシア，フィリピン，シンガポール，タイの5カ国が，「バンコク宣言」に署名し，結成された．その後，ベトナムの加盟は1955年になるが，ブルネイ等の加盟により，加盟国は，10カ国となる．東西冷戦下で共産主義拡張への対応を意図した小国連合ASEANは，アジア通貨危機等に深刻な影響を受けながら，一定の経済成長を続け，21世紀には，6億人を越える巨大経済圏に成長してきた．その一環をなすベトナム経済も，年5％台以上の経済成長を続け，注目される存在となっている．
　ただ，21世紀のASEANは，中国の影響を受け，新たな局面に瀕しているし，ベトナム経済も，また，大きなターニングポイントに直面している．本章では，こうした21世紀におけるASEANの動向と相関するベトナムの産業構造の変化，交易関係の変化，そして，今後の展開の方途についての考察を試みている[1]．

1　ドイモイ政策の導入・市場経済化

　ベトナム産業の動向に大きな影響を与えたのは，1986年の市場経済を導入することになるドイモイ政策（刷新）である．ドイモイ政策が，ベトナム産業の発展に画期的な影響を与えてきた．ベトナム政府は，ドイモイ政策を通しての市場経済の導入と対外開放を試み，積極的に外国資本を誘致し，農業を中心としたベト

ナム経済の変革を指向している．農業（農水鉱）生産額がGDPの3割近くを占め，農業従事者が国全体の過半を上回るような状態で農業の工業化を含め，強く工業化が指向されている．また，ASEANにおいては，1976年のASEAN協和宣言において輸入代替的工業化政策が打ち出されていたが，1987年のマニラ宣言で輸出指向的工業化政策への転換が主張されている．ベトナムもそれに追随している．2001年になるとベトナム政治局は，「農業・農村の工業化・近代化に貢献する科学技術の研究，運用に関する指示」を出し，2001年を米生産中心のベトナム農業の転換点とし，生産拡大奨励から生産効率と品質向上政策への転換を追求している．そして，2002年中央委員会総会において「2001年～2010年の農業・農村工業化・近代化の迅速な推進に関する決議」を採択し，生産と流通の工業化，近代化により，一層生産性の高い農業への転換を意図した政策を課題とすることになる．ベトナムは，基本的に食料の自給率の高い農業国であった．ただ，農業生産の近代化指向にもかかわらず，農林・水産・鉱業のGDP比は2001年に30％を割り込み，2003年には27.2％となり，製造業のGDP比が農林水産を上回ることになる．もちろん，2003年段階でも，商業，運輸・郵便・観光等サービス業のGDP比率が最大ウエイトを占め，かつ，上昇している．2004年頃より一層の工業化の推進が認められ，GDP比，労働力構成比において，農業より製造業のウエイトが高まりつつある．21世紀，持続的成長を維持しつつ，農業国ベトナムが変質し，工業国化傾向が明示的になっている［大西 2016：2］．他方で，ベトナム政府は，ドイモイ政策導入10年後の1996年を「新しい発展の段階，工業化・近代化を推進する段階へとベトナムを変えていくための転換点」として位置付けている．さらに，2000年には「知識経済」への転換政策を打ち出し，情報産業の振興に本格的に取組む姿勢を示している．「科学技術法」が改正され，情報産業振興，情報産業への外資導入，知的財産権の保護への対応を明確にしている．ホーチミン市郊外にソフトウエア工業団地を建設，インフラ整備や法人税の優遇措置による情報産業支援を打ち出している．情報産業振興とともに，サービス業，ソフトウエア業のGDP比が増加している．また，2001年に政治局は「国際経済統合に関する決議」をし，「工業化・近代化促進のために市場を拡大し，資金・技術・管理知識を獲得する．」方針を確認している．

　ドイモイ政策導入20年後の2006年には，新「企業法」，「投資法」を施行，その後，これら法律の改正が続き，制度的な変革が進められている［アジア経済研究所 2010：246］．21世紀に入り，企業の制度改革と情報産業振興，情報・通信・ソフトウエア業の強化が，課題とされている．関連して，2011年からの「開発5カ年

計画」,「開発10カ年戦略」において,2020年までに工業国となることを目標に据え,産業構造改革,対外経済開放,人的資本開発,貧困解消等を重点課題,政策目標としている.すなわち,ベトナムでは,2012年,農業国から工業国への変革が課題とされ,2020年には工業国入りを課題としてきた.豊かな国民生活,高度な経済活動の展開が指向され,持続的な経済成長の下で,農業の工業化を含む全般的な工業化,工業製品の輸出拡大,貿易構造の是正が目指されてきた.2020年までに,近代的な工業国になるという目標の達成は安易なものではないが,リーマンショックや急激なインフレーションに見舞われながらも,持続的な経済成長と工業化が着実に進められてきた.

2　外国資本の導入

　ベトナムの工業化は,外国資本に大きく依存しており,また,経済発展のための外国資本の貢献は不可欠であった.国外からの直接投資がベトナムの産業発展,貿易動向に大きな影響を与えている.まず,インフラ整備にはODA（政府開発援助）が活用されている.そして,ベトナムも,他のASEAN諸国とともに輸出指向的工業化を目指し,外国からの直接投資の受け入れを促進している.ベトナムは,1988年「外国投資法」を制定,その後,改訂を続けている.つまり,直接投資に関連する制度が,外国からの資本の受け入れ促進に向けて積極的に改善されている.最初に制定された「外国投資法」は,100%外国資本の投資案件をも認め,外国資本に対して規制の少ないもので,無差別的優遇が行われていた.その後,「外国投資法」は,90年,92年,96年等に次々と改正されているが,1990年改正では,輸入代替的産業等を対象に加え,資本金,技術水準,輸出比率,利益水準,立地条件等を勘案して優遇税率を定め,税の減免といった施策による誘導政策を実施している.外資の受け入れに際して,先端技術分野,石油化学,インフラ関連,農村,過疎地への投資誘導等を優先した国家戦略を浸透させている.

　さらに,申請手続の簡素化を進め,1995年には対内直接投資について審査,許可していた国家投資協力委員会と国家計画委員会とを統合して投資計画省を発足するなど制度改革を進めている.また,1988年には,外国技術の移転に関する法令,89年には,工業所有権の保護に関する法令が定められている.積極的に外国資本を誘致するために工場団地の建設,輸出加工区の設定が進められ,工業化の促進が意図されている（「日本経済新聞」2017.5.18）.

　外国からの援助,借款はもちろん,多数の保税地区,工業団地を造成し,対内

直接投資に依存し，輸出指向的工業化に過度な期待さえ寄せている．1994年以降，「ハイフォン野村」等ラッシュとされるような工業団地整備を推進し，積極的に外資を受入れている．1997年アジア通貨危機以降，直接投資が半減していたが，1999年の308件，16億USドルをボトムに反転している．

　ベトナムへの2000年以降の直接投資は，2007年以降，電子機器分野を中心に急増している．国別動向では，台湾，韓国，日本，香港，米国等が主であり，増加傾向にある．シンガポール，香港，台湾はサービス業が多い．日本は，1990年代に，多額の投資をし，その後，中断したが21世紀にまた投資を増大している．日本の直接投資は過半が製造業である．特に，ベトナムへの直接投資は，2007年頃から急拡大している．こうした直接投資は，ベトナムの貿易にも大きな影響を与えている．ベトナムは，政治的社会的に安定しており，低廉で質の高い豊富な労働力が存在するという優位性を有している．また，中国とASEANを結ぶ有利な地政学的条件をも背景に，投資優遇策（法人所得税減免他）を打ち出してきた．これに呼応して，日系企業も積極的に進出している．主たる進出理由として，コスト削減，親企業追随，リスク分散（中国一極集中リスク回避），部品調達先・販路としての中国との連携の可能性，ASEAN域内拠点の集約・再編，米越通商協定の締結等による投資環境の好転，ベトナム国内市場の拡大等が挙げられてきた．21世紀においても，縫製，電子機器，自動車関連企業の進出ほか，不動産，小売業，サービス業等の投資が目立っている．直接投資額の増加と関連して，2001年より，合弁企業の外国投資部分，100％外国投資企業を内容とする外国投資経営が，新たに正式セクターと位置付けられている．資金面，技術面で経済開発に対する貢献が大きい100％外国投資企業，外国投資経営をベトナムが目指すマルチ・セクター経済の一構成要素として正式に認知しているのである［アジア経済研究所 2010：246］．また，同年，国有企業による市場独占体制を放棄し，更なる外資導入策を定着させている．インターネット配信サービスへの民間企業，外国企業の参入が原則的に許可されている．2004年の改正「信用組織法」では，100％外国資本による金融機関設立の許可，外国の金融機関による在ベトナムの金融機関の株式取得が許可されることになる．以上のように，21世紀に突入して，ベトナムは，対内直接投資の経済的役割の制度面で対処等外資との新たなリンケージ，サプライチェーン構築を模索しながら，持続的成長を続け，農業国からの脱皮を具体化しつつある．

　進出企業は，一層の現地化の推進を試み，現地側のローカルコンテンツ要請以上に，現地部品の調達によるコストダウンを指向している．ただ，課題も存在し

ている.例えば,自動車等の場合,現状の現地調達率は,タイの53.9%に対し,ベトナムでは,3割にも満たない.モジュール化の推進および税制(関税)ほか多様なFTA(自由貿易協定)の締結等を基盤とした国際的視点からの国際分業体制の進展があるが,まだ,現地企業は,日系企業の品質,価格,納期の面での要求に十分対応することが出来ていない.それでも,ソフト開発事業,繊維工業での合弁事業における現地企業側の開発,生産,販売活動で果たす役割は大きくなりつつある.国有企業を基盤にしたビナテック(繊維)等財閥ほどの競争力を有する企業も誕生している.関連して,21世紀,ベトナムはチャイナ+1等として注目されており,産業活動の国際的な連携が,サプライチェーン,ネットワークそのものの変化を伴いつつ,変革されている.また,中国でのインフレや最低賃金の引き上げによる賃金の上昇傾向の他,労働争議の増加に直面して,エレクトロニクス産業等は,新規投資を他地域に分散しようとしている.分散投資先としてASEAN諸国が選考されており,ASEANで新たな製造業のクラスターの拡充が認められる.関連してベトナムでは,2001年から落ち込んでいた重化学工業への対内直接投資が,2004年以降,急増している.総額では重化学工業,次いで軽工業,建設,農林,また,運輸・通信が増大している.進出形態は,内需指向型,輸出加工型,委託加工型,資源(一次産品)確保型と多様であるが,輸出加工型が主流を占めることになる.ベトナムへの直接投資は,2008年のリーマンショック以降,鉄鋼,石油化学分野が大きなウエイトを占めながらも,停滞していた.だが,2011年から,電子機器等を中心に直接投資が拡大に転じている.ベトナム北部は,中国・広州近隣に位置し,広州からの部品供給が容易で,一定のインフラ整備が整っている.ベトナム北部での生産拠点の集中化は,政府の政策のほか,人件費の低さ,携帯電話の基幹部品を生産する韓国や台湾,中国に近いという利点があり,ベトナムの工場は,国際的なサプライチェーン網の一環に組み込まれることになる.

3　AECの形成

ASEANを俯瞰する際,インドネシア,マレーシア,フィリピン,シンガポール,タイにブルネイを加えた国々は先行6カ国とされ,CLMV(カンボジア,ラオス,ミャンマー,ベトナム)は,後発4カ国とされてきた.関税撤廃に関しても,後発国は遅れた対応をしている.近年は,中国の影響により新たな局面を迎えている.つまり,最近のASEAN外相会議等においては,中国の影響が顕著で,

親中国かどうかで見解を異にし，新しい対立が顕在化している．ASEAN 諸国は，輸出指向工業化政策をとり，域内関税の引き下げをテコとした経済発展を目指し，1993年には，AFTA（ASEAN 自由貿易地域）を発効している．AFTA において域内関税の引き下げ，撤廃と外資導入拡大の方針が確認されている．つまり，それぞれの市場規模の小さい ASEAN 諸国が，自由化を進め，域内での生産の集約化による規模の経済を追求しようとしている．さらに，1997年，アジア通貨危機に加え中印の先行で地盤低下に瀕した ASEAN が，「ASEAN ヴィジョン2020」を発表，単一市場化や外資導入促進策，モノの貿易だけでなくサービスや投資の自由化をも進めようとしており，こうした構想が後の AEC の起源となっている．関連して，21世紀に突入して，ベトナムの交易関係は大きく変化している．1994年に調印された米越通商協定が2001年に発効，米国対越経済制裁解除があり，2002年後半より，米国の輸入関税が40％から3％に急激に引き下げられている．こうした米越交易関係の改善が，ベトナムの輸出拡大に果たした影響は大きい．そして，2003年の第二の ASEAN 協和宣言において，ASEAN 政治安全保障共同体と ASEAN 社会文化共同体と AEC の3つの共同体から形成される ASEAN 共同体（AC）構想が提案されている．

　この間，ベトナムは，WTO（世界貿易機関）への加盟を指向し，2003年に米国との繊維・衣料協定，航空協定に調印し，繊維・衣料品等38品目に対し輸出限度額の取り決めをしている．また，航空協定により，米国との間で，旅客機，貨物機の直行便が就航している．そして，2007年には，WTO への正式加盟を実現している．WTO への加盟や2008年の世界同時不況後に選択された諸施策は，その後のベトナム産業の発展と方向性に決定的な影響を与えている．他方，米国産業，特に，電子機器メーカー等は，巨額な投資を実行して生産拠点としてベトナムを積極的に活用し，現地からの輸出を拡大することになる．

　ベトナムは，一次産品の生産増大，輸出拡大，工業分野，工業製品については輸入と対内直接投資に期待するといった産業発展のメカニズムの下で，国内市場を拡大しながら，持続的な成長を実現してきた．主要輸出品目は，原油，繊維・縫製品，履物類，水産物，木工製品，電子機器，米等で，特に，最大の輸出商品は原油であり，産油国として，価格下落等に影響を受けながらも，健闘している．他方，主要輸入品目は，機械・設備等，石油化学製品，鉄鋼，衣料・履物材料，織布，電子機器等から構成されている．ベトナムは，一次産品，軽工業品を輸出し，工業製品を輸入し，結果的に貿易赤字となっていた．ベトナムの輸出品は，国際価格動向に左右されやすい一次産品，軽工業品が中心で，低品質で，国際競

争力を持っていないとされてきた．米国向け輸出が拡大しているが，2005年の輸出額の過半は繊維・縫製品であった．その他，原油を輸出して，付加価値の高い石油化学製品を輸入している．輸出拡大，特に米国への輸出が，ベトナム産業の大きな牽引力となっていたのであるが，全体として貿易赤字であり，米国への依存度が高く，輸出品目は一次産品，軽工業品にとどまっていた．ASEANにおいてはBBC（自動車部品相互補完協定），AICO（ASEAN産業協力計画），AFTA等を活用した域内での生産の集中化，部品の相互補完が試行されてきていた．その後，2010年には，AFTAにおいて，先行6カ国の関税の撤廃が実現しており，新規加盟の後発4カ国でも全品目の関税を5％以下に引き下げることになる．そこで，輸出品を生産，加工する企業に対して輸出支援優遇融資の拡大が試みられている．それでも，ベトナムの貿易構造は，典型的な外国資本に主導された輸出加工型であり，直接投資に誘導され，周辺国から原料，素材を輸入し，生産された製品を米国市場や周辺工業先進国（日中韓台）に輸出するというパターンを辿っていた．

　こうした状態で，2015年，AECが形成されている．そして，AECが，ASEAN共同体の中軸となり，外国資本導入を推進する役割を果たすものと位置づけられてきた．2007年の第13回ASEAN首脳会議においてASEAN憲章に署名がなされ，AECを実現し，域内の経済格差の是正が目指されることになる．ASEANの統合の深化，単一市場化を進め，生産基地を拡充してのグローバル経済への対応，格差を是正して公平な経済発展を目指すといったAECの目標や工程表が確認されている［清水 2016：2］．関税の撤廃を進め，経済統合を進めて新しい経済的な枠組み，経済共同体の結成を実現することになる．先発6カ国に続き，ベトナム等後発国も2018年までに全品目の域内関税をゼロにする計画である．ただ，一部では国内保護のため輸入許可を厳格化，非関税障壁を高くする事例もあり，順調には推移していない．

　新しい経済的な枠組みが，多様，多層に構築され，FTA網が拡張している．先に指摘したAFTAと並行して，ASEAN＋1とされるASEAN・中国，ASEAN・日本，ASEAN・インド，ASEAN・豪州・NZ等とのFTAが締結されている．こうしたFTAはアジア地域の企業活動を重層的で密度の濃いものとしている．FTAによる市場の一体化が進み，FTAを通して市場の一体化，企業の最適立地が促進され，最も生産効率の高い地域に生産拠点を集約するインセンティブを企業に提供することになる．さらに，2011年には，ASEANは，東アジア16カ国でASEAN＋1を超えるRCEP（Regional Comprehensive Economic Partnership：東アジア地域包括的経済連携）の交渉が提案され，現在交渉中である．

なおも，2010年代，マイクロソフトの進出や韓国企業，サムスンの進出は，ベトナムに大きな経済効果をもたらしている．韓国のサムスン電子の現地法人（SEV）が，バクニン省イエンフォン工業団地で2億万台以上の携帯・スマホを生産する工場を建設している．フィンランドのノキアもベトナム進出を進め，サムスンの工場と同じくバクニン省で携帯電話の工場建設を開始している．関連して，2014年，マイクロソフトが，ウィンドウズ搭載のノキアの携帯電話を中国，ハンガリー工場を再編し，バクニン省で集中生産を具体化し，メキシコ工場は修理工場専門となる．そして，生産のみでなくソフト人材の育成も拡充している（「日本経済新聞」2016.2.16）．直接投資の増大とともに，2013年以降，ベトナムはスマホの一大生産拠点，主要輸出拠点となり，ベトナムの貿易構造を黒字へと転換させている．

おわりに

2016年，経済・社会報告において1996年の第8回党大会以来の「2020年までにベトナムを近代的な工業国にする」という目標が達成不可能であるという見通が表明されることになる．今回の経済・社会報告の総括目標では，ベトナムを早期に近代的な工業国とするよう努力するとし，具体的な目標年次は設定されていない．それでも，さらなる工業化が，目指されている．加えて，「持続可能な発展」といった視点が掲げられている．工業化の現実を直視すると同時に，持続可能な発展が目標とされている．ただ，世界的な原油価格の低下に影響を受け，石油化学コンビナートの建設停滞等がでている．以前のような高成長の未達成は，不良債権問題を抱える金融業界や大きなウエイトを占める国有企業の改革の停滞によるものとされている．建設分野は停滞しているが，製造業は，GDP比11.9％という高い成長率を維持している．自動車の生産台数も増加している．2016年の年間販売台数は，国産車約23万台，輸入車を合わせると30万台を突破している．そして，国有企業を基盤とした場合が多いのであるが，一部のベトナム企業が多国籍化している．

注目されるのは，一部の先進的企業では，デジタル技術の定着を進め，先進国の発展プロセスを数段スキップするといった独自な展開を実現している．デジタルディバイドは，現存しているが，情報革命の下で新しい可能性を辿りつつある．他国，多国籍企業と多様なリンケージ，ネットワークを形成し，それらを活用して産業発展を遂げ，今後も，多様な展開が可能であることを示している．何より，

ベトナムでも，生産の自動化等の進展が注目され，製品のモジュール化，コモディティ化を越えて，情報革命が進展している．IoTの定着，クラウドの活用，情報・データの資源化とされる多様な変革が生起しており，21世紀を特徴づけている．ベトナムの産業もこうした動向と関連して新しい可能性を確実なものとしている．デジタル化，コモディティ化が顕著なものとなり，製品のキャッチアップの迅速化，コピー，複写の容易さが急展開していることである．ベトナムの工場でも産業用ロボットの導入が本格化している．産業用ロボット，ファクトリーオートメーション・メーカーである独クーカ（2016年中国・美的集団により買収される）が，販売拠点を設置している．2016年の世界的なロボットメーカー，独クーカの販売拠点開設は，ベトナムでのAI（人工知能）や自動生産の拡大を連想させる（「日本経済新聞」2016.9.16）．

　生産の自動化とも関連してソフトウエアの受注が拡大している．ベトナムITの最大手，EPT社が，情報システムの基盤の拡充を進めている．中部ダナンに巨大受託開発施設・FPTコンプレックスを開業しようとしている．システム等ITサービスの現在の国外からの受注額の4倍以上を目指し，2020年には1万人のエンジニアの集積を計画している．自由貿易圏拡大，ソフトの開発受託，他の新興国へのIoTソリューションの輸出に期待をよせ，海外からのIT受注を2015年の4.5倍の10億USドルに増やそうとしている．IoTやエレベータを制御するシステム，ロボット，AI等先端分野の開発にも積極的に取り組んでいる．

　他面では，ダメージも受けている．ベトナムから独アディダスの撤退がある．AIや生産の自動化の発展は，ベトナムからアディダスの撤退を招いている．独アディダスは，ロボット導入により，ベトナムでの靴生産を撤廃し，24年ぶりに国内回帰を打ち出している．ロボットの価格が下がり，多様な生産が可能となり，消費地に近いところで，柔軟な生産を試みようとしている．世界のものづくりは，ロボット導入等により一部で低賃金からの転換を指向しているとされている．そして，2015年には，銀行部門の合併や再編が相次いだ．直接投資の実行額は，過去最高額の158億USドルとなる．ベトナム企業も，財閥化，多国籍企業化し，企業間連携を多発している．こうして，ベトナム企業は，20世紀の経済的枠組みを超え，21世紀的な経済的枠組みに再編成されつつあり，また，これまで続けてきた外国資本への依存状況が変化している．

　ASEANは，インフラ整備，後発国諸国の経済基盤の引き上げ，先行国の経済発展が賃金の安い後発国に連鎖することによる地域全体の底上げを期待してきた．さらに，AECの形成のみでなく，ASEAN政治安全保障共同体とASEAN社会

文化共同体，3つの共同体から形成されるASEAN共同体（AC）構想が見通されている。「ASEAN共同体ビジョン2025」及び政治安全保障・社会文化・経済の3分野の「共同体の青写真2025」が具体化している。また，ASEAN10カ国に日中韓を加えた16カ国が参加するRCEP等の合意が目指されている。地域の未来は，地域の分散，孤立ではなくて，地域統合の深化に託されつつある。21世紀のベトナムの産業発展は，ASEANにおけるサプライチェーンの拡充と交易関係の拡大に軸足を移行しつつある。ASEANとの連携は，ベトナムの産業構造，貿易，企業間分業に新たな変革をもたらしつつある。

通関に要する時間の短縮も進められ，貿易，域内通関手続きの統一化（オンライン処理等）が具体化している。2017年，ASEANは，設立50周年を迎え，一層統合を進展させている。国境の壁を取り払い，結束を強化し，単一の生産基地化しつつあるASEANが，大きな経済圏に転成している。域内分業は，一段と活発になり，域内分業の拡張を通して，アジアに巨大な生産圏，貿易圏が誕生しつつある。そして，ASEANは，チャイナ＋1を受け，世界の工場から世界の市場に転化している。他のASEAN諸国との連携の強化，高度化が，ベトナム産業の大きな特徴である。ベトナムでは，工業国入りを悲願としてきたが，そこへのアクセスは想定外の事態を経験し，困難となっている。しかし，他方では，新しい可能性を迎えているのである。独創的な開発，農工間のバランス，経済の自立と外資への依存，ベトナムの工業化への挑戦は，可能性と冷徹な現実とに直面している。

注

1）本章における統計およびベトナムにおける多様な傾向は，Central Institute for Economic Management; Vietnam's Economy in 2016, Vietnam General Statistics Office; Statistical Yearbook, 2016，日越貿易会［2013］『ベトナム統計年鑑2010年版』，アジア経済研究所『アジア動向年報』各年版，JETROの報告書等の指摘に依存している。

参考文献

アジア経済研究所［2010］『アジア動向年報 2010』．
市川顕編著［2017］『ASEAN経済共同体の成立』中央経済社．
大木博己編著［2008］『東アジアの国際分業の拡大と日本』ジェトロ．
大西勝明［2016］「ベトナムの工業化とASEAN経済統合」，鹿住倫世編著『アジアにおける産業・企業経営』白桃書房．
清水一史「ASEAN経済共同体の創設と課題」（2016.10.1：報告要旨）．
堀中浩編［2001］『グローバリゼーションと東アジア経済』大月書店．

ビスタ・ピーエス編『ベトナム情報通信白書2013』ビスタ・ピー・エス．
Vietnam General Statistics Office [2016] *Statistical Yearbook, 2015,* Statistical Publishing House.

第Ⅱ部　企業・ガバナンス改革

第7章

「ものづくり」の危機と企業ガバナンス改革

丸山惠也

はじめに

本章では，日本社会が直面している「ものづくり」の危機について，その構造的要因とそれに対する企業の対応について検討すると同時に，現在，政府・財界が一体となって進めている企業ガバナンス改革が，急速な経済と技術の大きな転換の中で，日本企業が「ものづくり」の危機を立て直し，社会的要請に応えることが出来るものになるのかについて検討したい．

1 今日の経済・企業の構造変化と「ものづくり」の危機

今日の資本主義経済の特徴であるグローバリゼーションと「経済の金融化」の進展の中で，資本主義経済はますます投機的性格を強め，実体経済としての「ものづくり」の根底を空洞化している．

(1) 企業のグローバル化と「ものづくり」の危機

グローバリゼーションの急速な進展の中で，日本の企業は本格的な多国籍企業化することにより国内産業を空洞化し，1980年代の日本経済を牽引してきた製造業は，いまその転換と再編を余儀なくされている．こうした中で，日本の「ものづくり」の代表的企業であるシャープ，東芝，三菱自動車などでの反社会的行為が引き起こされているが，その根底に共通しているものは，日本の「ものづくり」の危機の深刻さとそれに立ち向かう企業の真摯な姿勢の欠如であった．

ⅰ．生産拠点の海外移転と国内市場の飽和

日本企業の事業活動は，グローバル化の中で急速に国内から海外に移行してきた．海外子会社をもつ製造業企業の海外生産比率は，2012年度に全産業で32.9%を占め，産業別の海外生産比率は電機・電子が43.3%，自動車が39.4%にまで増

大している．例えば，自動車産業生産は海外移転が急速に進む中で，国内生産は80年代の1000万台から今日では800万台に減少し，国内市場も成熟化し500から400万台へと縮小した．海外輸出もピーク時600万台から現状400万台に減少した．トヨタ自動車は2016年度国内生産319万台（35.1％）に対し海外生産が589万台（64.9％）であり，販売台数では国内206万台（23.2％），海外662万台（76.8％）となっている．自動車，電機などの産業は，膨大な数の関連子会社・下請け部品メーカーに支えられていることから，これらの関連部品メーカーの海外移転も進み，国内産業や地域経済の空洞化が進展している．

ii．「ものづくり」からM&Aへ

近年，日本企業のM&Aが海外を中心に急増している．これは企業のグローバル化に伴う海外事業の拡大，事業の多角化，「自前主義」からM&A戦略への転換などを意味するが，それは特に中長期的な「ものづくり」への真摯な取り組みの放棄となって結果する．2016年度の日本企業による海外企業の合併・買収（M&A）の件数は627件，金額は前年度比33.8％増の10兆9127億円と，3年連続で過去最高を更新した．なかでもソフトバンクによる英半導体ARMの買収3.8兆円のように，その規模が大型化している．しかし，東芝，第一三共，日本郵政など海外大型買収は巨額の損失を出し，東芝は経営破綻の引き金となった．

iii．日本企業の蓄積構造の変化とタックスヘイブン

日本企業は本格的な多国籍企業化にともない蓄積基盤を国内から海外に比重を移すという構造的な変化がみられる．海外で得られた企業収益は，一部は国内に還流するもののその大部分は海外に再投資される．国際収支統計によれば，企業の海外収益の「再投資収益」は2010年度6993億円であったが，16年度には過去最高の3兆9632億円に達している．さらに，タックスヘイブン経由の取引が急速に増加し，獲得された企業収益は課税逃れの目的でタックスヘイブンに蓄積される．日本の多国籍企業の多くが利用するケイマン諸島への投資収益は約2兆8000億円に上るが，課税対象になったのはわずか1755億円である．このケイマン諸島を含むタックスヘイブン全体への日本の投資は公表されたものだけでも100兆円，しかし，課税対象になった所得は0.4兆円に過ぎない［丸山 2016：23-25］．

（2）「経済の金融化」と「ものづくり」の危機

今日の資本主義経済においては，経済活動を通して生み出された富は，生産手段に投下され生産活動を進めるよりも，より大きな収益が期待される金融市場に向かい，これが著しく肥大化し，製造業の「ものづくり」危機というような実体

経済に大きな影響を及ぼすに至っている.

　グローバリゼーションの進展の中で,「経済の金融化」が企業活動に与える主な影響として次の点があげられる［三和 2016：87］. ① 実物資産に比べて金融資産の蓄積がはるかに急速に進み, 国境を越えた金融取引が拡大し, その規模が桁違いに大きくなること, ② 金融資産の取引に関わっている銀行, 証券会社, 資産運用会社などの金融業や年金基金などの機関投資家の資産規模の拡大, そして金融業の利益の成長が一般企業に比べてより早く増加していること, ③ 金融市場の急激な膨張に伴い, 一般企業の活動においても本業に比べて金融・財務活動の重要性が大きくなっていること, ④ 租税回避地（タックスヘイブン）を経由した金融取引が増加していることなどである.

　企業は獲得した利益を次の再投資に向けて企業内部に留保しなければならないが, 日本の大企業（金融保険業を除く資本金10億円以上の5156社）はこの内部留保をいかなる資産に再投資しているかを以下で検討する.

　建物, 機械装置, 土地など企業の継続的な経営活動に必要な資産である有形固定資産は2001年度の217兆9437億円をピークに, 13年度には190兆8625億円と約27兆812億円減少している. これに対して現金預金, 受取手形, 株式その他の出資証券, デリバティブ取引債券などの金融資産（売上債権を除く, 以下同様）は, 1991年度154兆8341億円から13年度337兆6137億円と約182兆7796億円増加している［田村 2015：71］.

　また, 企業の総資産に対する構成比は, 1998年度と2013年度の推移を見ると, 有形固定資産は38.0％から25.0％に減少し, それとは逆に金融資産は30.2％から44.2％に著しく増大している. この金融資産44.2％に「その他の金融資産」11.8％を加えると56.0％となり, 日本の大企業の資産の約6割が金融資産からなっている. しかも, そのうちの4割が有価証券およびその他の投資であることをみても, 金融資産が投機的性格を強めていることがわかる［田村 2015：73］. こうした特徴は日本の「ものづくり」を象徴するトヨタでも確認される.

　トヨタの2011年3月期連結の有形固定資産の比率は僅か21.2％に過ぎず, 単体ではさらに12.5％となる. 他方,「投資その他の資産」20.5％, 金融債権32.5％と金融資産合計は53.0％に肥大化している. こうして金融債権10兆円を元手に金融収益1.2兆円を稼ぎ, そこから金融費用を引いた金融利得5437億円を得る. この金融収益利得率46.3％は, 本来の自動車製造業よりもはるかに高い利益率である. この他に, 関係会社投融資から受取利息及び受取配当金908億円, さらに外貨建取引からは為替差益143億円を得ている［熊谷 2011：9-10］. このように日本の

「ものづくり」企業は，より大きな収益を目指して金融経済への依存度を強めている．その結果，「ものづくり」の実体経済は，投機性を強める現代資本主義経済に振り回され，脆弱な体質にならざるを得なくなっている．

2 企業ガバナンスと「ものづくり」——東芝の場合

日本の優れた「ものづくり」は，開発や製造に携わった人々の長い間のたゆまない努力のたまものなのである．そのための努力を放棄し，利潤のみを求めるところに不正などの反社会的行為がおこる．ここでは東芝を破綻させた短期利益主義のガバナンスと「ものづくり」の崩壊を中心に検討したい．

（1）東芝の不正会計・再建計画破綻と原発

東芝の不正会計は数度にわたる内部告発に基づき，2015年2月証券取引等監視委員会（以下，証取委と称す）の開示検査に始まったが，その調査結果は経営首脳陣の長期間にわたる組織ぐるみで，2248億円もの巨額な利益操作を行っていたことが判明した．次いで東芝は買収企業WHの「のれん代」の巨額な減損を隠蔽してきたという不正が発覚した．経営破綻から有望事業は売却し「抜け殻」のようなWHを東芝は業界評価の3倍以上の6210億円で買収し，これに巨額の3508億円もの「のれん代」を設定した．そのWHは福島原発事故後の原発需要の落ち込みにより，約13億2000万ドル（約1276億円）の「のれん代」を減損せざるを得なくなり，東芝は連結決算で16年3月期4600億円の赤字となった．東芝の再建計画は半導体事業と原子力事業，とくにWHを柱に世界一の原発企業を目指すものであった［丸山 2016：16-21］．しかし，福島原発事故を契機に欧米諸国の原発企業はどこも経営破綻，事業撤退など行き詰まってきている．WHも米国原発建設で7166億円もの欠損を出し，経営破産に追い込まれた．その影響で，東芝は2017年3月期，債務超過が6200億円という再建が危ぶまれる状況となった．

（2）米国型企業ガバナンスの導入とその形骸化

これまでみてきた東芝の経営破綻の原因には，第三者委員会報告も指摘するように，短期間で利益を上げようとする当期利益至上主義があり，それを進めた企業ガバナンスにあった．次いでこの問題について検討したい．

ⅰ．委員会設置会社の実態

2003年，東芝は他社に先駆けて委員会設置会社の仕組みを導入し，社長以下の

経営陣をチェックする監査役を取締役から選ぶ「監査委員会」と「報酬委員会」「指名委員会」を設置した．この委員会の構成員は過半数以上を社外出身とした．この米国モデルの委員会設置会社は，これまでの「日本的経営」の弊害を改革するものとして高い評価を受けた．しかしこの実態は，まったく形だけのものに過ぎなかった．社内不正を監視すべき監査委員会の委員長と財務・経理の常務監査委員は社内の経営幹部が歴代占め，彼らは架空取引「バイセル」をはじめ会計不正を容認し，2015年社外監査委員から出された監査請求も黙殺するなど，監査委員会は内部統制の役割を全く果たさなかった．

ⅱ．全社を支配した「チャレンジ（パワハラ）」

東芝では「チャレンジ」と称し，過大な業務目標を強要することが常態化していた．第三者委員会の報告書によれば，「社長月例」と呼ばれる会議で元社長佐々木則夫氏は不正会計を主導し，パソコン事業の責任者に対し，「3日間で営業利益の120億円改善」という「チャレンジ」を強要していた．このように決められたチャレンジが上意下達でカンパニーごとのノルマとなり，それが部，課，個人へと割り振られ，「その後の進捗報告の会議で上司から締め上げられる．月1回の会議が，週1回，今では連日開かれている．大勢の前でつるし上げて，プレッシャーを与える」[『日経ビジネス』2015：27-31] という「パワハラ会議」が日常的に行われていた．

ⅲ．経営戦略「選択と集中」の実態

東芝は総合電機メーカーとして多角化した事業部門を有していたが，米GE成功の「選択と集中」の経営戦略を導入し，そこに各事業部門の社内カンパニー制を採り入れ独立採算制を求めた．この独立採算制を「選択と集中」の基準とし，各事業部門には達成不能な収益目標を決め，「黒字にできないならこの事業をやめる」（元社長田中久雄氏）と恫喝し，強圧的な「チャレンジ」を繰り返した [『日経ビジネス』2015：27-31]．現役半導体部門エンジニアの告発．「我々エンジニアが原価をごまかすと，経理は絶対に見抜けない．同じ工場で利益率が高い製品と低い製品を作っている場合，両方の製品が『黒字』になるように固定費を調整する．計上すべきコストの先送りも，現場の判断で実行した．正直に『赤字になる』と言ったらリストラされるからだ．すべての部門がもうかっているように取り繕うことで，経営陣が事業撤退を決断できないように工夫していた」[『日経ビジネス』2015：27-31]．

ⅳ．当期利益主義の追求と不正会計

証取委は，2009年3月期より始まる不正会計の原因として「当期利益至上主

義」の下で目標達成を強く求めた歴代社長の圧力を挙げ，その要求に応えるためには損益調整もやむなしとした企業統治の不備があるとし，過去最大の課徴金73億円を課した．元家電部門エンジニアの告発，「期末が迫った３月下旬．つい半月前の３月初頭まで数十億円の赤字を計上していたはずなのに，『社長月例』を通ると一気に業績が改善する．携帯電話市場で競争力が急速に落ちたのは，短期的な利益を確保するため，研究開発投資をケチったからだ．背景にあるのは，『自分がモバイル社の社長にいる時期だけ利益が大きく出ればよい』という発想．投資を減らしたツケは，次のモバイル社の社長に降りかかり，不正会計を始めざるを得なかった」［『日経ビジネス』2015：27-31］．

（3） チャレンジによる「ものづくり」現場の崩壊

現場の従業員にまで成果主義管理の下での強権的なチャレンジが求められていた．しかも，年俸制導入で職務報酬の４～50％は担当部門の期末業績に応じて査定されるので，職場では目標（納期）達成のための長時間労働が蔓延していた．

ⅰ．不具合製品の出荷

現役家電部門エンジニアの証言，「高性能半導体『CELL』を使ったソニーの家庭用ゲーム機，プレイステーション３は2009年に100万円を超える値段で発売したが社内では『伝説の失敗プロジェクト』とよばれている．その後に発売した裸眼３Dテレビも話題を集めたが，技術者としては『こんなの売っていいのか』というレベルの製品だった．東芝の技術者としては本当に申し訳ないと思うが，いずれも不具合だらけの状況で発売日を迎えてしまった」［『日経ビジネス』2015：27-31］．

ⅱ．不都合なデータの隠蔽

現役家電部門エンジニアの証言，「我々のような現場のエンジニアが『不都合なデータ』を報告しようとすると，部長や課長の段階で握りつぶされてしまう．上の顔色をうかがって，中間層が悪い情報を上にあげないようにしているというのが，社内の実態だ」．また，現役設計担当者の証言，「製品の性能試験の結果を操作．目的に合致した数字だけを公表していた」［『日経ビジネス』2015：27-31］．

ⅲ．「もの言えぬ職場」でのチャレンジ

現役設計エンジニアの証言，「高い利益率を上層部から強要された．拒否すれば業務が開始できなかったので，うわべだけ従ったふりをした」．現役研究・開発担当者の証言，「物理的に不可能なスケジュールで製品試作を命じられた．できない理由は聞いてもらえない．結果として遅れたため，業務評価で低評価を受

けた」」『日経ビジネス』2015：27-31]．

以上，東芝の歴史と伝統のある「ものづくり」の崩壊は，短期的収益主義路線の下で「ものづくり」への取り組みが放棄され，職場の人間の能力が「チャレンジ」の重圧の下に押しつぶされた結果であるといえよう．「もの言えぬ職場」には「ものづくり」は育たない．東芝は「ものづくり」への真摯な努力を放棄し，不正会計の犯罪に手を染め，自らを破綻させた．

3　株主価値極大化と短期収益主義──日本版ガバナンス改革

これまでみてきたように企業の不正の要因となっているものに，企業のガバナンスの歪みがあり，これを是正するガバナンス改革こそが，今日，重要な課題でなければならない．しかし，政府・財界がいま進めているガバナンス改革の目的は，『日本再興戦略』で強調するように，「不祥事の防止などではなく」，企業の「稼ぐ力」の強化である．その目的で，金融庁は2014年「日本版スチュワードシップ・コード」（以下SSコードと称す）を制定し，機関投資家は投資先企業の経営者に「企業価値及び資本効率を高める」ための取り組みを積極的に行うことを要請すべきとした．また翌15年には，東京証券取引所がコーポレートガバナンス・コード（以下CGコードと称す）を策定し，日本企業が積極的に取り組むべき「企業価値の向上のための主要な原則」を示した．

（1）　株主資本主義という新自由主義

米国の「株主資本主義」といわれる思潮は，新自由主義を基調とするグローバリゼーションの進展の中で国際的な広がりをみせ，特に日本の政府・財界では株主資本主義を基盤とする米国型企業ガバナンスをグローバル・スタンダードとしてガバナンス改革を推進している．この主張によれば，社会発展の原動力である企業の主体は，その所有者である株主（株主主権）であり，彼らはそれにふさわしい処遇がなされるべきであるとする．したがって「経営者の使命は株主利益の最大化」［Friedman 1962：邦訳149］であり，そのため株価を上昇させて企業価値を高め，高配当を維持することである．彼らはそれを実現することによって株主の支持を得て，自らの高報酬と地位を確保できるとする．このように株主資本主義にあっては，「企業は株主の道具」［Friedman 1962：邦訳254］に過ぎない．ここでは企業はステークホルダーへの対応も，また「社会の公器」としての自覚もない，単なる株主の金儲けの「道具」に過ぎない．

（2） 企業の「稼ぐ力」の強化と短期的収益確保

　企業の価値は一般的に「時価総額」（株価×発行済み株式数）で測られる．この時価総額を高めるためには株価を上げなければならない．この株価を左右するのは，自己資本利益率（ROE = return on equity）である．これは当期利益を自己資本で割ったもので，投資家の短期投資指標である．CG コードでは日本企業の「稼ぐ力」の基準として，経営者が ROE の現状 6 ％を 8 ％以上にひき上げるための経営計画を立て，投資家の要請に応えることを求めている．同時に，このことは日本企業が「稼ぐ力」を強化して利益を上げ，海外からの投資も呼び込み，日本の経済成長に繋げたいとする政府・財界の成長戦略の柱に位置図けられている．しかし，この ROE の向上のために，企業によっては正常な企業利益を増大する代わりに，人件費や技術開発投資を削り，さらには従業員ごと工場を売却するなど資本縮小の方法さえ採用される．また，ROE を企業価値の尺度とすれば，長い年月と資金を必要とする研究開発などはやらない方がよい．10年先に大ヒットするかもしれない製品など，株主にとって今日明日の利益にならないからである［原 2017：26-27］．

　このように ROE 絶対視は，目先の株価を高めるために，企業の将来への長期投資を軽視し，近視眼的な経営を強いることになる．ROE は真の企業価値評価の基準ではない．

（3） 社外取締役の役割と株主価値

　CG コードは社外取締役 2 名以上の選任と，その役割として株主利益を代表する米国型モデルの実践を求めている．すなわち，社外取締役の役割は強い権限をもって，経営者が株主価値の極大化を目指した「攻めの経営」を本気で進めているか，また経営者が事業整理・売却，リストラ解雇，M&A などを断行して ROE 向上に積極的に努めているかについて，「企業外部」の視点で監督することと位置づけている．しかし，この社外取締役制度の設置・強化には，外部の視点を企業経営に反映させて，企業の透明度を高め，社会貢献への取り組み，不祥事などを起こさせないようにするという，本来の積極的な目的があった．CG コードでは，社外取締役の果たすべき重要な役割を，株主価値極大化とそのための ROE 向上の監視人という「株主の僕」に矮小化してしまっている．

（4） 株主価値の極大化と自社株買い

　経営者の株主価値極大化の取り組みとして株主配当，自社株買いがある．日本

企業の株主への配当総額は2015年度10兆8000億円と過去最高を更新した．この要因には，最高の収益をあげ過去最高水準の100兆円超に積み上がっている企業の手元資金の存在を前提に，政府・財界のCGコードの推進，外資系ファンドなどによる株主還元を求める強い圧力があげられる．また，自社株買いは発行済み株式の数を減らし，一株あたりの利益率を上昇させるものであるが，これは14年3兆3000億円，15年には5兆3000億円にも増加した．株主配当に自社株買いを加えた「株主還元」も，16年には史上最高の17兆円となった．しかし，NTTドコモのように2016年3月期の株主還元が当期利益を超えているのは，企業の健全な発展の姿とは言えない．また15年，トヨタは当期利益2兆円，株主還元1兆円であったが，従業員のベアは株主還元の僅か1.4％の133億円に過ぎなかった．結局，株主還元の増大で恩恵を受けるのは，大株主，ファンドなどの富裕層である．

(5) 投機的利益とファンドの支配

SSコードは機関投資家の行動指針を示すものである．彼らは受託責任を果たすために，アクティビスト（物言う株主）として経営陣に対して投資リターンの増大を求め，株価上昇のための経営を推進するよう議決権行使などを用いて強く要求すべしとしたものである．これら機関投資家の株式所有期間は近年，著しく短期化している．東京証券取引所の1992年の株式平均保有年数は平均5年超であったが，現在は1年未満となっており，さらに最近ではHFT（スパコンによる高速取引）の登場で1秒間に何千回，何万回も売買がなされるなど，株主の所有期間はますます短期的なものになっている［原 2017：91］．2008年には企業の業績の変化をいち早く投資家に知らせるためとして，四半期ごとの決算開示が義務づけされた．これは四半期ごとに利益確保が求められ，中長期的な経営計画はもちろん，1年を単位にした経営計画すら困難にしている．また四半期決算は東芝の「バイセル取引」のような会計上の操作を誘発し，粉飾決算の原因ともなっている．

金融・資本市場で国際的にも大きな影響力を有するファンド，ヘッジファンドは高投資リターンを求めてリスク・マネーに向かい，ますます投機的行為を強めている．例えば，今日世界的に株価の乱高下が激しく繰り返されているが，彼らはこれを利用し，またM&Aなどにより企業そのものを売買の対象とし，そこから巨額の収益を得ている．日本でもM&Aのルールが米国をモデルに，ファンドなどが短期的収益を求めやすいように，買収対象の企業の資産を担保に資金を集め企業を買収するレバレッチドバイアウト（leveraged buyout）や「株式交換

による三角合併」などの方法が導入された［原 2017：95-96］．ヘッジファンドら投機家の目的は自らの利益の極大化で，そのためには短期的利益の追求，ステークホルダーの利益犠牲，「法令遵守」に留意せず，CSR無視，そしてアクティビストの役割を超え，企業支配による企業資産の収奪にまで至っている．

　企業は株主だけのものではないし，また企業は利益だけを上げればよいというものでもない．企業は社会の公器なのである．

おわりに――「ものづくり」の再建とガバナンス改革

「ものづくり」と企業の長期的取り組み

　経産省の調査によれば，日本企業の研究開発費の9割は自動車や携帯電話のモデルチェンジなど3年以内の事業化が見込める既存技術の改良に振り向けられている．自動運転などの実用化に5年以上かかるとされる研究は1割に過ぎない．さらに，研究開発に取り組む期間も44％の企業が「短期的な研究開発を増やしている」と回答し，「中長期的な研究開発を増やしている」という企業は13％にとどまる．投資の多くを担う日本の大企業は，短期的に成果を得やすい既存技術の改良に多くの開発費を振り向け，中長期的な研究開発には向かっていないといえよう（「日本経済新聞」2017.5.15）．

　企業の「ものづくり」やそのための研究開発においては，10年，20年という中長期的な計画と展望をもって取り組める体制を持てるような企業ガバナンスが構築されることが必要なのである．それに対して，現在，政府・財界が推進している「攻めの経営」とは，株主価値極大化を目指す短期収益主義のガバナンス改革であり，投機資本を利するだけで，日本の実態経済を担う企業の「ものづくり」を押し殺してしまうものである．

イノベーションと基礎研究

　科学技術の発展にとって，最も必要なことは基礎科学の研究であり，これには10年，20年という長期的期間が確保されなくてはならない．しかし，国は経済成長に役立つ研究を重視するあまり，基礎研究には資金を回さず，削減している．その結果，大学では自由に使える運営費交付金が減らされ，研究室の維持が難しくなり，研究員のポストも減り，任期付き雇用が一般化し，若い研究者が安心して研究できる環境ではなくなった．この結果，学問の多様性が失われてきている．

ノーベル賞受賞の大隅良典氏は、基礎科学研究の重要性を次のように述べている。「私の研究は20年前に始めた研究の成果である。現在、国の研究支援が競争的資金中心になり、短期間に成果を求める『出口志向』に強まっているのは誤りである。目先の成果を求めるのではなく、本当に役に立つのは10年後か20年後か、あるいは100年後かもしれない。ゆとりをもって基礎研究を見守ってくれるような社会になってほしい」(「日本経済新聞」2016.11.1)。

「人間尊重」の経営

日本企業はこうした研究開発の遅れを取り戻し、国際競争力を高めるために次のような対応を考えているという。①「自前主義」からの脱却、すなわち、米ベンチャー、研究機関、大学との連携やM&Aの推進、②労働市場の流動化を高めることで、新規事業の立ち上げに外部から人材を集め、この事業に失敗しても不採算部門に余剰従業員を抱えるリスクを無くする(「日本経済新聞」2017.5.15)。しかし、これまで東芝のケースで見たように、自前主義の放棄やM&Aは「ものづくり」への真摯な努力の放棄につながり、また人間をモノのように扱うことからは、革新的技術は育つものではない。

人間社会の安全安心に寄与できる技術発展は、基本に人間を尊重し、人間社会に貢献しようとする社会や企業でこそ生み出されるものである。

参考文献
熊谷重勝［2011］「会計は誰のために」、熊谷重勝・内野一樹編『社会化の会計』創成社。
田村八十一［2015］「大企業の内部留保と資産構成の変化」『経済』232。
『日経ビジネス』2015年8月31日号。
原丈人［2017］『「公益」資本主義——英米型資本主義の終焉——』文藝春秋。
Friedman, Milton [1962] *Capitalism and Freedom*, Chicago：University of Chicago Press（村井章子訳『資本主義と自由』日経BP社、2008年）。
丸山恵也［2016］「企業の不正事件を告発し、企業の社会的責任を問う」『経済』255。
三和裕美子［2016］「経済の金融化とファンドによる企業支配」『経営学論集』86。

第8章

製品アーキテクチャーの革新とバリューチェーンにおける「支配」

小阪 隆秀

はじめに

　AIなどのソフトテクノロジーが急速に進歩し，グローバル化にともなう競争も激しさを増す中で，各国の環境規制はますます強化されつつある．このような状況に直面して，自動車企業は100年に一度の変革期を迎えているといわれている．すでに自動車生産において開発・設計と製造プロセスの関係が大きく変化し，付加価値の大半が前者から生み出されるようになっているが，いま求められている変革は企画・開発・設計にかかわる製品アーキテクチャーの革新であり，外部のネットワークへの接続性であり，クルマそのものの機能ないし役割の質的変化である．

　世界の自動車の年間生産台数は1億台に迫りつつあり，今後も増加傾向は続くと予想されている．すでに自動車による石油の膨大な消費とCO_2などの排出量が地球温暖化の重要な原因となり，またNOxやPM2.5の排出など，地球環境や人間の生活に大きな悪影響を及ぼしてきている．このような環境の悪化に対して，内燃機関のガソリンエンジンやディーゼルエンジンから電気モーターによる駆動へと自動車の機構を大きく置換する動きが世界的に生じている．またテクノロジーの進化にともない，自動車のIT化・ソフトウェア化が急速に進みつつある．

　もとより，エンジンから電気モーター駆動の自動車へと短期間に置き換わるわけではない．しかし，この変化はIoT（Internet of Things）や第4次産業革命（Industry 4.0）ともいわれる産業のインフラが大転換しようとしている中で起きており，個々の自動車企業にとっては将来の盛衰を問われる戦略選択の局面にあるといえよう．自動車生産における企業間関係も質的な変化を迫られており，サプライチェーンにおける組立メーカーによる「支配」にも変化が生じる可能性が高い．今後どのような機能の担い手が「支配」を手にするかは，これからの競争と戦略に依存するが，ここでの「支配をめぐる競争」の行方については，電気・

電子製品の生産においてマイクロソフトやアップルが伝統的な製造企業を押しのけて支配的地位に躍り出てきた現象を想起させるものがある.

このような見方に対して，自動車は電気・電子製品とは構造が異なり，製造における部品相互のインターフェースの標準化が難しく，すり合せに高い技術とノウハウが必要であるために，組立部門の自動車メーカーに支配が集中するというこれまで形成されてきた企業間関係に変化が起きることはない，という従来の分析がある［藤本 2004］.このような分析は，今起きている 100 年に一度の変革といわれる状況においても妥当するものだろうか.すなわち自動車の EV 化や自動運転のための情報化・クラウド端末化という IT 化の潮流の中で，これまでの組立メーカーによるバリューチェーンの支配は安定していると想定することは可能なのだろうか.

あるいは，電気・電子産業のバリューチェーンにおける従来の製造企業から，マイクロソフトやアップルのような企画・設計やマーケティングに特化する知識集約企業へと，支配が移転していったように，自動車企業のバリューチェーンにおいても同じような支配の移転が起きるのではないか.例えば，自動車の企画・開発・設計・調達・製造・販売・サービスのバリューチェーンの中で，トヨタ自動車がグーグルやアップルのような IT 企業（高度な情報通信やソフトウェアの技術である「ソフトテクノロジー技術」をもつ企業）の「下請け」になっていくことはないといえるのだろうか.

これらは，第 4 次産業革命ともいわれる IoT やコンソーシアムによる工場・機械のネットワーク化の急速な進展の中で，自動車のバリューチェーンにおいてどのような機能を担う企業ないし業種が主導的な支配を手にするのか，という課題でもある.

本章は，自動車の製品アーキテクチャーの革新およびそれにともなうバリューチェーンにおける企業間の支配をめぐる競争について分析するものである.

1　変化する自動車のアーキテクチャー

自動車産業で今起きている変化とは，端的に言えば，EV を主軸とするエコカー開発および自動運転技術レベルの向上をめぐる競争，そして通信ネットワークへの接続によるサービスプラットフォームにおける自動車の活用をめぐる競争である.このような 3 つの局面での競争は，自動車のアーキテクチャー（設計思想と基本構造・部品配置）に対して大きな変革を迫っている.

（1） EVを軸とするエコカー開発競争

　エコカー開発競争は，環境・安全のための規制をクリアするためであり，米国カリフォルニア州が「排ガスゼロ車（ZEV：Zero Emission Vehicle）規制」として2018年から従来の規制をさらに強化し，その後も年々強化レベルを上げていくと決めたことが大きな契機となっている［香住 2015］．その後，他の国も追随して類似の規制を設けるようになってきた．このZEV規制によって，車の販売台数に応じた比率で「排ガスを出さない車（ZEV）」を販売しなければペナルティを課されることになる．その際ZEVとして認められるのは，基本的に，PHV，EV，FCVである．トヨタ自動車が先行開発したHVは除外されており，FCVは市販化されたが現在のところまだ量販化には対応できていないし，その見通しも立っていない．したがって，当面はPHVとEVが有力なエコカーとして自動車メーカー間で開発が競われることになる．ただしPHVも，「排ガスゼロ車」の認定においては，EVが100％なのに対して割り引かれて台数カウントされることになる．このカリフォルニア州のZEV規制に影響されて，中国も2019年から「新エネルギー車（NEV）規制」を設け，EVを前提にしたエコカーの生産販売を推し進めることになった．ここでもまたHVはエコカーから除外されている．

　EV化への転換を推し進めることになる他の要因として，フォルクスワーゲン（VW）のディーゼル排ガスソフトの不正発覚がある［週刊東洋経済 2015.11.7］．合計1100万台にも上るディーゼルエンジンに不正ソフトが組み込まれていたというこの不正事件に端を発し，他のヨーロッパのディーゼルエンジンメーカーにも同様の疑惑が持ち上がった．その結果，ディーゼルエンジン技術そのものへの不信につながることになった．この技術は，主にヨーロッパ市場で普及してきたが，HVに代替する環境対応エンジンとして改善・開発が進められてきたという経緯がある．しかし，その技術に大きな欠陥があることが露見したことで，今後の開発に見切りをつけ，VWをはじめヨーロッパの自動車メーカーはこぞってEVを将来のエコカーとして開発していくことにシフトしてきている．独のダイムラー（メルセデス・ベンツ），BMW，英のジャガー・ランドローバー，スウェーデンのボルボ・カー・グループなどもEVを今後の戦略車に位置付けている．そして英仏の政府は，2040年までにディーゼルやガソリン車の新車販売を禁止する方針を打ち出し，都市部での深刻な大気汚染などへの環境対策の強化を理由に，EVへの転換を支援しようとしている．

（2） 自動運転技術をめぐる競争

　自動運転技術は，日本の自動車メーカーに比べ，ヨーロッパの企業，メルセデス・ベンツ，BMW，ボルボなどが先行しており，自動ブレーキ，車線維持支援，後方死角検知支援，車間・車速制御などの機能が標準装備されている車が増加してきている．なかでも先進的な独アウディはその上のレベル3の機能[1]を搭載したクルマの発売を2018年に予定していると報じている．自動運転技術の精度を上げるためには，AIを駆使して多様なセンサーを組み合わせ，画像認識性能を高度化する必要がある．この技術は電気・電子やソフトウェアをベースとしており，EVと機能的に適合しやすい特質を持っているため，相互に発展していく可能性が高いといわれている．それゆえ，AI企業であるグーグルやアップルなどが競争優位を目指して参戦してきている．

（3） 通信ネットワークへの接続

　通信ネットワークへの接続によるサービスプラットフォームにおける自動車の活用可能性については，グーグルやアップルが狙っていることである．グーグルは，自社グループ内で次世代技術開発を目指す組織と位置付ける「グーグルX」の研究テーマの一つとして，2010年に自動運転プロジェクトを立ち上げた．ICT（情報通信技術）分野の最先端企業の一角を担う同社は，既存の大手自動車メーカーが取り組んでいるオートパイロット（auto-pilot）ではなく，人間が関与しないAIによる自律走行（self-driving）を目指している．すでに米国テキサス州で無人の自動運転による公道実験を積み重ねており，軽微な事故を除いて大きな事故は起こしていないといわれている．集められた膨大なデータはフィードバックされ，AIの改善が進められている［週刊ダイヤモンド 2015.10.10：50-51］．アップルも追随する形で，自動車産業への参入を目指して次世代車の開発プロジェクトを立ち上げているといわれている．

　次世代車は，Smart Connected Car として，高度な自動運転技術が搭載され，高い情報処理能力を持ち，通信ネットワークに接続されたクラウド端末となることが想定されている．既存の自動車メーカーも，世界各地で開催される見本市において，AIをベースにした自動運転技術を搭載したコンセプトカーの提示を競ってきている．各社に共通している点は，程度の差はあれ，独のダイムラーが提示した「CASE」［週刊東洋経済 2017.4.29-5.6］を今後の開発の核においているということができる．CとはConnectedであり，通信ネットワークへの接続を意味している．AとはAuto-pilotであり，自動運転のこと．SとはShareであり，車

の「所有」から「共有」への移行あるいはウーバー・テクノロジーズのような移動サービス事業の展開である．EとはElectricであり，車のEV化に代表される電動化および電気・電子化である．

　以上のように，自動車産業は今，製品アーキテクチャーの大きな変革期にある．これまでとは大きく異なるクルマそのものの本質の変更は，クルマの開発と製造に関連する企業間の関係をも変革せずにはおかない．自動車メーカーにせよ，部品供給企業にせよ，あるいは販売やサービスを担う企業にせよ，これまでのようなビジネスモデルを想定していては存続できなくなるような本質的な変化に直面しているといえよう．シュンペーターが述べたように，「郵便馬車をいくら連続的に加えても，それによって決して鉄道をうることはできない」[Schumpeter 1926：邦訳「上巻」180]．目に見える変化の中からそれらの根底で起きようとしている大きな「変革」の持つ意味を認識する必要がある．

2　開発・設計による付加価値創造

　世界の自動車企業は，上に見てきたように，次世代カーの開発を迫られている．これらの開発には製品設計の基本思想すなわち製品アーキテクチャーの革新が必要になる．そのため，これまでの開発・設計方法と製造方法の改革が求められる．また，自動車メーカーは，激化するグローバル競争での優位形成のためにも，クルマの開発・設計および製造方法の改革を進めようとしている．本節では，トヨタ自動車を対象にして，これらの改革について検討を加える．

（1）　トヨタ生産方式とトヨタ製品開発方式

　自動車生産におけるバリューチェーンは，企画・開発→設計→調達→製造→販売・マーケティング→サービスとして表示できる．リーン生産方式として世界で活用されているトヨタ生産方式は，このバリューチェーンにおける改善の技法やノウハウのことであるが，これらの構成要素はさらに2つに大別することができる．すなわち，調達と製造の機能を中心に製造過程における効率向上を追求していく側面と，開発と設計の機能を中心にして販売・マーケティングやサービスの機能部門からの情報もフィードバックしながら新製品開発を進めていく側面である．この2つの側面のうち，前者をトヨタ生産方式（Toyota Production System：TPS）とし，後者をトヨタ製品開発方式（Toyota Product Development：TPD）として捉えることができる．コンビニエンスストアから病院に至るまで，幅広い業種

で活用されているのは，主に前者における技法やノウハウである．出版されているトヨタ生産方式についての膨大な数の概説書も，おおむねこれらの技法やノウハウの解説である．実際のリーン生産方式は，開発と生産のそれぞれの側面での合理化や効率化だけではなく，両者の関係としても機能している．だが今日では，付加価値の圧倒的部分は，製造部面ではなく，開発部面で生み出されているといわれている［酒井 2016］．しかもこの開発・設計には膨大なコストがかかる．そして，そこで競争優位を競わねばならないのである．そのため，多額の研究開発費を負担しきれない自動車メーカーは，他の主要メーカーとの提携関係を促進する要因にもなっている[2]．

　もとよりトヨタ生産方式（TPS）は，自動車の製造過程において，多くの無駄を排除し，最大限の効率を実現してきた．この方式は，あえて要約すれば，自働化として人と機械との組み合わせの中で永続的に日々繰り返し追求されるカイゼンによる合理化を基本としている．自動車の基本構造がほぼ同じであり，その製造方法も共通する部分が多かった初期の段階では，設計部門よりも製造部門での効率追求の方が圧倒的に多くの価値を生み出していたのである［藤本 2003］．

　このような生産方式はトヨタ自動車で体系的に整備されたあと，トヨタの系列企業にも適用されていった．その後，他の日本の自動車企業にも普及し，世界での競争優位を生み出す大きな力となった．さらに，リーン生産方式として世界の自動車企業にも積極的に導入されるようになり，自動車生産全体に大きな躍進をもたらした［Womac 1990］．今では，世界の自動車企業のほぼ全てでこのトヨタ生産方式（TPS）が導入されており，その結果，製造の効率性という点で競争上の優位を形成するのは困難になってきたといわれている．とはいえ，この管理技法を正しく理解し，正しく運用していくことは容易ではない．トヨタは，長い年月をかけてトヨタウェイとして企業文化を築き上げ［小阪 2007］，現場での一人ひとりのカイゼンの努力とノウハウの習得およびそれらを組織で蓄積・共有することによって，他社に対して常に効率化で先を進んできた．

　しかし，トヨタにとってもこの生産方式の側面での効率化に頼っているだけでは，競争に勝てない状況が生まれてきた．すなわち，グローバル市場での自動車メーカー間の競争は，製造ラインでの効率化から製品開発方式ないし製品アーキテクチャーによる競争へと大きくシフトしてきた．重要なことは，製品の企画・開発・設計であり，付加価値はここで生み出されるようになってきたのである．クルマ本来の性能である，走る，曲がる，止まるという機能の改善という品質そのものの向上，そしてデザイン性による商品の魅力向上は，コンピュータソフト

の発達による3次元での設計（3次元CAD）が可能になり，この開発・設計の段階でつくり込まれることになる．生産部面はそれを具体的なものへと「転写」［藤本 2003］する作業であるという分業構造へと変化してきている．そして，その「転写」を正確に行うことがTPSの課題であり，ライバル企業もこのTPSの活用を修得してきているのである．

（2） TNGAによる製品アーキテクチャーの革新

　クルマの開発設計において，トヨタはHVやFCVで先行したが，EVや自動運転技術の開発で後れをとっており，通信ネットワークへの接続においてはグーグルやアップルに大きく先を越されている．また，デザインでの商品の魅力については，近年ライバル企業の躍進には目覚ましいものがある．もともとデザイン性能についてはヨーロッパ企業に見るべきものがあり，また近年の3次元設計ソフトにより金型製造が容易になったこともあり，モデルの多様化と迅速なモデルチェンジが可能になったためでもある．

　とはいえ，トヨタは順調に生産販売台数を伸ばして2007年にGMを抜き世界1位に躍り出た．また，何年にもわたってほぼ最高利益を上げ続けながら，2013年には1000万台の大台にも到達した．このようなグローバル化への拡大のために，2000年代以降，年間2～4工場を新設し，50万台ペースの生産増加を推し進めてきた．だが，年間1000万台を生産販売するグローバル化段階になると，多くの問題を抱えることになる．活動の場は先進国から新興国まで文字どおり地球全体に広がり，サプライチェーンも複雑化し，あらゆる国・地域の法規制や多様な消費者ニーズに対応する必要が生じてくる．そのために，組織を整備し人材を配置していかなければならないが，その管理の難しさから大規模組織の硬直性（官僚制組織の持つ逆機能現象）に陥っていく可能性が急速に高まっていく．そして，2008年のリーマンショックによって，想定外の4000億円を超える赤字を出すことになり，まさに冷水を浴びることになった．また2010年には，米国でリコール問題が発生し，トヨタが誇ってきた製品品質・安全性能への信頼そのものが揺らぎ，トヨタのブランドを大きく傷つけることになった［Liker 2011］．規模拡大路線を突っ走ってきたために，需要変動に対応できず，品質へのこだわりさえも失う体質に変わってきていたのである．これを契機に，トヨタは大きな改革への模索を始めることになる．

　2011年に，「トヨタグローバルビジョン」が策定され，3年間の新工場建設の凍結が宣言された．そして2014年11月にグループ事業再編計画が発表され，2015年

に「トヨタのDNA」をリニューアルするTNGA (Toyota New Global Architecture) が提示された．その後2016年にトヨタ・カンパニー制による大幅な組織変革が発表された．

これら一連の改革でトヨタが目指したものは，付加価値を生む競争領域である開発・設計への重点移行とそれにともなう革新であった．すなわち，クルマのアーキテクチャーの革新，それに適合した部品の設計と調達，需要変動への対応とさらなる効率化を目指した生産技術と設備の開発，ソフトウェアやAIなどの新しい技能を持つIT人材の育成・確保であった．TNGAではさらに踏み込んで，クルマの開発・設計においてこれまで一定の成功を収めてきたチーフエンジニア（主査）制度による個別車種優先体制への過度の依存という部分最適化を改め，全体最適を目指す体制へと開発・設計方法の革新を図った．具体的には，エンジンやトランスミッションなどを組み込んだパワートレーンとシャーシーを一体開発し，この車の足腰にあたる基本構造部分を数種類作り，その中のものをいくつかのモデルで共用化する．個々のモデルは，外観と内装で差別化することによって，顧客の嗜好に合わせた商品に仕上げていく．部品については，コンポーネントや構成部品としてモジュール化し，組み合わせによってモデルの多様性に対応するという「賢い共通化」を図ることになる．こうしてクルマの基本構造部分とモジュール部品の相互の組み合わせの可能性を増やすことで，多様な機能を持つボディーバリエーションを増加させ，商品としての差別化を実現可能にする．

TNGAに基づく上のような製品アーキテクチャーと開発方法の革新によって，生産されるクルマは高性能・低燃費が可能になり，スタイリングが向上し，ハンドリングも向上することになるといわれている．既存モデルとの比較で，燃費25％，動力性能15％の向上が見込まれる，という数字が上げられている［『トヨタ快進撃の秘密』39-41］．

以上のように，自動車メーカーにおける付加価値は製品の企画・開発・設計で生み出されるようになり，競争は製造ラインでの効率化から製品開発へと大きくシフトしてきた．トヨタに見られるように，製品アーキテクチャーを革新し，基本構造部分を新たに開発して共用化し，モジュール部品の組み合わせによって外観と内装でモデルの多様化を進めるようになってきている．これからの自動車メーカー間の競争は，AIなどのソフトテクノロジーの発展に促されて，ますます開発・設計部面にシフトしていくと考えられる．

そして，このような製品アーキテクチャーの革新とそれにともなう部品のモジュール化は，今後の自動車産業とそこでの企業間関係に大きな変化をもたらすこ

とになる．次節では，この企業間関係とりわけ部品供給企業ないし系列企業に及ぼす影響について検討していく．

3　組立メーカーによる「支配」の形成

（1）系列システムにおける組立メーカーの「支配」

　自動車企業の付加価値形成においてとりわけ重要な企業間関係は，部品供給企業ないし系列企業との関係である．日本の組立メーカーの競争力の重要な源泉には，この系列システムがあったことはよく知られている．グローバル競争が激化する中で，TPSが標準化されて海外のメーカーに移転されるようになったことはすでに言及した．しかし，バリューチェーンのなかで付加価値の大きな源泉となってきた「系列」システムは，海外への移転が困難である．というのは，この系列の形成は戦後日本の自動車企業の特異な形での発展と深く関連しているからである．

　戦後の廃墟の中から復活せざるを得なかった日本自動車企業は，不足していた経営資源（資本，設備，技術・技能など）を外部から調達するとともに，賃金格差構造を利用することで，中小零細企業を階層的に系列化してきたという経緯がある．このような状況の中で形成された系列システムを初期条件として，組立メーカーは下請企業を保護・育成しながら信頼関係を形成し，取引関係を長期継続的なものへと延長して，経路依存的に閉鎖的な企業間関係を形成してきた．だが，この長期的で閉鎖的な企業間関係は，相互依存的な双方独占を生む可能性が高い．それに対して，組立メーカーは，一つの部品に対して複数社に分散発注することで，部品供給が途絶するリスクを回避するとともに，部品企業同士を競争させるシステムを導入した．この部品企業同士の競争は，ライバル企業の設備状況や技術および経営努力などをかなり明確に知ることのできる「顔の見える競争」であるため，互いに組立メーカーの意向ないし意思への自らの同調を競うようになる．そしてこのメカニズムが機能すればするほど，必然的に「過剰同調性 over conformity」へと移行していくことになり，組立メーカーは労せずして「支配」を手にすることになる．「過剰同調性」が生み出す「支配」は，「上からの支配」ではなく，「下からの自主的な服従」の形態をとる［小阪 1993］．このような「支配」によって，組立メーカーは，サプライチェーンにおける付加価値の大きな果実を手中に収めることができるようになるのである．

(2) バリューチェーンにおける組立メーカーの「支配」

競争優位は低コスト化と差別化によって形成されるが,それらは製品あるいは生産プロセスにおける改善ないし革新によって生み出される.とりわけ生産プロセスにおいては,TPSによるカイゼンの他に,サプライチェーンの関連企業間での「協力」によるシナジーの形成,あるいは他企業に対する「支配」の形成によって競争優位を生み出すことが可能になる.通常,「協力」関係は不安定であるために,有力な企業は「支配」関係への移行を模索する.

日本の組立メーカーは生産システムの中に系列システムを形成し,そこでの支配を手中にしてきたが,それとは別に,バリューチェーンにおいても支配を形成し維持しうる条件について検討を加える必要がある.VWにしてもGMにしても,日本と同じような初期条件と経路依存で系列システムを形成できたわけではなく,当然ながらそれぞれの仕方で部品調達を行ってきた.しかしながら,バリューチェーンの中で「システムの統合者」として一定の支配を維持してきている.支配の維持が可能なのは,次のような4つの原則に対して統合機能を果たしているからである[Jacobides 2013],ということができる.すなわち,① 戦略的ポジショニング論やケイパビリティ論のいう非代替性を持つプレイヤーであること,② 製品品質について法的責任を負い,最終保証人として顧客から認知されること,③ 変化していく顧客の嗜好・ニーズに即応できること,④ 高成長市場分野への投資の際にも「支配」の維持を重視すること,の4原則である.これらの原則を維持することで,産業部門間で分散化が生じても,バリューチェーンの中での価値移転を防ぐことができる.

第一の非代替性であるが,組立メーカーは自社の非代替性を強化するとともに,サプライヤーに対しては非代替性を持たせないことである.非代替的なサプライヤーをなくす方法は,複数の調達先を持つことである.これは系列システムにおける複数社発注方式とまったく同様であり,サプライヤー間に代替性を生むとともに相互競争を強め,システム統合者である組立メーカーへの同調性を生み出す機能を持っている.

第二の最終保証人としての顧客からの認知は,顧客と関わる最終製品について法的責任を負うとともに,バリューチェーンの中で商品品質について最大限の関わりを持っていると顧客からの認められることで生まれてくる.それゆえ,通常,組立メーカーはサプライヤー独自のブランド名を刻印した部品の納入に強く抵抗するとともに,組立メーカーの同意なくサプライヤー自身が販路を拡大しようとすることにも難色を示すことになる.

第三の顧客の嗜好・ニーズへの即応は，商品に対して嗜好やニーズが変化した場合に，バリューチェーンにおける価値移転が引き起こされることへの警戒を意味している．自動車の場合，運転する喜びや所有することでの美的ないし心理的満足から移動手段や通信端末としての機能へと嗜好やニーズが変化しつつあるが，それにともないバリューチェーンにおける価値移転が生じる可能性がある．それゆえ組立メーカーは，俊敏に変化に即応しなければ，支配を失いかねない．
　第四の高成長市場分野への投資の際の支配維持重視とは，成長ポテンシャルのある分野への投資の際，収益性が高い分野に固執するあまり，バリューチェーンの他の部分に支配が移転してしまう可能性を見過ごすことへの警告である．成長か支配かのどちらかを選択せざるを得ない場合，支配の維持を重視することである．
　欧米の組立メーカーにとって「システムの統合者」であり続けようとすれば，上記の4つの原則に対して一定の能力を維持・継続する必要がある．
　以上のように，組立メーカーがバリューチェーンにおける「支配」を形成・維持するためには，部品供給企業による「過剰同調性」を生み出す機能を手中に収めるか，バリューチェーンの中で「システムの統合者」として機能し続けるための手立てを持つことが重要な課題となってくる．

4　メガサプライヤーと新規参入企業による「支配」への挑戦

（1）メガサプライヤー化による水平的分業構造と「支配」の維持

　トヨタのTNGAにみられたように，製品アーキテクチャーが革新されることで，クルマは基本構造部分とその上に配置される幾つかのモジュール部品から構成されるようになる．そのために，コンポーネント部品を複数つくり，それぞれをモジュール部品として接合面を標準化することで自由に組み合わせを変えられるようにする．これによって，機能や性能およびデザインの異なるクルマとして差別化し，グローバル化にともなって多様化した国や地域の顧客ニーズに対応した個性的な商品を多種類かつ安価に製造することが可能になる．
　このように製品アーキテクチャーの革新によってモジュール化が促進されるが，EVなどに組み付けられるのは電子部品が主である．モジュール化されたコンポーネント部品は，機械的な機能の構成物から，情報処理システムとしてのコンテンツを担った構成物へと転換されていく．このようなコンテンツ中心のコンポーネントを形成するためには，従来のような垂直的な分業構造による系列システム

でつくり込んでいくよりも，コンテンツ情報を収集・分析・整理し，コンポーネント部品として企画・開発・設計する能力を持つサプライヤーに依存する方が効率的になってくる．情報処理システムとしてのコンポーネントを組み立てる企画・開発・設計の能力を持つようになった企業は，メガサプライヤーとして，これからの新しい製品アーキテクチャーに適合したモジュール部品供給の重要な担い手となる．メガサプライヤーは，コンポーネント部品ないしモジュール部品についての業界標準をつくり，関連の部品メーカーに対してコンサルテーションを行うとともに，組立メーカーに対しても提案能力をもつようになる．とりわけEV化による部品の電気・電子化にともない部品点数が従来の3万点からその3分の2以下に減少するといわれる過程で，既存の関連部品メーカーへの支配が強まっていく．というのは，仕事の激減を恐れる部品メーカーが，メガサプライヤーの意向に過剰同調していく可能性が高くなるからである．

したがって，これまでの垂直的分業システム（系列システムはその典型）は，組立メーカーとメガサプライヤーとの水平的分業関係へと移行していくことになる．欧米は本来水平的分業関係であるが，独の部品企業では，VWなど組立メーカー主導による「部品の標準化」のもとで，規模拡大のためにM&Aを行いながらメガサプライヤー化へと変貌してきている．海外のメガサプライヤーがコンポーネント部品を標準部品として販売するようになれば，ビジネスの主導権が移転し，従来の組立メーカーとサプライヤーとの間の「支配」関係が逆転することにもなる．

トヨタもTNGAによる製品アーキテクチャーの変革によって部品構成を変え，新しいコンポーネント化とモジュール化に対応しようとしている．ブレーキ，シート，手動変速機などで従来の自前主義や系列内での分散化を再編し，組立メーカーとサプライヤーの間での経営資源の効率的な分担化を図っている［週刊東洋経済 2015.5.2-9：57,『トヨタ快進撃の秘密』26-29］．組立メーカーにおいては，企画・開発・設計への重点移行であり，ファーストレイヤーの系列に対しては，メガサプライヤー機能への移行による国際的な競争力強化を促すためである．これにより，系列システムの結束と支配を維持しつつ，欧米の水平分業型の企業間関係への移行をすすめていくことで，グローバル化に適応しようとしている．

グローバル競争が進展していくのにともない，販売市場と製造拠点が接近していくようになり，サプライチェーンが地球全体へと拡大し複雑性を増してきている．グローバル規模での部品調達において，系列システムの海外移転が困難である以上，欧米の水平的な企業間関係が標準化していく可能性が高い．したがって，

水平的分業関係において「支配」をどのようにして形成・維持するかということが，「系列システム」を持つ日系の組立メーカーに限らず，欧米の組立メーカーにとっても，今後の重要な課題となる．VWにおいては，業界標準を主導することで互助的なエコシステム（生態系）の「統合者」として，支配を維持しようとしている．トヨタにおいては，現時点では，海外のメガサプライヤーを系列内の相互競争の中に組み入れることで，系列内のメガサプライヤー間の相互競争からくる「同調性」を通じて支配を維持しようとしている．

（2） バリューチェーンにおける新規参入企業への「支配」の移転可能性

製品アーキテクチャーに革新を引き起こす重要な要因には2つあった．第一は，環境規制の強化にともなうEV化である．EV化は当然，電気・電子部品のシステム化・コンポーネント化を促進し，インターフェースの標準化により部品をモジュール化することで，クルマのアーキテクチャーを変革する．第二は，デジタル情報化とネットワーク化の進展にともない自動車産業とIT企業・ソフトウェア企業との壁が消失し，後者の自動車産業への参入が容易になったことである．その結果，差別化戦略のために，自動運転やコネクテッド・カーがこれからのクルマのコンセプトになりつつある．第一の要因については前項で分析したので，ここでは第二の要因に限定して検討する．

自動車産業は今，CASEという言葉に集約されるような100年に一度といわれる変化の中にあり，第4次産業革命やIoT革命といわれる製造業の新しいインフラの創出で，これまでとは次元の異なる競争を強いられようとしている．そこでは業種や産業の壁を越えて，新しい製品・部品やビジネスが登場してきている．その代表的な企業が，グーグル，アップル，アマゾン，マイクロソフト，そしてウーバー・テクノロジーズなどである．これらの企業は自動車産業に参入し，彼らのやり方で従来のビジネスモデルを変えようとしている [Wedge, Vol. 28, No. 6：14-35]．端的に言えば，製品アーキテクチャーの革新による自動運転や通信ネットワークへの接続を通じてクルマをクラウド上のシステムに統合し，モニタリング（製品の異変への警告・通知）や制御（製品機能の制御）および最適化（予防的診断・修理）や自律性（製品の自動運用・自動改良）の機能を手中に収めようとしているのである [Porter 2014]．

従来の製品は機械部品と電気部品で構成されていたが，新しい接続機能を持つスマートな製品はハードウェア，センサー，マイクロプロセッサー，ソフトウェアで構成されるようになり，製品自体の本質が変革されることになる．接続機能

によって，クラウドと繋がり，そこから顧客と繋がることになり，使用頻度の増大にともなって膨大なデータが生み出されていく．それが分析されることで，競争力の新しい源泉となる．というのは，このようなデータは，製品そのものの改善を促進するとともに，顧客の嗜好やニーズ，そしてその変化をも掴み取ることができるようになるからである．またこの新しい製品では，物理的な特性を変えなくても，ソフトウェアの変更によって，製品品質の向上や顧客ニーズの変化に対応することができるようになる［週刊東洋経済 2017.4.29-5.6］．

　この新しい接続機能を持つ製品では，ソフトウェアが物理的機能を分担するようになり製品そのものの構造が簡素化されることになる．また，製品に内蔵されるソフトウェア数に比べて，クラウド上のソフトウェアの数が増加していくことになり，製品の利便性の継続的向上が可能になる．このような傾向にともない，センサーやソフトウェアなどのIT関連の部品やシステムを設計するサプライヤーの影響力が増大していき，物理的な部品を供給する従来のサプライヤーの交渉力が低下していく．そして，クラウド化のインフラともいうべきテクノロジー・スタック（集積体）を管理するIT企業が個々の製品システムと外部の関連情報を連携するシステムの統合者として振る舞うようになってくる．グーグルやアップルがその代表であり，それらの企業は従来の業界内の事業領域を意図的に拡大し，再定義しようとしている［Porter 2014］．例えば，グーグルは，自動車産業を「製造業」ではなく，都市交通における「新しいサービス業」として再定義しようとしている．そして，クルマそのものではなく，クルマにかかわるあらゆる生活サービス機能を連携するシステムの構築を主要な競争優位の源泉にしようとしている．これによって，競争軸は別次元に移行していくことになり，旧来の企業は新たな競争相手や競争基盤の上に引き込まれることになり，全く新しいケイパビリティを求められることになる．もし，旧来の企業がこの競争状況に適応できなければ，システムを統合する企業にOEM製品を供給する立場に追いやられ，「下請化」していくことになる可能性が高くなる［Porter 2015］．

　このように，従来の組立メーカーではなく新規参入企業によってクルマの本質が書き換えられていくことで，バリューチェーンにおける新たな価値創造のセクションが創出され，「支配」の移転が進められていくと考えられる．

おわりに

　製品アーキテクチャーの革新がバリューチェーンにおける企業間の「支配」に

どのような影響を及ぼし，どのような移転が生じるかについて，分析してきた．その内容を整理すると，次のように要約することができよう．

　第一に，部品そのものの質的な高度化として，機械部品と電気・電子部品による構成にソフトウェアが組み込まれてコンポーネント化され，それを基にモジュール部品を製造するメガサプライヤーが優位な地位を築く可能性が高くなることである．第二に，更新ソフトのダウンロードによって製品に新たな機能の追加ないしレベル・アップを可能にすることで，顧客に価値を継続的に提供していく機能を持つ企業に「支配」が移転していくことである．第三に，クルマをクラウド端末として機能させるためのプラットフォームとしての「テクノロジー・スタック」の統合者に「支配」が握られていくことである．第四に，クルマを「製造業」から都市交通における「新しいサービス業」として再定義し，競争軸を別次元に移行することで価値移転を行い「支配」を獲得していくことである．

　これらはいずれも，競争優位戦略にかかわるものであり，従来の組立メーカーが保持してきたバリューチェーンにおける「支配」を揺るがしかねないものである．今起きている製品アーキテクチャーの革新のもとでその変革の持つ意味を認識できなければ，他社ないし他業種の企業に主導権を握られることになる[Christensen 1996]．新しいバリューチェーンにおいて「支配」を失えば，組立メーカーといえども，「下請け」の地位に追いやられることになり，これまでのような利益を上げることは困難になってくるであろう．

　そして，何よりも深く受け止めるべきことは，製品アーキテクチャーの革新の意味である．革新を迫っているものは，クルマによる環境破壊への危機感であり，環境を守るための規制であり，その根底には社会のサスティナビリティの重要性についての市民からの要請がある，ということである．また，所有から共有へという転換も，生活の質の変化ないし向上を求める市民の要望に裏打ちされており，大量生産・大量消費・大量廃棄という価値観の限界を示唆するものであろう[Rifkin 2014]．企業に対する社会からのガバナンス[Post 2002]は間接的ではあるが，その影響力は明らかに確実に浸透してきている．企業はこのような「社会からのガバナンス」に耳を傾けていく必要がある．

注
　1）自動運転のレベルについては，レベル1からレベル5までの段階が想定されている．
　2）トヨタは，2005年にSUBARUの株をGMから買い取り，15年にマツダと包括提携し，16年8月にダイハツ工業を完全子会社化し，同年10月にスズキと連携した．これによっ

てトヨタは総販売台数1600万台の「日本連合」を形成したことになる．トヨタと手を組んだ各社からすると，世界各国での環境規制が強まり，次世代車の開発競争が加速する中，資本力と技術力のあるトヨタに頼らざるを得ないという事情がある．したがって，組立メーカーのトヨタは，メガサプライヤー化と水平的企業間関係への移行が進んでも，グループのサプライヤーに対してなお「支配」を維持できる可能性がある．それは，年間1600万台を生産・販売する日本連合の「システム統合者」として機能しうるからである．

参考文献

香住駿［2015］『VWの失敗とエコカー戦争——日本車は生き残れるか——』文藝春秋．
小阪隆秀［1993］「自動車産業におけるピラミッド型システムの形成と機能——『競争』と『コントロール機能』をビルト・インした分業システム——」『商学集志』第63巻第2号．
―――［2007］「トヨタの海外展開戦略とトヨタウェイ」『工業経営研究』Vol. 21, 2-12ページ．
酒井崇男［2016］『トヨタの強さの秘密——日本人の知らない日本最大のグローバル企業——』講談社．
『週刊ダイヤモンド』2015.10.10.
『週刊東洋経済』2015.5.2-9（54-57ページ），2015.11.7, 2017.4.29-5.6.
『トヨタ 快進撃の秘密』洋泉社，2015年．
藤本隆宏［2003］『能力構築競争——日本の自動車産業はなぜ強いのか——』中央公論社．
―――［2004］『日本のもの造り哲学』日本経済新聞社．
Christensen, Clayton M.［1996］*The Innovator's Dilemma : when new technologies causes great firms to fall*（伊豆原弓訳『イノベーションのジレンマ』翔泳社，1996年）．
Jacobides, Michael G. and J. P. MacDuffie, *How to Drive Value Your Way*, HBR, July-August, 2013（編集部訳「バリューチェーン覇者の条件」『ダイヤモンド・ハーバード・ビジネス・レビュー』2014年6月号）．
Liker, Jeffrey K. and Timothy N. Ogden［2011］*Toyota Under Eire : Lessons for Turning Crisis into Opportunity*（稲垣公夫訳『トヨタ危機の教訓』日経BP社，2011年）．
Porter, Michael E. and James E. Heppelmann, *How Smart, Connected Products are Transforming Companies*, HBR, November 2014（有賀裕子訳「IoT時代の競争戦略」『ダイヤモンド・ハーバード・ビジネス・レビュー』2016年1月号，45-47ページ）．
Porter, Michael E. and James E. Heppelmann, *How Smart, Connected Products are Transforming Companies*, HBR, October 2015（有賀裕子訳「IoT時代の製造業」『ダイヤモンド・ハーバード・ビジネス・レビュー』2016年1月号）．

Post, James E., Anne T. Lawrence and J. Weber [2002] *Business and Society : Corporate Strategy, Public Policy, Ethics*, McGraw-Hill Irwin（松野弘・小阪隆秀・谷本寛治監訳『企業と社会——企業戦略・公共政策・倫理——』（上・下）ミネルヴァ書房，2012年）.

Rifkin, Jeremy, *The Zero Marginal Cost Society : The Internet of Things, The Collaborative Commons, and The Eclipse and of Capitalism*（柴田裕之訳『限界費用ゼロ社会』NHK出版，2015年）.

Schumpeter, J. A. [1926] *Theorie der wirtschaftlichen Entwicklung*, 2. Aufl.,（塩野谷祐一・中山伊知郎・東畑精一訳『経済発展の理論』（上）岩波書店，1977年，180ページ）.

Wedge, Vol. 28, No. 6, 2016.6, pp. 14-35.

Womack, J. P., D. T. Jones and D. Roos [1990] *The Mchine that Changed the World*, Rason Associates（沢田博訳『リーン生産方式が，世界の自動車産業をこう変える』経済界，1990年）.

第9章

日本企業の競争力低下と「国際競争力ランキング」

那須野 公人

はじめに

東アジア諸国は，日本からの直接投資を媒介に，世界的にもミラクルとされる経済成長を実現した．これはいち早く「離陸」に成功しアジア初の工業国となった日本を先頭に，これをまず NIEs が追いかけ，さらに ASEAN 4 が追いかけ，その後を中国が追いかけるという形をとった．先頭を走る日本を各国が追いかける姿は，雁が隊列をつくって飛ぶ姿に似ていることから，「雁行型経済発展」あるいは「雁行型発展」とも呼ばれた．赤松要が提唱し小島清が発展させたこの「雁行型経済発展論」[1]は，世界的にも注目を集め，戦後アジアの経済発展を見事に描写するものと評価されてきた．

しかし最近では，この経済発展の隊列は乱れ，もはや雁行型経済発展論でアジアの現状を説明することはできなくなってしまったのではないかともいわれている．例えば，シンガポールの1人あたり GDP は，すでに何年も前に日本を凌駕し日本を大きく引き離してしまっている．またシャープは，「液晶の次は液晶」と液晶の開発にこだわっていたが，その間に韓国企業は，日本企業がなかなか実現できなかった次世代表示装置としての有機 EL を使った薄型テレビの商品化に成功してしまった．さらに，経営危機に陥ったシャープが，台湾の鴻海精密工業に買収されてしまったことから，日本の電機産業は韓国のみならず台湾にも破れたのではないかともいわれている．

このように日本は，もはや編隊の先頭を飛ぶ雁とは，必ずしもいえなくなってしまった．編隊の乱れは，先頭にいた日本・日本企業の長期にわたる停滞と，後発国の「リープフロッグ（蛙跳び）」[2]あるいはリープフロッグ的な発展の結果であるが，先頭にいたはずの日本・日本企業はなぜ追い越されてしまったのであろうか．これらの要因を，いわゆる「国際競争力ランキング」や国際競争力指数といった視点から分析してみたい．

第9章　日本企業の競争力低下と「国際競争力ランキング」　99

1　日本の1人あたりGDPの推移

　各国の経済発展の状況を知るためには，1人あたりGDPが一つの参考となる．IMFのデータにもとづき，アジア主要国の1人あたりGDP（ドル換算）の推移をみてみると，かつてトップにあった日本の1人あたりGDPは，2000年代半ばにはシンガポールに抜かれ，2014年には香港にも追い抜かれて，現在韓国・台湾の追い上げを受けている状況にある．もちろんこれは，各国の1人あたりGDPをドル換算したものであることから，その数値は為替相場の変動の影響を受けることになる．円ドル相場の動向について考えてみると，東日本大震災後の異常な円高から，アベノミクス等によりその後円安が進んだことが，最近の日本の数値の低下に影響していることは確かである．とはいえ，アジア各国の発展の状況とその趨勢を知るためには，1人あたりGDP（ドル換算）の推移は一つの参考となる．

　次に，同じくIMFのデータによって，アジア主要国の1人あたりGDP（購買力平価）の推移（将来予測を含む）をみてみたい（**図9-1**参照）．2016年の数値では，日本は5カ国の中第4位とかろうじて韓国の上に位置しているが，2020年には韓国にも抜かれて最下位に落ちることが予想されている．1人あたりGDPは，国の豊かさを示す一つの指標であり，特に購買力平価による1人あたりGDPは，

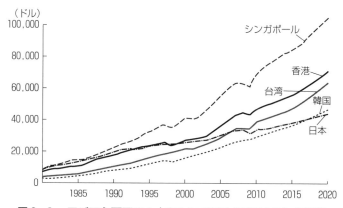

図9-1　アジア主要国の1人あたりGDP（購買力平価）の推移

注：将来予測を含む．データの最終更新は2017年4月25日．
出所：IMFの"World Economic Outlook Database"にもとづき作図．

その実質的な値を示すものと考えられる．2020年には上記 5 カ国中日本が最下位となるとの予想は，日本人にとってショックではあるが，これが日本経済の現実である．

2　日本の国際競争力ランキングの推移

各国の国際競争力を見るという点では，いくつかの機関が発表しているいわゆる「国際競争力ランキング」が参考となる．代表的なものとしては，スイスの国際経営発研究所（International Institute for Management Development，以下IMDと略称）が発表している「IMD 世界競争力ランキング」（The IMD World Competitiveness Rankings）と，同じくスイスに本部がある世界経済フォーラム（World Economic Forum，以下WEFと略す）が発表している「グローバル競争力ランキング」（The Global Competitiveness Index Rankings）がある．前者の「2016 IMD 世界競争力ランキング」（表9-1）によると，日本はアジアでは，世界第 1 位の香港，第 4 位のシンガポール，第14位の台湾の他，第19位のマレーシアにも抜かれて，何と世界第26位という低い位置にランクされている．一方，WEFの「グローバル競争力ランキング2016-2017」では，日本は前年と比べ 2 つ順位を落として世界第 8 位

表 9-1　アジア主要国の「2016 IMD 世界競争力ランキング」

順位（前年）	前年比	国　　名
1（2）	↑	香港
4（3）	↓	シンガポール
14（11）	↓	台湾
19（14）	↓	マレーシア
26（27）	**↑**	**日本**
28（30）	↑	タイ
29（25）	↓	韓国
38（40）	↑	トルコ
41（44）	↑	インド
42（41）	↓	フィリピン
48（42）	↓	インドネシア

出所："The 2016 IMD World COMPETITIVENESS SCOREBOARD" にもとづき作成．

ではあるが，アジアではシンガポールに次ぐ第2位に位置している．

両ランキングの順位の違いは，双方の評価基準が異なることによる．「IMD世界競争力ランキング」では，経済的パフォーマンス，政府の効率性，ビジネスの効率性，インフラという4つの主要なファクターから引き出された340以上の基準にもとづいてランキングがつくられている．また，WEFの「グローバル競争力ランキング」では，制度，インフラ，マクロ経済環境，健康と初等教育，高水準の教育とトレーニング，市場の効率性，労働市場の効率性，金融市場の成長，科学技術の進歩，市場の規模，ビジネスに関する高度な知識，イノベーションという12の柱をもとにGCIスコア（Global Competitiveness Index）が算出される．加えて，WEFの場合には，各国の所得水準に応じて集計ウエイトを変えており，このことがわが国の順位にプラスに作用しているといわれている［西崎・藤田 2015：8］．

ただし，このような「国際競争力ランキング」については，競争力概念が曖昧である，短期的な景気変動の影響を受けやすい，主観的なアンケート調査に依存している，迅速な意思決定が可能な小国に有利である，といった指摘もある．そして，前記2ランキングの実態はいずれも「企業の活動のしやすさ」ではないかとの意見があり，これらの指標は各国・地域のビジネス環境を見るために使うことが望ましいともいわれている［西崎・藤田 2015：8；小針 2013：111, 113］．

ところで，「IMD世界競争力ランキング」（表9-2参照）の1991年から2016年までの日本の順位の推移を見てみると，1991年・1992年当時世界第1位と評価されていた順位は，90年代半ば以降大きく低下し，以後一時10番台後半に浮上した年もあったとはいえ，ほぼ20番台に定着した形で今日に至っている．このランキングの実態を，「企業の活動のしやすさ」ないしは「ビジネス環境」であると理解したとしても，これだけ「企業の活動のしやすさ」「ビジネス環境」の評価が下

表9-2　IMD世界競争力ランキングにおける日本の順位の推移

1991年	1992年	1993年	1994年	1995年	1996年	1997年	1998年	1999年	2000年
1	1	2	3	4	4	17	20	24	21
2001年	2002年	2003年	2004年	2005年	2006年	2007年	2008年	2009年	2010年
23	27	25	23	21	16	24	22	17	27
2011年	2012年	2013年	2014年	2015年	2016年				
26	27	24	21	27	26				

出所：総務省『平成26年版 情報通信白書』の図表2-3-1-1の数値に最近の順位を追加．

がってくると，当然企業の競争力にも大きな影響を及ぼすことになるのであろうことは明らかである．

3　日本の産業・企業の国際競争力の低下

　経済産業省は，「IMD 世界競争力ランキング」が20番台に定着し始めた2002年,『競争力強化のための6つの戦略』において，わが国の産業競争力の現状について次のように述べている．「我が国に立地する産業の国際競争力は，90年代に大きく低下した．製造業について見てみると，過剰設備，過剰雇用，過剰債務の『三つの過剰』問題の残存，業績悪化，株価低迷，海外投資の収益率低下，中国・台湾・韓国企業によるシェア侵食などにより，総体としてみれば国際競争力に大きな問題を抱える企業が増加している」［経済産業省 2002：3］．

　ただし，経済産業省のこの報告書では，わが国の競争力の低下は，必ずしもすべての国内産業・企業ではなく，自動車，工作機械，高機能部品・素材等の産業の一部においては，世界トップクラスの競争力を維持しているところもあるともされている［経済産業省 2002：3］．確かにこれは正しい見方ではあるが，他方ではその後，台湾の鴻海精密工業の傘下に入らざるを得なくなってしまったシャープに象徴されるように，わが国の電機メーカーが薄型テレビのパネル生産設備への過大投資と，他方での製品のコモディ化による急激な価格の低下によって，「総崩れ」に近い状態に陥ってしまったという事実は，重く受け止めなければならない．なぜなら，1980年代まで日本経済をリードしてきた自動車・電機という2本柱の内の1本を，この20余年で日本は失うことになったからである．

　他方，IMD 等の競争力ランキングの順位の低下については，評価指標の入れ替えが大きな影響を与えているともいわれている．「IMD 世界競争力ランキング」と，WEF の「グローバル競争力ランキング」の他，コーネル大学・INSEAD（経営大学院）・世界知的所有権機関（略称 WIPO，国連の特別機関）による「グローバル・イノベーション・インデックス」（Global Innovation Index, 略称 GII）[3]の最近の評価指標の入れ替え内容を分析した研究によると，最近特に重視されるようになったのは，①ナショナル・イノベーションシステム全体のグローバル化，② ICT 利用の高度化・多様化，③ 人的資本の高度化・多様化であるとしている．① のグローバル化については，最近では多様な海外との結び付きと，オープンであることが重視されており，② の ICT 利用に関しては，ハードよりむしろソフト面の投資をイノベーション，付加価値に結びつける能力が求められている．

また，③の人的資本に関しては，有能な人材を惹きつける能力が問われているという［西崎・藤田 2015：9］．

　先の経済産業省の報告書は，わが国の産業競争力の低下の主因は，「変貌する経済環境に伴う『ゲームのルールの変化』への対応において，企業戦略及び政策対応の両面で『プライオリティ付け』及び『実行スピード』が不十分な点にある」と述べている［経済産業省 2002：3］．例えば電機産業においては，デジタル化・グローバル化・ICT化の急速な進展を背景に，すべてを自社あるいは自社のグループ企業で行う垂直統合型の生産体制から，世界が急速に水平分業型の生産体制へと移行していったにもかかわらず，日本の電機メーカーが従来の垂直統合型の生産体制にこだわり続けて敗れ去ったように，まさに「ゲームのルールの変化」に対する迅速な対応ができなかったことが，わが国企業の競争力低下の主要な要因であると考えられる．「国際競争力ランキング」の評価指標の入れ替えは，世界的な環境変化を反映したものであり，この動きに対応できなかったことこそが，わが国の「国際競争力ランキング」における順位の急落につながった要因であると判断できる．

　内閣府の『平成25年 年次経済財政報告』は，企業の競争力を「企業が高い所得を生む能力」であると定義し，企業の収益性を測る指標としてのROA（総資産収益率）に着目して国際比較を行っている[4]．そのなかで同報告書は，IMDの競争力指数と製造業のROAとの関係についても，日米欧の主要国について検証し，両者の間には正の相関があると結論づけている．つまり，IMDの競争力指数が高いこと，言い換えるなら企業が活動しやすい環境にあるほど，ROAは高まる傾向にあるといえる［内閣府 2013：159-160，166-167］．このことは，90年代以降のわが国の「国際競争力ランキング」の低下，すなわち企業の活動環境の悪化が，わが国企業・産業の国際競争力低下，そして国の経済力の低下につながったことを示している．

　企業の競争力，なかでも製造業の国際競争力については，日本機械輸出組合が，日・米・欧・アジアに本社を置く製造業主要19業種の企業について，それぞれ売上高上位5社，世界主要企業約350社の連結財務諸表をもとに国際競争力指数（世界シェア×営業利益率×100）をもとめ，国際競争力の分析を行っている．その結果によると，2015年度（2015年5月期〜2016年8月期）の日米欧アジア製造業（企業）の国際競争力（指数）は，北米企業が4.0，アジア企業が1.6，欧州企業が1.5，日本企業が1.3となり，日本企業は6年連続で最下位となったとしている（図9-2参照）［日本機械輸出組合 2017：1，5］．

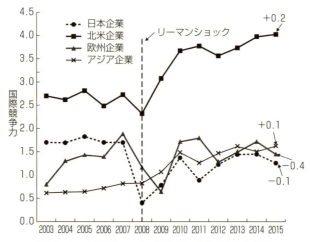

図9-2 日米欧アジア製造業の国際競争力推移
注:2014年度までは機械産業,2015年度からは鉄鋼,化学が入り製造業になっ
たため,国際競争力指数は不連続になっている.
出所:日本機会輸出組合 [2017].

おわりに

　国の豊かさの指標の一つでもある1人あたりGDP,特にその実質的な値を示すと考えられる購買力平価において,日本はかつてNIEs(新興経済地域)と呼ばれていた国・地域にすべて抜き去られようとしている.ものづくり大国といわれた日本であるが,自信を持っていた製造業においてさえ,収益力・利益率・シェアといった要素を組み込んだ実質的な競争力からみても,国際競争力は確実に低下してきている.一方,アジアの製造業は,リープフロッグ的な発展によって急速に競争力を高めてきている.その結果,東アジアの経済発展は,もはや日本を先頭とするきれいな「雁行型」ではなくなってしまった.日本企業には,過去の成功体験にとらわれることなく,グローバル化・ICT化の本質を正しく捉え,「ゲームのルールの変化」に迅速に対応していくことこそが,いま求められているといえよう[5].

注

1) 「雁行型経済発展論」については，小島［2003］等を参照のこと．
2) リープフロッグ（Leapfrog）は日本語に直訳すると「蛙飛び」となるが，英語では「馬跳び」の意味でつかわれるとされる．しかしここでは，あえて「蛙飛び」の意味で使用したい．
3) 「グローバル・イノベーション・インデックス」は，イノベーションとは称しているが，その指標は前記2つのランキングと類似している．ここにおける日本のランクは，リーマンショック後に徐々に低下し始め，東日本大震災の頃から2014年までは20番台に低迷していたが，2015年には19位，216年には16位と近年若干上昇している．
4) なお，ROA（総資産利益率）とは，総資産に対する利益の比率であり，企業が総資産をもとに，どの程度効率的に収益をあげたかを示すものである．同報告書においては，わが国製造業のROAは，米・独に比べて低く，中小企業においてその傾向が顕著であるとしている［内閣府 2013：165］．
5) 本章は，工業経営研究学会第32回全国大会 統一論題報告（2017年9月16日，於：愛知工業大学）の冒頭部分の内容を再整理したものである．

参考文献

経済産業省［2002］『競争力強化のための6つの戦略』経済産業調査会．
小島清［2003］『雁行型経済発展論（第1巻）――日本経済・アジア経済・世界経済――』文眞堂．
小針泰介［2013］「国際競争力ランキングからみた我が国と主要国の強みと弱み」『レファレンス』1月号，国立国会図書館調査及び立法考査局．
総務省『平成26年版 情報通信白書』(http://www.soumu.go.jp/johotsusintokei/whitepaper/ja/h26/html/nc123110.html 2017年3月3日閲覧)．
内閣府［2013］『平成25年度 年次経済財政報告書――経済の好循環の確立に向けて――』(http://www5.cao.go.jp/j-j/wp/wp-je13/pdf/p02011.pdf 2017年3月6日閲覧)．
西崎文平・藤田徹雄［2015］「『国際競争力ランキング』から何を学ぶか」『Research Focus』No. 2015-014，日本総研，6月．
日本機械輸出組合［2017］「我が製造業の国際競争力最下位，米国断トツ――2016年版日米欧アジア製造業の国際競争力分析」1月 (http://www.jmcti.org/info/170123_press.pdf 2017年3月6日閲覧)．
IMD 世界競争力センター "The 2016 IMD World COMPETITIVENESS SCOREBOARD" (http://www.imd.org/uupload/imd.website/wcc/scoreboard.pdf 2017年3月3日閲覧)．
IMF "World Economic Outlook Database" (http://www.imf.org/external/pubs/ft/weo/2016/02/weodata/index.aspx 2017年7月22日閲覧)．

第10章

成長なき経済,企業の余剰資金,対外M&A

國島弘行

はじめに

21世紀への転換期において日本の社会と企業は大きく変容した.勤労者は,賃金低下,雇用削減,雇用・労働条件悪化に苦しんでいる.他方,企業は,人件費と設備投資を削減することで,活力を低下させながら,余剰資金を積み上げ,その資金を海外へと流出させている.今,新しい社会・企業のあり方が求められている.ここでは,20世紀末以後の企業経営の段階を中心に検討したい.

1 戦後経済成長の諸段階と成長なき経済段階

戦後の経済構造を,図10-1の分析によって,いくつかの段階に分けて考える.実質GDP成長(増加)率は,1956年(統計開始)から,とくに1959年には10%を超え,1972年まで10%前後で推移した.この時期は,「東アジアの奇跡」とよばれた高度成長期であり,輸出・輸入の比率とも10%前後で推移し,長時間過密労働等の会社人間化の問題をはらみながら主として内需拡大による成長といえる.

先進国での高度成長体制が1971年金ドルの交換停止,固定相場制崩壊(円の引き上げを伴う)等のニクソン(ドル)・ショック,1973年オイルショック(原油価格高騰)等を契機に崩壊し,1974年マイナス成長を転機にほぼ5%弱での成長となり,安定成長期に入る.1979年第2次オイルショックを経ながらも,この時期では,輸出の比率が15%まで拡大し,主として欧米先進国への輸出による外需拡大型成長になる.しかし,停滞する欧米先進国への過剰な輸出は失業輸出ともよばれ,米国では対日貿易赤字が大きな比率を占め,日本への強い批判が生まれた.

日本の輸出を抑制するため,1985年先進5カ国蔵相・中央銀行総裁会議(G5)による為替レートに関する「プラザ合意」が成立し,1ドル240円前後から120円台への急激な円高が進行した.輸出の比率は,1995年15%から1996年11%

第10章　成長なき経済，企業の余剰資金，対外M&A

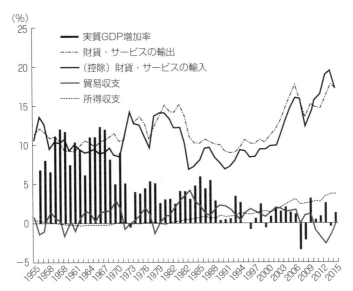

図10-1　GDP（国内総生産）における輸入，輸出，貿易黒字，所得収支の構成比と実質 GDP 成長（増加）率の推移

注：成長率1994年，他は1993年まで1968年基準，以後2011年基準．実質GDPはインフレの調整を行ったGDP．
出所：内閣府『国民経済計算』2015年度版及び1998年版 I-1，IV-1より作成．

に急落し，その後2002年まで10％前後で推移した．「円高不況」に対抗すべく過剰な金融緩和が行われ，土地等の不動産や株式等に過剰な資金が流入し，土地・株価高騰や消費過熱をもたらし，奇形的内需拡大による「バブル好景気期」に入り，成長率は5％前後に高まった．この時期，輸出に変え東南アジアや米国への工場移転等の直接投資が増えだし，韓国，台湾，マレーシア，タイ等の成長が『東アジアの奇跡』と言われた．しかし，日本国内の労働者の労働時間や賃金等の労働条件，中小企業の取引条件の改善は進まず，むしろ輸出価格引き下げのためにコスト削減を追求する「減量経営」が展開した．

　バブル好景気は，1989年ピーク後に株価や土地の暴落が始まり，崩壊する．銀行は，将来の値上がりを見込んだ土地を担保にした巨額の融資が回収困難になり，巨額の不良債権を抱え込んだ．さらに，銀行の自己資本比率（貸出額等の総資産に占める自己資産の割合）に対するBIS（国際決済銀行）規制が1992年末から本格適用され，金融機関は貸し出枠を縮小した．銀行は貸し渋りや貸し剥がしによって融資を強引に縮小し，企業は運転資金等の事業資金を調達できなくなり，企業の倒

産や経営悪化が増加し，銀行の不良債権はさらに拡大した．日本政府は，米国政府からの圧力のもと，1996年から2001年にかけて「金融ビッグバン」を進めた．第1は，金融機関を政府が保護する「『護送船団方式』からの脱却」であり，銀行危機とそれによって多くの企業倒産をもたらした．第2は，「預金から投資へ」であり，預金に基づく銀行融資が抑制され，年金基金等の公的資金の資金運用に対する外資を含む資産運用（投資顧問等）会社等の参入や運用比率規制の自由化が進められた．第3は，「フリー，フェア，グローバル」であり，海外の投機的金融機関を差別することなく，国内資金の海外への流出や海外資金の国内への流入を自由化した．1997年から1998年にかけ銀行危機が訪れ，北海道拓殖銀行，日本長期信用銀行，日本債券信用銀行，山一證券，三洋証券など大手金融機関が倒産し，その影響を受け1997年から2002年まで倒産件数はほぼ毎年約1.9万件となり，倒産負債総額は107兆円を超え，2000年だけで現在まで史上最高の約24兆円となった．さらに，2002年「金融再生プログラム（竹中プラン）」は，銀行の資産査定の厳格化や自己資本充実促進により，産業再生機構（2003年から2007年）によって自己資本比率が低下した銀行から多額の債権放棄を伴った不良債権が買い取られ，そこから整理回収機構に売却された債権は過酷な債権回収が行われ，産業再生委員会により再生可能と審査された三井鉱山，カネボウ，ダイエー，大京等41案件には公的資金が投入され，外資買収ファンド等に売却された．この時期以後は，ほぼ成長がなく，製造業を中心に深刻な人員削減を伴う事業再編が行われた時期となった．

　2003年頃から中国の急成長に伴い，輸出・輸入が急拡大し，2001年10％であった輸出比が2007年にはかつてない18％まで上昇した．その結果，輸出依存の経済がもたらされた．輸出入の急拡大は，事業の再編（選択と集中）の結果であり，産業・企業・事業の「新陳代謝」を口実にした海外への工場移転や海外企業へのアウトソーシング等によって輸入が拡大し，部材等での輸出が拡大した．しかし，経済成長無き外需（海外向け）生産拡大は，内需向けの生産・供給の低下，海外との競争を口実にした雇用縮小や労働条件悪化，中小企業の廃業の急増をもたらした．また，海外への直接投資や証券投資の拡大による海外からのネットの投資所得[1]が年々増加し，2014年以後所得収支がGDP比4％になり，貿易赤字を補っている．しかし，問題は，直接投資や証券投資により資金や雇用が海外に流出し，国内での循環が十分に行われていないということである．国内，世界で賃金・労働時間等の労働条件が改善されるような，地域・国内でのヒトモノカネの循環を基本とする正常な持続可能な成長が期待されている．

2 バブル崩壊,銀行危機以後の企業の経営戦略

(1) 企業貯蓄の拡大と家計貯蓄の縮小

　バブル崩壊以後経済成長が止まり,金融ビッグ・バンと銀行危機以後輸出・輸入や対外証券投資・直接投資が増大した.そこでは,日本企業の戦略や経営が大きく変容した.まず,**図10-2**にみるように,世界的に高い貯蓄率で有名であった日本の家計における毎年の貯蓄額は,1994年40兆円あったが,1998年以後急速に低下し,2013年にはマイナス3.1兆円と預金残高を取り崩す状況が生まれてきている.給与所得者の年間平均給与額は,1982年289万円から1998年419万円まで上昇してきたが,その後2009年には350万円にまで急速に低下し,1998年比で68万円減少した.その後も停滞状況にある.さらに,雇用削減や非正規雇用の拡大等の労働の不安定化・流動化が,働く者に押し寄せてきている.

　他方で,非金融法人企業は,従来金融機関からの借入(マイナスの貯蓄)で特徴づけられてきたが,バブル崩壊以後,とりわけ銀行危機以後,企業は,経営状態の悪化なかで金融機関の融資抑制への対応として人件費等を削減し,手持ち資金を拡大した.その結果,企業の貯蓄額を1997年マイナス0.7兆円から2009年25.2兆円へ急速に拡大した.その後世界金融危機等で低下するが,2015年には30.7兆円になっている.影響力を増している海外の資産運用機関を中心とする海外投資家は,配当や自社株買い等の「株主還元」圧力を強めている.さらに,安倍政権は,コーポレートガバナンス改革として,機関投資家が企業へ株主還元圧力をかける責任を強調する「スチュワードシップ・コード」,企業経営者が機関投資家のために株価上昇等の株主還元責任を強調する「コーポレートガバナンス・コード」を制度化した.さらに,現預金等で高く積み上げた企業の貯蓄は,買収ファンドやアクティビスト・ヘッジファンドの攻撃を受けるという危惧も高まっている.現在巨額の対外M&Aによる直接投資そして自社株買いが,企業の貯蓄削減の一環として行われている.いずれにせよ,企業は,賃金や雇用削減等の人件費削減によってカネ余り(過剰資本)の状況をもたらした.

　金融機関は,BIS規制による融資規制や2002年竹中「金融再生プログラム」での不良債権の売却・処分等により貯蓄額を拡大したが,国債購入や対外証券投資等により低下していった.

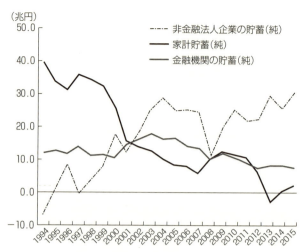

図10-2　非金融法人企業，金融機関，家計における貯蓄額（フロー）の推移

注：貯蓄（純）＝貯蓄（総）－固定資本減耗．
出所：内閣府『国民経済計算』Ⅱ-2及び5より作成．

（2）　企業における雇用と人件費の削減

　賃金の極端な低下傾向とともに，雇用削減や非正規雇用の拡大等の労働の不安定化・流動化が，働く者に押し寄せてきている．バブルの崩壊と銀行危機以後，日本経済の中核を担ってきた製造業では，1993年から2005年まで連続で雇用数が減少するという極めて深刻な状況が生まれた．製造業では2002年74万人をピークに1993年から2005年まで雇用数が316万人減少した．さらに，世界金融危機2009年60万人をピークに2008年から2016年まで115万人雇用が減少し，1993年から2012年までの増減を集計すると402万人減少した．全産業では，銀行危機以後1998～1999年60万人，2002年38万人，2009年世界金融危機57万人の雇用が失われた．建設業では2001年19万人をピークに，1998年から2016年まで160万人が減少した．製造業を中心に極端な人員整理がなされ，増加したサービス産業で悪質な労働条件の「ブラック企業」を増加させた（総務省『労働力調査　長期時系列データ』表5-4・6）．

　雇用形態別で雇用の増減をみると，正規従業員は，1997年を3812万人ピークに，2014年3223万人へ582万人減少した．他方で，非正規は，1994年973万人から2017年2017万人へと1045万人増加した（総務省『労働力調査　長期時系列データ』表

9) 2).

製造業や建築業の急速な雇用削減は，正規従業員の急減と非正規従業員の急増は，急増したサービス産業での賃金や中間所得層を形成していた正規従業員の賃金も低下させることになった．1年以上の勤続者の給与別給与所得者構成比をみると，年収200万円以下給与所得者は，1998年まで急速に減少し793万人17.5% であったが，その後急増し，2013年には1120万人24.1% まで増加した．さらに，200〜400万円の給与所得者は，1997年1416万人31.3% から2011年1634万人35.8% へ増加した．400万円以下の所得が1998年49.3% から2011年59.2% へと増加し，中心的な所得者となってしまった（国税庁『民間給与実態統計調査結果』）．

（3） 借金経営から借金返済・内部留保拡大経営へ

企業は，1999年50兆円を頂点とした金融機関等の外部からの借り入れを，バブル以後急速に縮小し，1996年から2004年まで借金をネット（借入から返済を引いたもの）で143兆円を返済し続け，従業員が大量に削減された1999年から2004年の時期にはネットでの借金返済額は，2002年27.5兆円をはじめ1999年から2003年まで20兆円前後で推移した．また，世界金融危機の時期も借金返済が10兆円を大きく上回っている．雨が降れば銀行は傘を取り上げるという状況をみることができる．また，運転資金等の資金繰りに対する借り入れ困難な状況に備え，経済危機の状況では，現・預金を増やしている（日本銀行『資金循環統計』）．

もう一つの外部からの負債調達法である，社債等の債務証券の発行も，1995年以後ほぼ返済額が上回っている．増資等の株式発行も，2000年以後自社株買いが大きく上回り，企業による株式市場への資金提供が通常になっている．

外部からの資金調達が減少するなか，内部資金としての内部留保が注目されている．**図10-3** では，資本金10億円以上の大企業での内部留保の残高を示している．2001年2002年には広義・狭義の内部留保が一時的に減少したが，その後は世界金融危機時でも急速に拡大した．2016年広義の内部留保の残高は328.1兆円は1998年143.4兆円より184.7兆円膨れ上がった．この資金は，減少する外部からの資金調達に対し，企業内部に蓄積された資金として用いられ，企業資金の基本になっている．

この内部留保の急増は，賃下げや人員削減等の人件費削減とともに，設備投資の減少によるものも大きい．「土地以外の有形固定資産」（建設中の建物や製作中の機械等の「建設仮勘定」と建物，機械設備等の「その他の有形固定資産」との合計）は，1997年165.1兆円をピークとして拡大したが，2013年129.8兆円へ35.4兆円縮小

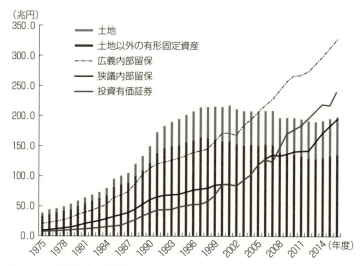

図10-3 内部留保と資金運用の推移（全産業（除く金融保険業）10億円以上）

注1：狭義：利益準備金，積立金，繰越利益剰余金．広義：狭義に加え，資本剰余金，資本準備金，その他資本剰余金，引当金（流動負債），引当金（固定負債），特別法上の準備金
　2：「土地以外の有形固定資産」は，「建設仮勘定」（建設中の建物や製作中の機械など，固定資産へ振り返る前の支出を記帳する仮勘定）と「その他の有形固定資産」（建物，機械設備，船舶，車両，工具備品等，毎年減価償却によって価額が減額されるもの）の合計
　3：「投資有価証券」は，長期保有を目的とする，関連会社の株式や企業の持ち合い株式，満期まで1年以上の債券，市場での価格がついていない有価証券．売買を企図している株式等の債権，満期日が1年以内の債券は，「有価証券」である．
出所：財務省『法人企業統計』より作成．

した．「土地以外の有形固定資産」を，2000年には広義の内部留保が，2010年には狭義の内部留保が上回った．「土地」も2001年59兆円まで拡大したが，不動産ファンドへの売却等により2005年54.7兆円まで縮小した．土地を含めた有形固定資産を，2006年には広義の内部留保が上回っている．20世紀の大企業時代では，工場の機械化や大規模化により有形固定資産が巨大化し，金融機関からの長期借入により資本を調達し，長期的に返済する「資本の固定化」，いわゆる「資本の有機的構成の高度化」で特徴づけられた．労働面でも，労働組合の社会的影響力拡大も伴い，長期的雇用としての「労働の固定化」がもたらされた．しかし，21世紀への転換期において，企業に都合の良い形での「資本と労働の流動化」が展開している．資金運用においては長期保有を目的とする「投資有価証券」への投資が拡大し，2008年土地以外の有形固定資産を，2012年土地を含む有形固定資産を上回っている．

3 投資有価証券投資，対外直接投資，M&A 拡大

（1） 急増する投資有価証券投資と対外直接投資

長期保有を目的とする「投資有価証券」は，図8-3のように，1980年代後半から増加し，銀行危機での日本経済大混乱にもかかわらず1998年57.3兆円から2000年86.4兆円へわずか2年で29.2兆円急増した．その後，2002年に低下するが，2007年を除き，2014年218.3兆円へ1998年比で約4倍になった．

「投資有価証券」は，主として関連会社の株式や企業の持ち合い株式で構成される．非金融企業の株式投資の推移を，ストックは株価の動きに影響されるため，毎年のフローでのネット（購入額と売却額の差）でみる．また，投資有価証券投資には，国内だけでなく，海外への投資も含む．海外への投資には，現地企業に対する経営参加や支配を目的とした直接投資と，配当や利子の獲得のために外国の有価証券を取得する証券投資（すべてが投資有価証券ではない）とがある［大田 2015］．

図10-4をみるように，1980年代後半国内上場企業への株式投資が急増したが，

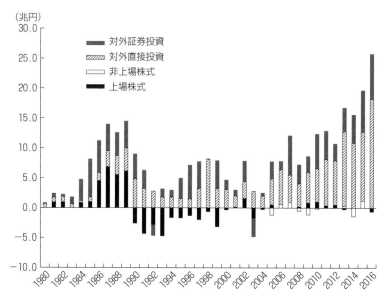

図10-4 民間非金融法人企業における株式等へのフローでのネット投資

注：資金循環統計では，株式資本および収益の再投資を直接投資に含む．非上場株式は，2005年以後．
出所：日本銀行『資金循環統計』より作成

1990年以後2004年まで，上場株式は大きく売却されている．その後は，自社株買いにより微増しているが，多くは償却されている．海外への投資では，対外証券投資が1984年以後，対外直接投資が1986年以後増加し始める．対外直接投資は，2000年以後は投資有価証券の中心になり，雇用なき景気回復が言われた2006年には6兆円に急増した．世界金融危機でも大きくは低下せずに，2009年以後急増し，2013年以後10兆円を超え，2016年18.4兆円になっている．投資有価証券は，対外直接投資を中心した資本輸出で拡大していると言える．対外直接投資は，非金融を中心とするが，保険を含む金融業でも増加している．ストックでみると，対外直接投資は，非金融と，金融等を含むすべてでは，1985年4兆円から2016年147兆円へ拡大している．非金融企業ばかりでなく日本経済全体でも，国内資産の海外流出は，1985年86.1兆円から2016年963.4兆円へ11倍を超えて拡大し，対外証券投資が約60％，対外直接投資15％へと資産がグローバルに流出している．

（2） 対外・内直接投資とM&Aの拡大

対外直接投資においてクロスボーダー（国境を越えた）M&Aが中心になっている．ネットの対外直接投資における構成は，株式資本，収益の再投資，負債性資本で分類され，2016年度では18.4兆円（実行額69.2兆円，回収額50.8兆円）の内，株式資本11.7兆円64％（実行額18.2兆円，回収額6.5兆円），収益の再投資5.2兆円28％（回収額なし），負債性資本1.5兆円8％（実行額45.8兆円，回収額44.4兆円）であり，ネットでは株主資本の構成比が高い（財務省『国際収支状況（対外・対内直接投資）』）．

次に，表10-1で，対外直接投資の動向を，直接投資のうち株式資本による投資の実行金額の構成比を検討する．現地企業に対する経営参加や支配を目的とした直接投資において，投資先企業の発行済株式等の取得のための「M&A」型投資が金額，構成比とも増加し，7割超までになっている．投資先企業の新規設立のための「グリーンフィールド」型投資は，かつては直接投資の中心であったが，極めて小さくなっている．投資先企業への設備投資を伴う「事業拡張のための増資」引受けも高く，雇用の海外移転への不安も危惧される．対外直接投資の中心は対外M&Aであるといえる．さらに，対外M&Aによる大きな損失も続出している．

海外からの国内への対内直接投資の動向は，**表10-2**に示したように株式資本の実行額に対し撤退・売却・資金回収の割合である回収率が非常に高い．さらに，対内直接投資における目的別動向をみると，負債の返済や損失縮減等の「財務体質改善」型株式投資が高い傾向があり，資金回収のスピードの速さからも，高い

表10-1 対外直接投資における目的別動向　直接投資のうち株式資本による投資の実行金額の構成比（100億円以上の案件，実行総額と撤退回収率は全体）

	M&A	グリーンフィールド	事業拡張のための増資	財務体質改善	その他	計(兆円)	株式資本実行総額	撤退・回収率
2012	48%	1%	38%	11%	1%	4.7	9.8	32%
2013	59%	2%	30%	5%	3%	8.0	12.5	16%
2014	67%	1%	23%	8%	1%	6.0	12.6	39%
2015	67%	1%	29%	4%	0%	8.0	12.9	27%
2016	72%	1%	24%	4%	0%	12.2	18.2	36%

出所：日本銀行国際局『2016年の国際収支統計および2016年末の本邦対外資産負債残高』2017年等より作成．

表10-2 対内直接投資における目的別動向

	M&A	グリーンフィールド	事業拡張のための増資	財務体質改善	その他	計(兆円)	株式資本実行総額	撤退・回収率
2012	36%	0%	24%	35%	5%	0.8	2.0	96%
2013	29%	0%	11%	48%	12%	0.6	1.5	81%
2014	48%	0%	25%	25%	2%	1.4	4.2	77%
2015	62%	0%	19%	20%	0%	0.9	2.0	104%
2016	39%	0%	50%	8%	2%	1.0	2.1	75%

出所：日本銀行国際局『2016年の国際収支統計および2016年末の本邦対外資産負債残高』2017年等より作成．

金で売りぬく戦略にみえる．「グリーンフィールド」が全くなく，会社型投資信託等への「その他」投資が2013年に682億円等，買収ファンド等の影響力をみることができる．対内直接投資に雇用拡大や労働条件改善効果に期待することは難しい．

（3） 日本におけるクロスボーダー M&A の拡大

日本における M&A 金額・件数の推移をみることで，対外直接投資の中心になっているクロスボーダー M&A である国内の過剰資本の流出と，国内の企業再編としての国内 M&A の状況をみる．図10-5のように日本企業による外国企業への M&A は，1999年と2000年の銀行危機での日本企業の危機的状況でも増加し，2006年から世界金融危機まで急増し，その後も高い水準を維持し，アベノミクスのなかで2015年以後10兆円台へ急増している．図10-6のように日本企業による外国企業への M&A 件数も増加している．1件あたりの買収金額も2015年200億円を超え巨額化傾向にある．

他方で，国内 M&A は，企業や事業の再編（選択と集中）が進み，国内の会社

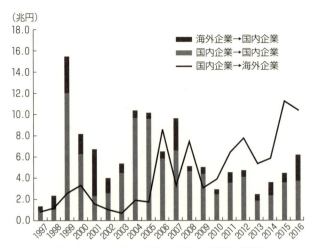

図10-5　日本におけるM&A金額の推移
出所：『MARR』レコフ社（毎号）から作成.

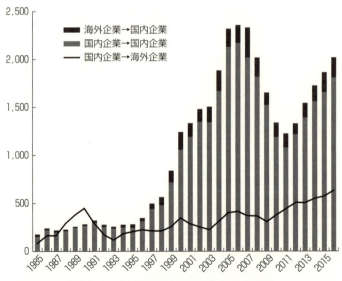

図10-6　日本におけるM&A件数の推移
出所：『MARR』レコフ社（毎号）から作成.

支配権市場が急速に活性化している．金融ビッグバン，1999年銀行危機，2002年竹中「金融再生プログラム」の遂行過程の2007年までの間，大幅な人員削減を伴って企業が再編され，M&Aが急増した．図10-5のように1999年3.5兆円，2001年4.5兆円，2007年3兆円と外国企業から日本企業へのM&A金額が大きくなっている．国内M&A金額は，2008年以後もほぼ5兆円前後で推移している．図10-6のように国内M&A件数は，2006年2354件をピークに急速に増加し，その後2011年1232件まで減少後，2016年2017件まで増加した．国内M&Aにおいて，1件あたりの買収金額が外国企業では高額化し，日本企業では低額化する傾向がある．米国政府の対日直接投資拡大要求とアベノミクスでの産業・企業・事業の「新陳代謝」政策のなかで，国外M&A増加が国内での企業・事業再編と国内M&A増加を促している傾向があり，雇用縮小や労働条件悪化が危惧される．

おわりに

20世紀の末からの世紀転換期において，日本企業では，雇用と労働条件引き下げや設備投資縮小等によって，過剰資本を強引に蓄積し，その余剰資金はM&A等で海外に流出させている．その結果，国民の市民生活は大きく低下してきている．ヒト・モノ・カネが世界で利益を求めて自由に循環する「グローバリゼーション」は，世界金融危機をもたらしたにもかかわらず，克服できていない．国連人権専門家グループは，「環太平洋戦略的経済連携協定 (TPP: the Trans-Pacific Partnership)」や二国間等の自由貿易投資協定が，国家に投資家への保護を強化させ，国民の人権への保護・促進を弱体化させ，「人びとの生命，食糧，水，衛生，健康，住居，教育，科学，労働基準，環境などの人権保障に多面的かつ深刻な悪影響をもたらしうる」と警告した．今，日本国内と世界のすべての市民のために，「生きた人間」の人権を保護・促進し，投資家への規制を強化することが大きな課題になっている．国連が「持続可能な開発目標 (SDGs)」を世界に訴えるなかで，社会と企業の持続可能性をいかに構築できるかが問われている．

注
1) 所得収支は，主として直接投資，証券投資及びその他投資からなる海外からの投資収益受け取りから海外への投資収益支払いを引いたもの．さらに，雇用者報酬の受け取りと支払いの差額も含むが比率は低い．
2) 非正規は，アルバイト・パート，その他の非正規は，契約社員・嘱託・その他，労働者派遣事業所の派遣社員を含む．

参考文献

大田珠美［2015］「内部留保は何に使われているのか——M&A など海外向け投資が大幅増」『金融資本市場』12月17日，大和証券．

國島弘行［2011］「日本企業の所有構造とコーポレート・ガバナンス」，林正樹編『現代日本企業の競争力』ミネルヴァ書房．

―――［2014］「日本企業の危機と株主価値志向経営——日本的経営の解体と再生をめぐって——」，日本経営学会『経営学論集』第84集．

―――［2015］「現代の「鉄の檻」としてのアメリカ大企業——株主価値志向コーポレート・ガバナンス批判——」『市民の科学』第8巻．

―――［2018a］「金融のグローバル化とコーポレート・ガバナンス改革」，重本直利・篠原三郎・中村共一編『社会共生学研究——いかに資本主義をマネジメント（制御）していくか——』晃洋書房．

―――［2018b］「激変する企業経営下での，企業の余剰資金拡大，労働者，対外 M&A——『資本主義をマネジメントする』に向けて——」，同上書．

島田雄大［2016］「コーポレート・ガバナンス改革——投機資本の「稼ぐ力」を強くするアベノミクス」『雑誌経済』7月号，No. 250．

第11章

企業金融と企業買収
——東芝の事例の理解のために——

高橋　衛

はじめに

　株主，経営者，従業員．彼らの間の利害関係は調和的か対立的か．それは企業金融や企業買収とどのような関連にあるか[1]．

　本章の主要な目的は，1901年 J. P. Morgan による Carnegie の買収の事例から導き出される基本原則で，1988-89年 KKR による RJR Nabisco の買収の事例や，2017年ベインキャピタルその他の日米韓連合による東芝の買収の事例が，どこまで説明できるかという問題を，市民が要請する「持続可能な社会」の実現という立場から考察することである．

　問題を2つに分割しよう．第一に，1901年 J. P. Morgan による Carnegie の買収の事例からどのような基本原則が導き出せるかという問題（第1節）．第二に，その同じ基本原則で1988-89年 KKR による RJR Nabisco の買収の事例や，2017年ベインキャピタルその他の日米韓連合による東芝の買収の事例がどこまで説明できるかという問題（第2節，第3節）．

1　20世紀初頭の企業買収の事例と企業金融の理論

　第1節は，Veblen が1901年 J. P. Morgan による Carnegie の買収の事例[2]からどのような基本原則を導き出したかという問題を再考する．

　Veblen の株式会社金融論の議論の特徴[3]は，有形資産と無形資産，産業の将師（captains of industry）と金融の将師（captains of business）などの二分法である．

［A］企業買収のしくみ（経営支配，資金調達，売買差益）

　「会社局（Bureau of Corporations）」の調査報告書（Report of the Commissioner of Corporations on the Steel Industry）（1911年）［佐合 1986：第6章］によると，1901年

当時の U. S. Steel の物的資産は6億8200万ドル，資本総額は14億285万ドル，社債は3億345万ドル，優先株は5億1021万ドル，普通株は5億823万ドル，子会社社債は5909万ドル，その他は2187万ドルであった．社債3億345万ドルで，Carnegie Steel の社債，普通株を買い取った．株式10億1843万ドルのうちの，株式のある部分8億6993万ドルで，Carnegie Steel 以外の子会社の優先株，普通株を買い取った．株式の他の部分，優先株7425万ドル，普通株7425万ドルは，市場で売買された．

Veblen はこのような1901年 J. P. Morgan による Carnegie の買収の事例から次のような基本原則を導き出した．

「有形資産は優先株によって代表され，無形資産は普通株によって代表される」．
「株式会社金融の発達がすすむほど，企業経営の有形資産所有主体から無形資産所有主体への集中がすすむ」．
「無形資産にたいする支配は，分散した優先株の小株主から，集中した普通株の大株主へと移行する」．

Veblen の議論の中核部分は，企業合同において，現実資本（有形資産）の額ぎりぎりまで優先株を発行し，同時に現実資本の裏付のないのれん（無形資産）の額だけ普通株を無償交付する，という事実から導き出される．

第一に，現実資本の裏付をもち配当を優先的に支払う優先株の発行は，一般に安全志向の投資家からの信用を得やすく，彼らからの「資金調達」を容易にするものである．

第二に，物的資産を上回る普通株の発行は，「売買差益」の獲得を可能にするものである（物的資産が6億8200万ドルにすぎなかったので，優先株の一部，普通株のすべては「水増」であった）．

第三に，一定比率以上の普通株の保有は，「経営支配権の維持」を可能にするものである（社債で子会社のうちで最有力の Carnegie Steel から社債，普通株を買い取ったので，経営支配権は維持されている）．

Veblen の議論は，まず，企業買収のしくみの「経営支配」「資金調達」「売買差益」という3つの側面を指摘したものとして整理できる．

[B] 背景（買収資金の需要・買収資金の供給）
買収資金の需要．

買収プレミアムの上昇の――買収資金の需要の側の――背景の一つとして鉄鋼業に固有の埋没費用をあげることができる．Veblen は株式会社の資産の売却の困難性と容易性を議論している．

買収資金の供給．

信用創造可能な商業銀行は本来短期の要求払預金を資金源泉として短期の運転資金の供給に資金運用を限定するべきである（Smith の真正手形原則）．商業銀行による証券業務への参入はカネ余りをもたらしかねない．

Veblen の議論は，企業買収のこれらの背景も念頭に置きながら展開されたものと思われる．

[C] 影響（株主，経営者，従業員それぞれへの影響）

企業 B を買収する企業 A にとっての特別報酬は，次のように導きだされる [Veblen 1904：邦訳 135][4)]．

企業 B を買収する企業 A の　追加価値　$= Un(\varDelta)$
企業 B を買収する企業 A の　のれん　　$= Un(co)$

企業 B を買収する企業 A にとっての特別報酬は追加価値とのれんの差額として推計される．

$Un(pro) = Un(\varDelta - co)$

「のれんは，その所有者にとっては格差利益をもたらし，社会全体にとってはなんらの利益ももたらさない」．

もし「発起者」「所有者」が受け取る資本増分 $\varDelta$ の源泉が「のれん goodwill」であれば，単に社会の犠牲においてつくられたものにすぎないことを意味する．もし「発起者」「所有者」が受け取る資本増分 $\varDelta$ の源泉が「生産の効率」であれば，それだけ社会の富が増加したことを意味する．

Veblen の議論は，最後に，産業の将師（captains of industry）と金融の将師（capitains of business）の利害対立，金融家個人と社会全体との利害対立を指摘するものとなっている．

2　企業金融の理論と1980年代以降の企業買収の事例 ①

　経済学史研究の一部の研究は，Smith, Ricard の議論が，特定の時期（1776年，1819年）に固有の時事問題への対応（時論的アプローチ）の側面をもつだけでなく，いずれの時期にも共通の普遍理論の探求（理論的アプローチ）の側面ももつと指摘する［内田 1961 : 328］．本章は，Veblen の議論（1901年 J. P. Morgan による Carnegie の買収の事例から，① 企業買収のしくみ，② 背景，③ 影響に関する基本原則を導き出した議論）も，特定の時期（1904年）に固有な時事問題への対応（時論的アプローチ）の側面をもつだけでなく，いずれの時期にも共通の普遍理論の探求（理論的アプローチ）の側面ももつと理解する．

　たしかにもともと Veblen の議論は，演繹的なイギリス新古典派よりも帰納的なドイツ歴史学派のほうに近い．またたしかに，小原［1966 : 157-159］も紹介しているように，1950年代，論者によっては，Veblen の議論が，いずれの時期にも共通普遍理論の探求（理論的アプローチ）の側面をもたず，特定の時期（1904年）に固有な時事問題への対応（時論的アプローチ）の側面しかもたないと批判している．

　しかし，1980年代以降の一部の研究・論説は，1901年 J. P. Morgan による Carnegie 買収の事例と1988-89年 KKR による RJR Nabisco の買収の事例のあいだの共通性を指摘している（『日本経済新聞』（1988.12.14）［松井 1991 : 64］［Baskin and Miranti 1997］［Baker and Smith 1998］）．

　それゆえ第2節，第3節は，Veblen の株式会社金融の議論（1901年 J. P. Morgan による Carnegie の買収の事例から ① 企業買収しくみ，② 背景，③ 影響に関する基本原則を導き出した議論）で1988-89年 KKR による RJR Nabisco の買収の事例や2017年ベインキャピタルその他の日米韓連合による東芝の買収（提案）の事例がどこまで説明できるかという問題をとりあげる．

　まず，第2節では，1988-89年 KKR による RJR Nabisco の買収の事例[5]を考察しよう．

　いかに「経営支配」「資金調達」「売買差益」が実現されているかを確認しよう．
　山本［1989.3.1］，井手・高橋［1992 : 283］によると，基本的なデータは次の通りである．買収前に，第一に，KKR は，15億ドル出資でシェルカンパニー（RJR Acquisiton Corporation）を設立した．第二に，シェルカンパニー（RJR Acquisition Corporation）は，KKR ファンド15億ドル以外にも，ドレクセル・バーナムその他

ブリッジ・ローン＝ジャンク・ボンド50億ドル，バンカーズ・トラストその他（邦銀10行を含む）ローン140億ドルを調達し，転換社債23億ドル，優先株41億ドルを発行してRJR事業資産所有株主の保有株式を買い取った．買収後，シェルカンパニー（RJR Acquisiton Corporation）は買収対象企業と合併し，一部の事業を売却し債務を返済していった．1989年当時の新生RJRの資本構成は，ローン140億ドル，ジャンク・ボンド50億ドル，既存借入金54億ドル，転換社債23億ドル，優先株41億ドル，KKRファンド15億ドルであった．

この事例において，いかに「経営支配」「資金調達」「売買差益」が実現されているか．

第一に，「経営支配」について．転換社債，優先株でRJR事業資産所有株主から保有株式を買い取ったので，経営支配権は維持されている．

第二に，「資金調達」について．この事例における，「支払能力が低い主体によるハイリスク・ハイリターン投資が可能になる資金調達」のしくみとして，プロジェクトファイナンスが指摘できる．プロジェクトファイナンスの要件は次の2つである［桜井 1986：339-340］．

オフ・バランスシート．プロジェクト資産をベースにして，それが年々生み出す収益から返済される借入．実質上の事業主体（親会社）がスポンサーとなり，形式上の事業主体（子会社）を設立して借入を行う．借入金はスポンサーの貸借対照表に計上されない．

ノン・リコース．貸し手にとって債権を担保するものはプロジェクト資産に限定される．貸し手からみてスポンサーにたいする償還請求権は原則，存在しない．

第三に，「売買差益」について．RJR Nabiscoの株主は株価の約2倍の上昇にともなうキャピタルゲインを得た．一部の事業の売却にともなうキャピタルゲインも実現した．

買収資金の供給源の1つとして1980年代後半の日本のカネ余りを背景とする邦銀10行の融資があげられる．

合併後18カ月以内に60億ドル程度の食品事業の売却の計画が公表された．人員削減，配置転換などのかたちでの従業員への影響は大きかった．

3　企業金融の理論と1980年代以降の企業買収の事例 ②

次に，第3節では，① 企業買収のしくみ，② 背景，③ 影響という視点から，2017年ベインキャピタルその他の日米韓連合による東芝の買収（提案）の事例[6]

を考察しよう．

はじめに東芝の経営危機の過程を整理しておこう．東芝の経営危機は4つの段階に整理できよう．

① 東芝は原発事業を成長戦略の柱と位置づけ2006年WHを買収したが，ところが2011年福島第1原発事故以降各国で原発事業の安全規制が強化され工期が延び費用が膨らんだ．
② 膨らんだ費用の負担をめぐって，WHはCB&Iや電力会社とのあいだで訴訟合戦を行い，そのせいでいっそう工期が延び費用が膨らんだ．
③ 和解のためWHは2015年12月CB&Iストーン・アンド・ウェブスター (S&W) を「ゼロドル」で買収したが，ところが膨らみ続ける費用をWHが負担するという契約を結んでいたため，追加コストが2016年12月現在で6000億円超にもなった．
④ 東芝は連結子会社からWHを外す決断をし，WHは米国裁判所に米連邦破産法11条の適用を申請したが，ところが東芝は親会社としてWHの債務を保証しているので2017年3月債務超過となった．

たしかに「持続可能な社会」の実現のために市民が要請する基準をみたすレベルの（廃棄コストを含む）管理コストを十分考慮せず安く見積もっているかぎりでは，化石燃料による発電コストよりも原発による発電コストのほうが低くなり，そのかぎりでは原発の建設にも意味があるということになる．

しかし「持続可能な社会」の実現のために市民が要請する基準をみたすレベルの（廃棄コストを含む）管理コストを十分に考慮するならば，化石燃料による発電コストよりも原発による発電コストのほうが高くなり，そのかぎりでは原発の建設には意味がないということになる[7]．

東芝の原子力事業への参入は，市民が要請する「持続可能な社会」の実現をめざす方向に反するものだったのであって，東芝の2016年12月27日以降の経営危機の根本原因は，人類の進歩に逆行した東芝の経営にもとめることができる．

[A] 企業買収のしくみ（経営支配，資金調達，売買差益）

この [A] では，いかに「経営支配」「資金調達」「売買差益」が実現されているかを確認しよう．

東芝は子会社の東芝メモリを2017年9月28日ベインキャピタルその他の日米韓連合に売却する契約を締結した．2018年3月1日現在，売却の手続をすすめている．

2次入札およびその後の優先交渉の報道［『静岡新聞』(2017.5.18, 2017.6.21)］によると，ベインキャピタルその他の日米韓連合による買収提案は，次のようなものであった（以下の3つの図は，『静岡新聞』(2017.5.18, 2017.6.21)，［笹山・村岡 2006：第1章］，［監査法人トーマツ編 2005：第11章］を参考に筆者が作成したものである．図をご覧になりながら本文をお読みいただきたい）．

まず買収前に，第一に，ベインキャピタルその他の日米韓連合が「SPC（特定目的会社）」を設立する．第二に，買収費用の一部を「SPC」による「借入」で賄う（**図11-1**，**図11-2**）．

次に買収後に，「数年で」「SPC」はメモリ社と合併し，半導体事業の収益で返済していく（**図11-3**）．

1988-89年 KKR による RJR Nabisco の買収の事例と同様に，2017年ベインキャピタルその他の日米韓連合による東芝の買収（提案）の事例も，報道を前提と

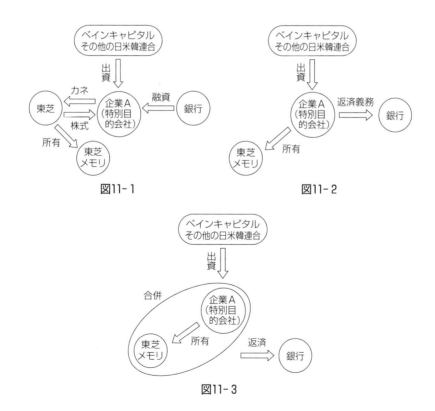

図11-1

図11-2

図11-3

して考えた場合「経営支配」「資金調達」「売買差益」の実現が予想される.

[B] 背景（買収資金の需要・買収資金の供給）
買収資金の需要.
買収プレミアムの上昇の背景——買収資金の需要の側の背景——の一つとしてシリコンサイクルに象徴される半導体事業固有の埋没費用（sunk cost）の増加をあげることができる.
東芝の利潤率は，（多額な投下資本を必要とする半導体事業の固有の困難——シリコンサイクルなど——のせいで）すでに1989年以降下落し始めていた．東芝にとって株価の維持・引き上げは，すでに当時から経営課題の一つになっていた．このような利潤率低下を引き起こすほどの多額な投下資本を必要とする事業では，買収必要資金の額も巨額なものとならざるをえない．
買収資金の供給.
買収プレミアムの上昇の背景——買収資金の供給の側の背景——の一つとしてカネ余りをあげることができる.
1999年グラス＝スティーガル法完全撤廃，商業銀行による投資銀行業務への参入，世界的長期的な低金利，空前のカネ余りのもとで，プライベート・エクイティ・ファンド（PEF）は潤沢な資金を獲得し，東芝の事例でもPEファンドは東芝による半導体事業の切り離し・分社の「受け皿の役割」をはたしている．

[C] 影響（株主，経営者，従業員それぞれへの影響）
東芝メモリーの四日市工場，地元の自治体や企業は，雇用をめぐる不安と期待で渦巻いている．新聞報道［『日本経済新聞』（2017.4.8）］によると，地元の人々は，雇用が安定するかどうかは，次の新しい会社の株主に誰がなるのか，ファンドだとすればどのようなファンドか，ファンドはどのような戦略をとるのかに依存すると考えている．また『日本経済新聞』（2017.5.23）によると，東芝は社会インフラ，エネルギー，半導体，ICTソリューションの4事業を7月以降に順次分社し，2万人規模を転籍させる．社員たちは切り離しの前兆ではないかという不安を抱いている．

おわりに

本章の以上の考察の結果として，Veblenの株式会社金融の議論（1901年 J.P.

Morgan による Carnegie の買収の事例から ① 企業買収のしくみ，② 背景，③ 影響に関する基本原則を導き出した議論）で1988-89年 KKR による RJR Nabisco の買収の事例や，2017年ベインキャピタルその他の日米韓連合による東芝の買収（提案）の事例がかなりの程度説明できるという結論が導き出せると思う．

　本章がとりあげた企業金融と企業買収に着目するかぎりでは，現代における株主の所得，経営者の報酬，従業員の労働条件，所得，雇用のあいだの格差は，偶然ではなく，むしろ必然であると考えざるを得ない[8]．

注

1）Veblen や Reich をふまえつつ小阪［2012］は社会と企業の共存という問題意識のもとで，① 古典的自由競争の（所有者支配の）資本主義，②（専門経営者による支配の）大企業体制の資本主義，③（株式所有者の復帰・復権の）マネー資本主義 3 つの時期区分を行っている．

2）1901年 J. P. Morgan による Carnegie の買収の事例に関連する文献として，岡村［1971］，佐合［1986］，西川・松井［1989］をあげることができる．

3）Veblen の株式会社金融論に関連する文献として，Veblen［1904］，小原［1966］，小松［1980］，小松［1986］をあげることができる．

4）企業 B を買収する企業 A にとっての NPV（正味現在価値 net present value）は次のように導き出される［Brealey and Myers 2000：第33章］．

　　　　合併前の企業 A の価値　　　PV_A
　　　　合併前の企業 B の価値　　　PV_B
　　　　合併後の企業 AB の価値　　 PV_{AB}

　企業 B を買収する企業 A にとっての利益 gain は，独立して事業を行うときよりも，合併して事業を行うときのほうが，価値が高いことである．

　企業 B を買収する企業 A にとっての利益
　　　　$= PV_{AB} - (PV_A + PV_B)$
　　　　$= \Delta PV_{AB}$

　企業 B を買収する企業 A にとっての費用 cost は，現金支払額 cash paid から，合併前の企業 B の価値を差し引いた額である．

　企業 B を買収する企業 A にとっての費用
　　　　$= (現金支払額 - PV_B)$

　企業 B を買収する企業 A にとっての NPV は，利益 gain と費用 cost の差額として推計される．

　企業 B を買収する企業 A にとっての NPV
　　　　$= 利益 - 費用$
　　　　$= \Delta PV_{AB} - (現金支払額 - PV_B)$

5) 1988-89年 KKR による RJR Nabisco の買収の事例に関連する文献として，Burrough and Helyer［1990］，Baker and Smith［1998］，松井［1991］，桜井［1986］，井手・高橋［1992］，監査法人トーマツ編［2005］，笹山・村岡［2006］をあげることができる．
6) 2017年ベインキャピタルその他の日米韓連合による東芝の買収（提案）の事例——1次入札（2017年3月29日締め切り），2次入札（2017年5月19日締め切り）——に関連する資料として，『日本経済新聞』各号，『静岡新聞』各号をあげることができる．
7) 同様の議論は［細野 2017：155］においてもおこなわれている．
8) 株主の所得，経営者の報酬，従業員の労働条件，所得，雇用のあいだの格差は本来の傾向か選択の誤りかという論点に関連する文献として，岩井［2016］，岩井［2018］をあげることができる．

参考文献

井手正介・高橋文郎［1992］『ビジネス・ゼミナール 企業財務入門』日本経済新聞社．
岩井克人［2016］「［経済教室］『株主主権論』の誤りを正せ」『日本経済新聞』2016年8月9日．
————［2018］「［経済教室］日本の資本主義，再興の時」『日本経済新聞』2018年1月4日．
上野雄史［2015］「のれんと経営分析」日本経営分析学会編『新版経営分析事典』税務経理協会．
内田義彦［1961］『経済学史講義』未来社．
岡村正人［1971］『株式会社金融の研究（新版）』有斐閣．
小原敬士［1966］『ヴェブレンの社会経済思想（一橋大学経済研究叢書18）』岩波書店．
監査法人トーマツ編［2005］『M＆Aの企業価値評価——理論と実務の総合解説——』中央経済社，第11章「合併等における評価と比率の算定」．
小阪隆秀［2012］「『企業と社会』関係論への歴史的視座」『商学論纂』第53巻第5・6号，中央大学商学研究会．
小松章［1980］『株式会社金融の理論』同文舘．
————［1986］「生産の歴史と資本主義——ヴェブレンの資本理論——」竹内一夫ほか『雲嶋良雄先生記念論文集』同文館出版，第4章．
桜井公人［1986］「米国覇権の後退と『企業発展の逆転』現象」本山美彦・田口信夫編『南北問題の今日』同文館出版．
佐合紘一［1986］『企業財務と証券市場——アメリカ株式会社金融の成立——』同文舘．
笹山幸嗣・村岡香奈子［2006］『M＆Aファイナンス』（新金融実務手引シリーズ）金融財政事情研究会，第1章「買収ファイナンス総論」．
『静岡新聞』各号．
谷口明丈・長谷川信［2008］「『選択と集中』による異質化の進行——電気機械産業：GEと東芝——」塩見治人・橘川武郎編『日米企業のグローバル競争戦略』第7章．

東芝『有価証券報告 2016年度第178期（2017年3月期）』（http://www.toshiba.co.jp/about/ir/jp/library/sr/index_j.htm）2017年11月30日閲覧.
西川純子・松井和夫［1989］『アメリカ金融史——建国から1980年代まで——』有斐閣.
『日本経済新聞』各号.
細野祐二［2017］「債務超過の悪夢」『世界』2017年3月号.
松井和夫［1991］『M＆A——20世紀の錬金術——』講談社.
山本功［1989.3.1］「LBO：新たな均衡点の模索」『財界観測』野村総合研究所.
Baskin, Jonathan Barron and Paul J. Miranti, Jr.［1997］*A History of Corporate Finance*, Cambridge University Press.
Baker, George P. and George David Smith［1998］*The New Financial Capitalists: Kohlberg Kravis Roberts and the Creation of Corporate Value*, Cambridge University Press（岩村充監訳『レバレッジド・バイアウト』東洋経済新報社，2000年）.
Burrough, Bryan and John Helyar［1990］*Barbarians at the Gate*, New York, Harper & Collins（鈴田敦之訳『野蛮な来訪者』上・下，日本放送出版協会，1990年．新版 Pan Rolling，2017年）.
Brealey, Richard A. and Stewart C. Myers［2000］*Principles of Corporate Finance*,6/E, McGraw-Hill（藤井眞理子・国枝繁樹監訳『コーポレート・ファイナンス（第6版）』上・下，日経BP社，2002年）.
Veblen, Thorstein［1904］*The Theory of Business Enterprise*, New York：C. Scribner（小原敬士訳『企業の理論』勁草書房，1965年）.

第12章

不正会計と監査制度
——東芝のウエスチングハウス社買収を中心に——

谷 江 武 士

1 粉飾決算と不正会計

　粉飾決算とは「会計的技法を用いて財務諸表の記載を故意に歪め，企業の営業成績および財政状態を実際よりも良好にまたは悪く示すことである」[日本公認会計士協会東京会 1974：8] と定義されている．財務諸表の粉飾の目的は，当期純利益を過大に計上，または過少に計上するためのどちらかであり，前者が粉飾決算，後者が逆粉飾決算という．

　大企業の財務諸表は，株主や債権者そして従業員など不特定多数の利害関係者に公表されるが，この利害関係者の関心事は，当期純利益によって示される企業業績である．経営者は，通常は業績をできるだけ良好に示そうとする．「今日の粉飾決算は，こうした経営者の企業業績に対する意欲的な介入の結果であるとみることができる」[日本公認会計士協会東京会 1974：9]．

　この粉飾決算と並んで不正会計が取り上げられている[1]．「企業の不正事例は狭義の粉飾経理事例にとどまらず，より広く，不正な経理操作を伴う各種の事例に及んでいる．……不正は粉飾を包含する．より広範な概念として使われている」[吉見 1999：5]．

　過去に会計ルールに違反し，不正会計処理をした会社を見ると，2004年の西武鉄道（上場廃止処分），カネボウ（上場廃止），2006年のライブドア（上場廃止），2007年のIHI（課徴金15億円，特設注意市場銘柄1年3カ月），2011年のオリンパス（旧経営者逮捕，罰金，課徴金，特設注意市場銘柄1年5カ月）などこれまで多くの事例がある．

　ここで取り上げる東芝の例でみると，2015年8月31日に2度の決算発表延期という異常事態に追い込まれたが，この事態の発端は社員による証券取引等監視委員会への内部告発によって不正が発覚した．東芝は，その後何回か決算訂正を行った．2015年2月に内部告発を受けた監視委員会が検査に入ると，東芝は独自に

第三者委員会を設置した[2]．2015年7月20日に第三者委員会は2009年から7年間で累計1518億円の利益を水増ししていたことを認定した．その後さらに粉飾額は2306億円になった．経営陣は退陣に追い込まれた．証券取引等監視委員会の勧告を受けた金融庁は，2015年12月に有価証券報告書の虚偽記載で東芝に対して過去最高の約73億円の課徴金の納付を命じ，東芝はこれを受け入れた（「朝日新聞」2017.2.6）．東芝独自の第三者委員会による報告書では本当の不正会計を明らかにしていなかったことが後になってわかった．

2　東芝の不正会計

　東芝によって作られた第三者委員会による調査は，工事進行基準に係る会計問題とセグメント別会計操作（映像事業における経費計上，半導体事業における在庫評価，パソコン事業における部品取引）の会計処理等について行われていた．この第三者委員会は，東芝から委嘱された事項について独自調査をしたもので2009年度から2014年度第3四半期までの期間に限定している．東芝が自ら委嘱した事項についての調査であるので限界がある．

　東芝は，2015年7月に不正会計問題で過去の決算にさかのぼって利益を減額すべき金額が前述のように1518億円に達することが東芝の第三者委員会報告書により明らかになった．これまでの調査（表12-1）では，インフラ部門の工事進行基準による会計処理により，2014年3月期までの5年間で総額548億円の不正案件が明らかにされている．また高速道路の自動料金収受システム（ETC）や電力メーターの会計処理で損失の可能性があるにもかかわらず，費用計上していなかったことによる利益の水増しもあった．

　テレビ事業でも販売促進費や広告宣伝費の先送りで利益を水増し計上した．原子力発電事業ではウエスチングハウス（以下WHと略）社が報告した損失を東芝本体は2割計上しただけである．東芝は2011年3月の東日本大震災後，原子力発電の新設計画が凍結されWH社の買収で描いた成長へのシナリオも大きく狂っていた．鉄道設備でも受注時点で赤字なのに損失を計上しなかった．半導体では製品在庫の評価損の計上を先送りしたというものである．

　またパソコンの部品取引でも安く大量に買った（buy）部品を高い価格で台湾の組み立て委託先にいったん販売（sell）し，その途中で仮の利益を計上する．その後さらに完成品を買い戻すという方法が採用された．この方法をバイセル取引と呼んでいた．部品を売却し，仮利益を計上したものは，後で取り消さなけれ

表12-1　東芝のセグメント別利益水増しの方法

パソコン事業	利益水増し（製品在庫の評価損計上の先送り），バイセル取引で利益かさ上げ，無償修理保証の引当金などを恣意的に取り崩し，月次利益をかさ上げした．
テレビ（映像）事業	利益水増し（販売促進費や広告宣伝費の先送り）
原発事業	WH（ウェスチングハウス）社が報告した損失の2割のみ計上
鉄道設備事業	受注時点で赤字だが損失計上せず
ETC事業	受注時点で赤字と判明していたが損失計上せず

出所：東芝第三者委員会『調査報告書』2015年7月20日より．

ばならない．2012年9月に佐々木則夫（東芝元社長）は，「営業利益を改善せよ」との命令の下で，完成品が，売れずに在庫で残った時も部品売却で出した仮利益を取り消さずにパソコン事業全体の利益をかさ上げした．

東芝の不正会計の背景にはさまざまな原因がある．後述するように米原子力発電事業で巨額の損失計上を引き延ばしていた，のれんの減損問題である．東芝の発表した第三者委員会の報告書では公表されないで隠されていた．東芝はWH社を6000億円で買収したが，実質的価値は，2000億円程度といわれている．この実質的な価値よりも高い価格で購入したために後に，のれんの減損損失が発生し，これが実質的に収益を圧迫し，自己資本を減少させた．最大の経営課題は債務超過が生じたことである．このため2018年3月末までに5529億円（17年3月末時点）の債務超過を解消しなければ上場廃止という課題を抱え込んでいた．この債務超過を解消するために東芝のメモリー事業（2兆円弱の事業価値があるとされている）を売却し，債務超過を解消することである．東芝は上場廃止を回避することを優先にして，WD（米ウェスタンデジタル）にメモリー事業を売却する交渉を行ってきた．

（1）　工事進行基準による会計操作

東芝はインフラ関連の事業において工事進行基準において会計操作を行っていた．この長期プロジェクトの採算を管理する工事進行基準は，工事の完成以前に工事収益総額，工事原価総額及び決算日における工事進捗度を合理的に見積もり，これに応じて当期の工事収益及び工事原価を計上する方法である．これは毎期の工事進捗に応じた費用の見積もりが重要となる．

「工事進行基準の適用に際して，工事進捗度の見積りに原価比例法を採用する場合には以下の様に計算する」（「工事契約に関する会社基準」・6 (3) (7)，14，15，16）．

決算日における工事進捗度は，当期までの実際工事原価発生総額÷工事原価総額の見積額で計算される．つまり，工事原価総額に対する実際に発生した工事原価の割合である．

工事契約の段階で損失が見込まれる場合は，工事損失が見込まれた期の損失として処理し，工事損失引当金を計上する（工事契約に関する会計基準，19，20）．工事損失は社内カンパニー社長の承認がないと工事損失引当金が計上できなかった．会計ルールよりも社内カンパニー社長の意向を重視していた［東芝第三者委員会 2015：36］．

東芝はコスト削減の目標値を会計上の工事原価総額と区別していなかった．「原価総額を過少に見積ると工事進捗度や売上げが過大になり赤字の先送りが起こりやすい」[3]のである．東芝の第三者委員会の報告でも「工事原価総額の過小見積りは①売上の過大計上，②工事損失引当金の過少計上として会計処理に現れる」［東芝第三者委員会 2015：36］．このことによって利益の過大計上が行われた．

監査人の意見表明の根拠として，「会社は，特定の工事契約に関連する損失6522億6700万円を当期純損失として計上した」が，この会計処理は，「米国において一般に公正妥当と認められる企業会計に準拠していない」といい，「連結財務諸表に与える影響は重要である」と指摘している．東芝は，「2016年3月31日現在の工事損失引当金の暫定的な見積に，すべての利用可能な情報に基づく合理的な過程を使用していなかった」．このため「当連結会計年度の連結損益計算書に計上された6522億6700万円のうちの相当程度ないしすべての金額は，前連結会計年度に計上されるべきであった」（以上，東芝［2017：202］）．WE社は，2016年度末に「連結子会社でないため比較情報である前連結会計年度のWE社の財政状態及び経営成績が，非継続事業に組み替え表示されている」［東芝 2017：202］ため，前決算にすべての利用可能な情報に基づいて工事損失引当金を計上した場合に比べて，流動負債は過少に，当期純利益は過大に，株主資本は，過大に表示されている．工事原価の発生実績が，当初見積もりを大幅に超過していたが，この実績が将来の工事原価の見積りに反映されていなかったのである．

(2) 東芝は買収会社（WH社）を過大評価した

のれんとは会計上の無形固定資産である．ブランド力や取引先の数などを評価する．企業の合併・買収（以下M&Aと略）を行う時，買収価格が相手企業の示す純資産（資産－負債）を上回った場合に，その差額をのれんとして計上する．

のれんの評価にはパーチェス法と持分プーリング法とがある．パーチェス法は

企業結合が取得と判断された場合に適用される方法で取得法ともいわれる．この方法では被取得企業の資産および負債を時価で引き継ぐとともに，その取得原価を対価として現金及び株式等を交付する．つまり，受け入れた資産を支払対価の額で測定する．

のれんは買収価格マイナス被取得企業の純資産額の差額で計算され，この差額がのれんとなる．国際的な会計基準ではパーチェス法に一本化されている．持分プーリング法は合併当事者間の株主持分が1つに統合するとみる考え方であり，現在，日本では採用されていない．日本では2008年の改定ではほとんどの企業結合の場合にパーチェス法を用いることになった．

東芝の西田厚聰（当時社長）は，2006年10月に米原子力発電機器のWH社を約6000億円で買収した．東芝は，後に提携先企業からもWH社株を購入し，WH社への出資比率を87％とした．このWH社の「一般企業価値は2000億円程度だったとされる．東芝は正味の資産価値と買収額の差額，約3500億円をのれんとして計上した」[小笠原 2016：41-42]．東芝は，WH社の企業価値の3倍も支払って買収したのである．このれんの減損処理により，東芝の経営を圧迫したのであるが，この会計事実を隠すために不正会計が行われた．

のれんの減損は，確実性を有し，投資家にとって有用な情報を提供することができるといわれるが，不正会計によって投資家や従業員は大きな損失を被る．

のれんの減損については会計処理が必要である．業績悪化などで相手企業の価値が下がれば，のれんの減損損失が生じる．会計上の損失処理をするので実際に現金が出て行ってしまうものでないが，巨額の減損損失の計上によって収益力が低下し，純資産が減少し，自己資本比率も低下する．このことは株価の下落を引き起こし銀行からの借入など資金調達を困難にする．この意味では企業のM&Aは大きなリスクを伴っている．

東芝の原子力事業について見ると2015年にはのれんの減損損失が発覚し，業績が悪化している．2015年12月にWH社を通じて買収した米原子力企業である「CB&Iストーン，アンド，ウェブスター（S&W）」の企業価値を結果的に過大評価していたことを認めた．

S&Wは，債務超過であったが東芝の米原発子会社WH社が無償で取得した．東芝は買収額とS&Wの資産から負債を差し引いた純資産額の差額であるのれんを8700万ドル（約100億円）と発表している．しかしS&Wを精査した結果，純資産の価値が下がり，のれん代が数10億ドル（数1000億円規模）になることが分かった [細野 2017：293-315]．

WH社は，S&Wの買収を2015年12月に完了したが，米会計手続きで買収先の資産や負債の時価評価を1年以内に終了させる必要があり，当初の算定と大きなかい離があることがわかった．綱川智（当時社長）は，この問題を2016年12月中旬に知ったという．

　またWH社は2012～13年度に約1600億円の減損損失を計上した．しかし東芝は連結財務諸表でこの事実を計上しなかったが，日経ビジネスオンラインが，このことをネットで配信した．2016年3月期にWH社を含む原子力事業で約2500億円の損失を計上した．

3　東芝の不正会計と監査制度

（1）　社内の内部統制が不十分

　東芝の利益操作は，東芝の第三者委員会の報告[4]によれば，経営トップらによる組織的な関与である．それは当時の東芝社長や社内カンパニー社長による「見かけ上の当期利益のかさ上げ」の強制であった．

　東芝第三者委員会の『調査報告書』では，「部品のODM先への押し込みによる見かけ上の利益」［東芝第三者委員会 2015：221］があったという．ODM部品の押し込みによる見かけ上の利益は，当期の本来の利益ではなく，翌期以降の利益でもないので，翌期以降の「利益の前倒し」ではない［東芝第三者委員会 2015：221］．この方法は押し込み販売による不正会計である．

　経営者は「当期利益至上主義」のもとで「目標必達のプレッシャー」を部下にかけて利益をかさあげした．「社長例会」では社長から各カンパニー社長に対して「チャレンジ」と称して設定した収益改善の目標が示され，その目標達成を強く迫っており，業績不振のカンパニーに対しては，収益が改善しなければ当該担当カンパニーの事業からの撤退を示唆することもあったという．とりわけ2011年度から2012年にかけては不適切な会計処理が幅広く行われた．社長から各カンパニー社長に対してチャレンジ（過大な目標設定）の数値を求められ，これらの目標を達成しなければならないというプレッシャーを強く受けていたと言われている．東芝では，上司の意向に逆らうことができないという企業風土があった．経営者において適正な会計処理に向けての意識または知識の欠如があったと指摘されている．また東芝における会計処理基準またはその運用に問題があったということである．

　また不正会計を防ぐことができなかった原因として以下の点が掲げられてい

る[5]．東芝の内部統制が個々の部門において十分に機能していなかった．経理部においても担当者が引当金計上の必要を知りながら何らの行動もとらなかった．また，内部監査部門による内部統制については，内部監査部門が設置されていなかった．

　次に，東芝のコーポレートガバナンスにおける内部統制が十分に機能していなかったことについて見よう．東芝では経営者の関与により財務報告に係る内部統制機能を逸脱，無効化して不正会計が行われ，不正リスクに対する内部統制（リスク管理）が構築されていなかった．またコーポレート各部門における内部統制について見ると，財務部は，各社内カンパニーが作成した決算書をまとめて，連結決算を行うのみであり，各社内カンパニーの会計処理が不正か否かのチェックをしていなかった．逆に財務部は，「社長月例」における「チャレンジ」を作成し，当期利益至上主義のもとで各社内カンパニーに対して目標達成のプレッシャーを与えていた．

　経営監査部は，実際には各カンパニーにおける経営のコンサルタント業務（業務監査）がほとんどであり，会計監査の観点からほとんど行っていなかった．このように見てくると東芝の不正会計に対するチェック機能が働かなかったことがわかる．

　つぎに会社の機関である取締役会の内部統制機能を見ると，「取締役会規則」による経営会議の社長決定事項は報告事項とされていたが，工事進行基準が適用される工事の受注や工事における損失発生については報告事項とされていなかった．このため取締役会には受注時の赤字見込みなどの報告がなかった．東芝の監査委員会でも複数の者が工事損失引当金の設定の必要性や不正会計が行われている事実を知っていたが問題点を審議しなかった．日本では1974年，1979年，1986年の商法改正において監査役の権限強化（自主的監視機能の強化）が呼ばれたが，実際には取締役に対する業務監査が強化されたといえない．東芝は，会社法上の監査委員会設置でも「ガバナンスの先進企業」といわれたが，十分な監督機能が発揮されていなかったことが明らかである．社外取締役が，監督する形に変えたものの不正会計を見ぬけなかった．2015年9月末の新体制でも11人中7人を社外取締役として起用するといわれるが不正会計を防止できていない．監査委員は取締役や執行役の違法行為を差し止める権限を有し，取締役に対して損害賠償請求訴訟を起こすか否かの判断をする．しかし東芝の「監査委員会は，十分な役割を果たさなかった．社内出身者が委員長を務め，独立性が足りなかった」［小笠原 2016：146-147］．東芝の監査委員会の機能不全が生じる根拠は，社内出身者が監

査委員長を務めるため，監査委員会の独立の立場が保たれていないことによる．この経営からの独立性の確保は監査の重要な前提となる．

業績評価制度も東芝の役員報酬，賃金決定のための制度である．この制度が利益至上主義の予算やチャレンジの動機づけ，プレッシャーとなった可能性があるという．内部通報制度が十分に活用されていなかった．

東芝の2017年3月期の『有価証券報告書』では，「独立監査人の監査報告書及び内部統制監査報告書」において，経営者の責任として，「連結財務諸表規則」第95条の規定により米国において一般に公正妥当と認められる企業会計の基準に準拠して連結財務諸表を作成し適正に表示することが義務づけられている．東芝の連結会計は米国基準によること，内部統制を整備・運用することを含んでいる．そして監査人の責任は，経営者の作成した連結財務諸表に対して独立性の立場から意見表明することである．監査人は，「PwCあらた有限責任監査法人」であり，2017年8月10日付で「限定付適正意見」を表明した．

東芝の『有価証券報告書2017年3月期』の監査報告書で，内部統制の不備について次のように指摘している．

「当監査法人は当該内部統制の不備は，我が国において一般に公正妥当と認められる財務報告に係る内部統制の評価の基準に従えば，財産報告に重要な影響を及ぼしており，開示すべき重要な不備に相当すると判断した．しかし，会社は，当該内部統制の不備を開示すべき重要な不備には該当しないと結論付けており，内部統制報告書には開示されていない．」と表明し，続いて「当監査法人は，株式会社東芝が2017年3月31日現在の財務報告に係る内部統制は有効であると表示した上記の内部統制報告書が，「不適正意見の根拠」に記載した事項の内部統制報告書に及ぼす影響の重要性に鑑み，我が国において一般に公正妥当と認められる財務報告に係る内部統制の評価の基準に準拠して，財務報告に係る内部統制の評価結果について，適正に表示していないものと認める．」として「不適正意見」を表明している．また「独立監査人の監査報告書」（2017年8月10日）では「限定付適正意見」が付されている．

（2）「監査人」による監査制度

東芝から「独立した立場」の監査人の監査は，投資者保護の観点から最も第3者的会計監査が行われると期待される．しかし「第三者委員会報告」では，会計処理の問題については監査の過程について指摘がなく，結果として「外部監査による統制が十分に機能しなかった」といわれる．

これまで10年前のカネボウの粉飾決算事件，その後オリンパスの損失隠し事件（2012年），それ以外にライブドアやアメリカのエンロンやリーマンブラザーズの粉飾決算事件など多くの粉飾決算が問題となった．東芝の場合も監査法人（新日本監査法人）が，不正会計を見抜けなかった責任が参議院財政金融委員会（2015年8月4日）で取り上げられている．「不正を見抜くのが監査法人の仕事ではないのか」との議員の質問に対して，金融庁は「不正による重要な虚偽表示を見逃さないことが求められる」と答えるにとどまっている[6]．

10年前のカネボウの粉飾決算では，金融庁から業務停止処分を受けた中央青山監査法人が解体に追い込まれ監査法人に課徴金制度が導入された．その後もオリンパスの損失隠し事件（2012年）では，新日本監査法人とあずさ監査法人に対して，金融庁が業務改善命令を出している．

2014年10月1日にWH社と東芝本体の原子力事業部を統合した．これは，日本原子力事業を合算して将来の収益予測をたてると収益の見込みが増加し，減損リスクを少なくできる［小笠原 2016：194］といわれるが，疑問である．

今回のような東芝の会計不祥事はなかなかくならず，決算の番人といわれる監査法人のあり方が再び問われている．金融庁公認会計士・監査委員会（CPAAOB）の千代田邦夫会長（当時）は，東芝の監査法人の責任について「検査に入るつもりで準備している」[7]といい，検査のポイントは「原発やパソコン事業などで東芝が抱え，リスクに基づき，財務諸表に虚偽記載があるのではないかという職業的懐疑心をもって監査していたのかが検査の主な目的になるだろう」[8]といわれていた．東芝問題の教訓について「市場の透明性を高めるという点で監査法人の責任は重たい．監査する側に認識の甘さがあるのなら，その点にメスを入れていきたい」[9]と述べていた．

4 東芝内部の監査委員会（委員会設置会社）による監査のチェック機能

東芝の不正会計が生じた背景には，東芝の第三者委員会報告書で見たように利益至上主義に基づく短期経営成果の実現やROE（自己資本当期利益率）の重視，株主重視経営による企業価値の増大，配当金増大による企業価値の増大，配当金増大による株価上昇，経営者報酬の増大，日立製作所との競争などの経営思考がある．

この利益至上主義のもとで経営トップが中心となり不正会計が行われた．不正会計は，経営トップの専断的権限のもとで行われたのである．東芝経営内部のチ

ェック機能（内部統制組織）が不十分であった．外部の監査人の監査については金融庁による検査が行われ，2015年12月に東芝の不正会計を見逃したとして新日本監査法人に21億円の課徴金と新規契約業務の3カ月間の停止処分を科した．東芝に対しては73億円超の課徴金を科した．ただ一般的に言えば，監査法人は企業から監査報酬を受けていること，会計監査とコンサルタントの両業務を一つの監査法人が担当していることにより，監査の独立性が十分に保たれないことである．また，社外取締役を増員するといわれているが，監査委員会は取締役に対するチェック機能が発揮されるか疑問である．現在でも取締役会のもとでの各委員会に社外取締役がいるが，チェック機能が果たされていないと調査報告書で言われている．

5 不正会計と監査の課題

不正会計と関連して監査の課題として次の点が掲げられる．
1．監査人の独立性（精神的独立性と外観的独立性）が重要な前提となる．
  監査委員会，社外取締役の導入は東芝の不正会計に関してあまり効果がないことが明らかになった．
2．第三者委員会は，東芝自身が調査権限を有しているので，経営者の都合の悪い事項（WH社の減損損失の調査など）について踏み込んだ調査を回避することが生じてくる．第三者委員会は，委員の人選や調査事項の決定権を持つことが前提となる．
3．大企業である東芝が不正会計をなくして社会的責任を果たすためには内部統制組織や監査法人などの外部監査そして金融庁の検査などを，「再調査」に基づき，監査の独立性の立場から再考する．その際，内部統制組織では多くの投資家や従業員等の意見を取り入れ，利害関係者に対して社会的責任を果たしていく体制を構築する必要がある．
4．東芝は2016年3月期に最終赤字5500億円になる見通しを立てたが，同時に東芝グループ全体で1万人を超える人員削減を発表し，リストラを行った．従業員は企業の構成員である．金融庁の「監査における不正リスク対応基準」（2013年3月26日）では，監査人は，企業の構成員に不正リスクに関して質問しなければならない（同基準第二の二項）とあるが，「公認会計士は不正リスクに関連して把握している事実を従業員や労働組合に質問しなければならないと解釈できる」［田中 2013：121］．
5．2011年3月11日に東日本大震災・原発事故が発生したが，2015年10月に

WH社は子会社（S&W社）を買収し，さらに巨額の損失を出している．原発建設や原発輸出が経済的にも割に合わない事業であることを示している．東芝の社会的責任と関連した不正会計と監査の課題である．

注

1）東芝の不正会計については，当初マスコミの全国紙の新聞社4社（朝日，毎日，産経，読売，日経の新聞）では，「不適切会計」の表現が使用されていたが，朝日新聞は2015年7月9日から「不正な会計処理が行われていたことが分かったため」「不正決算」という表現に変更しており，また毎日新聞は，2015年7月17日朝刊から「経営トップが認識したうえで意図的な利益水増しの決算を公表したことが判明したため」に「不正会計」という表現に変更した（http://thepage.jp/detai/20151725-00000003-wordleaf）．不正会計という用語は，2002年1月以降多く使われてきた［徳賀 2016：13］．
2）「日本経済新聞」2015.8.10朝刊．
3）株式会社東芝第三者委員会『調査報告書』2015年7月20日および「東芝第三者委報告の概要」「日本経済新聞」2015.8.21朝刊を引用する．
4）同上．
5）「朝日新聞」2015.8.25朝刊．
6）同上．
7）同上．
8）同上．
9）同上．

参考文献

大木一訓［2015］「東芝粉飾決算と労働運動」『労働総研ニュース』12月号（通巻309号）．
小笠原啓［2016］『東芝粉飾の原点——内部告発が暴いた闇——』日経BP社．
公認会計士・監査審査会［2017］『監査事務所検査結果事例集』．
田中里美［2013］「会計学が発揮したファンド分析」，野中郁江＋全国労働組合総連合編『ファンド規制と労働組合』新日本出版社．
谷江武士［2015］「東芝の不正会計と社会的責任」，愛知労働問題研究所『所報』9月15日号．
東芝［2017］『有価証券報告書』3月期．
東芝第三者委員会［2015］『調査報告書』7月20日．
徳賀芳弘［2016］「最近の不正会計事件から学ぶべきこと」『会計』第189巻第5号，森山書店．
日本公認会計士協会東京会編［1974］『粉飾決算』第一法規．
細野祐二［2017］『粉飾決算VS会計基準』日経BP社．
吉見宏［1999］『企業不正と監査』税務経理協会．
——［2018］「不正と会計——その基本的理解——」『会計』第193巻第2号，森山書店．

第13章

米国機関投資家投資行動の現代的特質
――プライベート・エクイティのバイアウト投資とM&A――

岩 波 文 孝

1 米国株式市場構造と機関投資家

（1） 米国株式市場構造の推移

　1980年代以降，米国において規制緩和路線の展開により，株式市場における株式所有構造の変容が進展した．本章では，近年，株式市場において存在感を増している機関投資家の投資行動の現代的特質を明らかにしていきたい．その際，積極的にM&Aを展開する機関投資家，特にプライベート・エクイティ[1]（Private Equity，以下PEと称す）のバイアウト投資行動・株主行動に焦点を絞り考察していきたい．

　米国株式市場構造について，FRB（Federal Reserve Board：連邦準備制度理事会）のデータに基づいて，米国株式市場における発行済株式時価総額に占める株主類型別株式所有比率をみておこう．

　米国株式市場は，1980年代より機関投資家が株式所有者として台頭してきた．株式市場において，機関投資家の株式所有比率は，1980年27.4％であり，2005年50.9％となっており，増加傾向にある．株式市場の株主構成において，機関投資家の占める比率が高まり，米国株式市場の機関化現象が進展している．

　米国株式市場における株式時価総額は，機関投資家の持株比率の上昇とともに増大する傾向がある（図13-1）．株式時価総額は1990年3兆5314億ドル，ITバブル崩壊後の2002年11兆9000億ドル，リーマン・ショック発生の2008年15兆7856億ドル，2016年39兆290億ドルとなっており，2016年の株式時価総額は過去最高値である．機関投資家の株式保有の動向について，1990年代には年金基金の株式保有比率が相対的に高いが，2000年以降では，年金基金の株式保有比率の低下に対して，ミューチャル・ファンド（mutual fund）の比率が上昇傾向を示している．ミューチャル・ファンドへの預託者別信託内訳について，紹介しておきたい．ミューチャル・ファンドへの投信比率は，個人の比率が相対的に高いが，1990年代

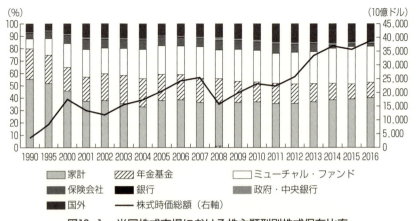

図13-1　米国株式市場における株主類型別株式保有比率

出所：FRB "Federal Reserve Statistical Release, Z1, Flow of Fund Accounts of the United States" 各年度公表資料より作成．

中頃以降には公的年金基金と私的年金基金の比率が上昇している．ミューチャル・ファンドによる株式保有比率の上昇と年金基金の株式保有比率の低下が対応している．すなわち，年金基金はインハウス運用を行う一方で，ミューチャル・ファンドへの外部運用委託により年金基金の資金がミューチャル・ファンドに流入していると考えられる[2]．小倉 [2016：68-72] によると，金融機関の資産運用関連業務の拡大を背景として，1990年代株式市場ブームにおいて，ミューチャル・ファンドを新たな金融仲介機関主体とする直接金融への比重移行という資金循環構造の変化が生じ，年金基金によるミューチャル・ファンドの購入によるミューチャル・ファンドの株式保有部分の急拡大が指摘されている．

（2）機関投資家の株主行動

伝統的なウォール・ストリート・ルールでは，投資家は投資対象企業の業績が良くない場合，経営者と対立するより株式を売却するものであった．機関投資家においても，ウォール・ストリート・ルールに基づき投資対象企業の株主総会において会社提案を支持するか，あるいは業績が改善されない場合，議決権を行使せずに株式を売却してきた．1974年エリサ法（Employee Retirement Income Security Act：従業員退職所得保障法）の制定により，年金基金の管理・運用の受託責任が問われることになり，投資リスクを分散するため，受託責任として分散投資が義務付けられた．機関投資家の株式所有比率の上昇および分散投資の結果，機関投資

家の保有株式の大量売却により株式市場の株価水準の下落を招くことになるため，投資運用がインデックス運用に移行し，相対的に長期間の株式所有を行うようになった．

　1988年の労働省によるエイボン・レターによって，議決権行使は投資家に対する信認義務の一環として受託者責任に含まれることが明確化された．1992年にはSECのプロキシー・ルール規制が緩和され，1994年には労働省により，議決権行使は年金基金の受託責任を果たすことになるという通達が出された［関 2008：145-147］．

　1990年代には，機関投資家は株主利益の追求のために株主総会で議決権を行使し，経営者に株主利益を重視した経営を行うよう圧力をかけるなど，企業経営に積極的に関与し，経営改善を促す行動をとるようになった．株主行動の一例として，1990年代にカルパース（CalPERS：California Public Employees' Retirement System：カリフォルニア州職員退職年金基金）は，GMから分離したEDS（Electronic Data Systems）の業績低迷に対して，株主総会でCEOとChairmanの分離を株主提案し，多くの機関投資家がカルパース案に同調する行動をとった．投資先企業に問題がある場合，カルパースはフォーカス・リストをメディアに公表し，当該企業に圧力をかける行動も展開した．

　新自由主義的株主価値極大化の企業観に基づいて行動する機関投資家は，アクティビスト・「モノ言う株主」として株主行動主義に基づく株主行動，すなわち議決権行使や株主提案権の行使だけなく，投資対象企業の経営行動を常時監視し，経営改善を求める駆動を展開した．したがって，機関投資家は，株主価値の極大化を追求する投資行動，すなわち「リレーショナル・インベスティング（relational investing）」［Useem 1996：7］戦略を展開した．株主行動は，エージェンシー理論に基づいて展開され，株主行動は，高度に株式が分散化した企業に対して，エージェンシー問題を解消すべく株主と経営者の利益を一致させるために経営者に対する動機付けの付与および監視のためにコーポレート・ガバナンス改革を展開させることとなった．

　1990年代の機関投資家の株主行動の典型として，上述のような年金基金カルパースの株主行動が挙げられる．株式が高度に分散化した投資対象会社に対して，カルパースは，カルスターズ（CalSTRS：California State Teachers' Retirement System：カリフォルニア州教職員退職年金基金）など他の機関投資家との連携を通じて協調的な株主行動を展開し，投資対象企業に対して経営改善を追求した[3]．また，ミューチャル・ファンド株式保有比率が上昇する時期と対応するようにストック・オプ

ションの行使による経営者報酬が高額化し，21世紀に入っても依然としてその現象は継続している．

2000年以降の機関投資家の投資行動のうち，1990年代と異なる動向がある．1980年代後半にLBO（Leveraged Buyout）が顕著であったが，1990年代には沈静化し，2000年代に再び活発化し始めた．LBOの展開主体は主にPEである．Kaplan and Strömberg［2008：125-126］によれば，米国株式市場時価総額に占めるPE取引量比率は，1980年代末に増加し，1990年代初頭に減少し，その後1990年代末に向けて緩やかに増加し，2000年になり減少するが，2003年から再び増加傾向となる．PE取引量比率は，1987年の株式市場時価総額に占めるPE取引量比率約0.5％に対して，2007年には1.5％を超過しており，歴史的にみても高い取引量となっている．

機関投資家の投資は，投資機関の特性により投資運用方法が異なる．年金基金やミューチャル・ファンドの主たる投資運用方法とPEやヘッジ・ファンド（Hedge Fund）のそれは，異なる．大別するとパッシブ（passive）投資とアクティブ（active）投資に類別される．パッシブ投資は，インデックスすなわち株価指数などベンチマークに連動するように投資先企業を選定する投資戦略を指し，インデックス運用とも称される．ミューチャル・ファンド，年金基金，保険会社等がパッシブ投資を行う傾向がある．アクティブ投資は，株式市場の平均投資収益率を超える収益獲得を目指し，特定の投資先企業に集中的に投資する戦略を展開する．ヘッジ・ファンドやPEファンドはアクティブ投資を行う傾向がある．

アクティブ投資に基づきLBOを展開するPEファーム（firm）と投資対象企業との関係は，Jensen［1989］によると投資対象企業の株式所有比率を高めることにより，PEファームの投資運用インセンティブと投資対象企業のコスト削減による効率的経営を実現する「新たな企業形態」であり，高度に株式が分散した典型的な巨大公開会社よりもコーポレート・ガバナンスが強化されるとの指摘がある．

2　プライベート・エクイティの投資戦略

PEの投資には，ベンチャー・キャピタル（VC）投資，バイアウト投資，企業再生投資，ディストレスト投資，セカンダリー投資などがある．PEの代表的な投資としてVC投資とバイアウト投資が挙げられる．VCは成長の可能性が高く，設立されたばかりの比較的「若い」会社などを投資対象とするが，投資先に対し

て必ずしも会社支配を行使するものではない．バイアウト投資は，一般的に成熟した企業を投資対象とし，投資対象企業を買収し，会社支配を行使する．LBOにより企業買収を展開し，投資対象企業の買収後，非公開会社化（PTPs：public-to-private transactions）する場合と上場し続け公開会社を維持するPIPEs（private investment in public equity）の場合がある．

　バイアウト投資を行うPEファームとPEファンドを概説しておこう．PEファームは，典型的には，パートナーシップあるいはリミテッド・ライアビリティ・カンパニー（LLC）として設立される．PEファームは，投資家であるリミテッド・パートナー（LP）とファンド・マネジャーとしてのジェネラル・パートナー（GP）により構成される．LPは，拠出資本以上の損失責任を負わない有限責任制となっている．PEファームが投資家と投資資本を募るファンド・レイジング（fund raising）を行い，ファンドを組織する．ファンドは，クローズド・エンド型投資として投資家から拠出される．ファンドには長期の固定投資期間が設定されている．PEファームは投資対象企業に一定期間投資し，期間終了時に回収する．LPとなる投資家は，富裕層個人のみならず，企業年金など私的年金基金，公的年金基金，養老基金，保険会社など機関投資家が含まれる．PEファームは，ファンド・オブ・ファンズ（fund of funds）としての特性を持つのである．Kaplan and Strömberg［2008：124］によると2007年末の100億ドル以上の資産を管理する世界33のPEファームに対する上位25投資家に米国公的年金基金がリストアップされており，そのうちカルパース，カルスターズ，PSERS（Pennsylvania Public School Employees' Retirement System：ペンシルバニア公立学校職員退職年金基金），およびWSIB（Washington State Investment Board：ワシントン州投資委員会）がPEファンドへの拠出資本上位4位を占めている．

　PEファンドの投資期間10年は，「ファンドの組織化（ファンド・レイジング）→投資→管理→収穫」段階を経る．1年目に相当するファンド・レイジング段階では，LPとしての投資家を募集し，ファンドを組織する．1年から4年目に相当する投資段階では，LPから拠出された資金を投資対象企業に投資する．投資段階と重複するが，2年目からに相当する管理段階では，投資資金によって買収した投資対象企業の経営に関与する．投資対象企業の旧経営陣を存続させる場合もあれば，PEファームから経営陣を送り込むことがある．また，投資期間を通じて，クラブ・ディール（club deal）と称される複数のファームが同一企業の株式を取得し，集中投資することがある．4年から10年目にかけて，買収した投資対象会社の経営効率を高めるとともに企業価値を高め，収穫段階に至るのである

[Cendrowsky, et al. 2008：10-13（邦訳 9-12）］．

　米国では，PEファンドをめぐる金融取引に関連する規制がある．2010年金融規制改革法（Dodd-Frank Wall Street Reform and Consumer Protection Act)，いわゆるドット・フランク法では，ヘッジ・ファンドやPEファンドはSECへの登録・記録が義務付けられ，SECによる規制対象となった．銀行・貯蓄組合持株会社，預金取扱機関規制に関してボルカー・ルールを適用し，銀行の自己勘定取引を規制し，銀行の高リスク業務を制限している．銀行の自己勘定での証券取引や証券関連の短期的売買の禁止，銀行によるヘッジ・ファンドおよびPEファンドの持分取得やファンド・レイジングが原則的に禁止されている．

　PEファームによるバイアウト投資が投資先企業に与える影響に関する議論がある．バイアウトの投資対象となった企業は，経営の効率性を高めた結果，同一産業に属する他企業と比べて，わずかではあるが雇用増をもたらし，かなり遅いペースではあるが賃金も上昇するという見解 [Kaplan and Strömberg 2008, Amess et al. 2014] がある．他方で，英国下院の報告書（House of Commons Treasury Committee [2007] *Private Equity: Tenth Report of Session 2006-2007*, House of Commons）や国際労働組合総連（International Trade Union Confederation）によれば，PE投資家に利益をもたらす投資対象企業の買収は当該企業の雇用削減や賃金カットによる労働者への不利益を生じさせ，社会の持続可能性を阻害する要因になるとの批判が展開されている．

　金融取引のグローバル化をめぐって，金融化をつうじた蓄積が新自由主義の趨勢となった現代社会では，グローバルな株式所有ネットワークや取締役兼任ネットワークにおいて，金融機関が中核的な位置を占めるようになり，相対的に少数の機関投資家・投資機関のファンド・マネジャーが世界中の株式市場や株式所有を行う企業に強い影響力を与えるようになったのである [Glattfelder and Battiston 2009：8-10；Carroll 2012：63-72].

3　プライベート・エクイティ・ファームの投資動向

　バイアウト投資の現状の考察をつうじて，PEファームの投資行動の特徴を明らかにしていこう．近年，北米を中心として大型M&Aを展開する投資会社3Gキャピタル（3G Capital）を取り上げ，バイアウト投資行動の実態をみていきたい．

　3Gキャピタルは，2004年に米国での投資を目的として設立され，ニューヨークとリオデジャネイロを本拠とするPEファームである．3Gキャピタルは，そ

の設立者による1971年のブラジルの投資会社ガランチア（Garantia）の買収にまで遡る．1971年以降の主要なM&Aをみておこう．Correa［2013］，3G Capital［2017］，および経済誌 *Forbs*，ブラジル経済新聞 *Valor Econômico* によれば，1971年以降以下のようなM&Aを展開している．

　1982年には，ガランチアがブラジル小売業者ロジャス・アメリカナス（Lojas Americanas）を買収した．1989年には，ブラジルビール会社ブラーマ（Brahma）を約6000万ドルで買収した．1993年には，後の3Gキャピタルを設立する3名がガランチアから独立し，ブラジル初のPEファームであるGPインベストメント（GP Investment）を設立した．1998年には，ブラーマが同業他社アンタルチカ（Antarctica）を買収し，アンベブ（Ambev）が設立される．2004年には，アメリカ企業への投資を目的として，3Gキャピタルが設立される．ベルギーのビール会社インターブリュー（Interbrew）がアンベブを買収し，インベブ（InBev）が設立される．その際，3Gキャピタル設立者はインベブの株主となり，インベブへの出資増の結果，筆頭株主となった．2008年には，インベブはアメリカのビール会社バドワイザー・ブランドを展開するアンハイザー・ブッシュ（Anhouser-Busch）を520億ドルで買収した．新たに設立された新会社ABインベブ（Anhouser-Busch InBev）は世界最大のビール会社となった．ABインベブのCEOには，ブラーマ買収時から関与するC.ブリト（Carlos Brito）が就任した．2010年には，3Gキャピタルはアメリカのファスト・フード・チェーンのバーガー・キング（Burger King）に対して約40億ドルでLBOを行い，非公開会社とした．2012年には，バーガー・キングを再上場し，3Gキャピタルは71％の株式を保有することになった．3GキャピタルはこのIPOにより76億ドルの創業者利得を得た．2013年には，3Gキャピタルは，米国投資家W.バフェット（Warren Buffet）が会長・CEOである投資会社バークシャー・ハサウェイ（Berkshire Hathaway）とクラブ・ディールを展開し，アメリカ食品会社H.J.ハインツ（H.J. Heinz）を280億ドルで買収した．買収後，H.J.ハインツは非公開会社となった．2014年には，バーガー・キングとカナダのドーナツ・チェーンTimホートンズ（Tim Hortons）が合併し，新たにRBI（Restaurant Brands International）が設立され，バーガー・キングやTimホートンズはRBIの子会社となった．2015年には，H.J.ハインツと食品会社クラフト（Kraft Foods Group）が合併し，公開会社クラフト・ハインツ（Kraft Heinz）となった．合併により同社のシェアは，北米で第3位，世界5位の食品会社となった．2017年には，RBIはファスト・フードのフライドチキンチェーンを展開するポパイズ・ルイジアナ・キッチン（Popeyes Louisiana Kitchen）を18億

ドルで買収した.

　3Gキャピタルは投資対象会社を買収後，3Gキャピタルの共同設立者 (founding partners) や共同経営者 (partners) を取締役，CEO，あるいはCFOとして投資対象会社に送り込んでいる [3G Capital 2017]．3Gキャピタルと投資対象会社のトップ・マネジメント・レベルでの人的結合，すなわち取締役兼任は，2016年にはABインベブに4名，RBIに4名，クラフト・ハインツに4名となっている．また，3Gキャピタルから各社に取締役派遣も行われている．3Gキャピタルは投資対象企業に対して，株式所有に基づき会社支配を通じて，業務担当取締役として経営に関与しているといえよう.

　投資対象企業の戦略展開の一例として，バーガー・キングやH.J.ハインツ買収後の動向を各社 Annual Report および Investidor Internacional [2015] に基づいて検討していこう.

　2010年に買収されたバーガー・キングは，ファフト・フード業界で世界展開する企業であり，ブランド力を備えていたが，不効率的な経営を展開していた．ゼロベース予算 (Zero Base Budgeting) 方式に基づく徹底したコスト削減による経営効率改善後，2012年に再上場した．2014年には，バーガー・キングはカナダのファスト・フード・チェーン会社 Tim ホートンズと合併後，新たにRBIが設立された．バーガー・キングが Tim ホートンズを合併対象とした要因について，第一に，法人税率が低いカナダに本社を移転することにより，年間数百万ドルの節税を見込めること．第二に，Tim ホートンズのカフェ，ドーナッツ，自然食材サンドイッチという商品展開がバーガー・キングの商品展開を補完できること．第三に，Tim ホートンズの市場占有率はカナダ80％，米国19％であり，北米を重点化した店舗展開をしており，バーガー・キングは100カ国以上で店舗展開するグローバル型店舗展開であることから，北米での収益構造強化とグローバルな事業展開とのシナジー効果が期待できること．第四に，合併前の両社の有利子負債／EBITDA [4] は，バーガー・キング4.75倍，Tim ホートンズ1.75倍であり，両社の合併によりレバレッジ低下・自己資本に対する利益変動性の低下を見込め，経営の安全性が高まること．この合併の結果，2015年には，RBIは世界でレストラン1万9000店舗を展開し，230億ドルの売上高を計上した.

　3GキャピタルとW.バフェットのバークシャー・ハサウェイが共同で買収したH.J.ハインツは，非公開会社への移行とともに取締役12名のうち11名を入れ替え，ゼロベース予算方式を導入し，北米5工場の閉鎖など不効率・不採算部門を閉鎖し，事業を統廃合し従業員の9％に相当する大量解雇を行った．その他に

も，従業員の出張時に安価なホテルの利用など徹底したコスト削減策に着手した．売上高は2013年115億ドルから2014年109億ドルに低下したにも関わらず，EBITDA は20億ドルから28億ドルに増大した．収益性測定指標の EBITDA マージン（EBITDA／売上高）に関して，同業種の企業では一般的に20％程度以下であるのに対して，H. J. ハインツは2013年17％から2014年26％へと比率が上昇した．

次の段階として，さらなるシナジー効果を目的とし，クラフトが買収対象となった．クラフトはアメリカ国内市場の売上が突出しているが，グローバルな事業展開を課題としていた．すでにグローバルに事業展開している H. J. ハインツの販売網を活用することにより，クラフトのグローバルな事業展開を推進し，クラフト・ハインツの収益性を高めることを目的として合併が行われた．

3G キャピタルの投資対象企業の選定に関して，M&A を展開する際，投資対象企業の関連業企業を対象とし，シナジー効果を追求する傾向がある．RBI とクラフト・ハインツにとっても，食品関連業企業としてシナジー効果が発生する．H. J. ハインツとグローバル企業マクドナルド（McDonald）は約40年間食材（ケチャップ）の取引関係があったが，3G キャピタルがバーガー・キングの支配株主となって以降，2013年にマクドナルドによる取引契約解除が行われたことがある．マクドナルドとの取引関係解消による売上高への影響が生じても，RBI とクラフト・ハインツは，食品関連業企業であるため，クラフト・ハインツの食材を RBI 系列のレストラン・チェーンにおいて使用するなど，グローバルなレベルで両社の事業にシナジー効果をもたらすことになる．

4　プライベート・エクイティ・ファームの投資行動の特質

3G キャピタルの投資行動の考察を通じて，以下の点が確認できる．3G キャピタルは，典型的なバイアウト投資として，成熟企業でありグローバルに事業を展開する企業を LBO 投資対象とした．買収企業の同業種や関連業種企業の継続的な M&A を展開することによる投資対象企業の事業にシナジー効果をもたらそうとした．投資対象企業を買収する際，他の投資家と協調的な投資行動，すなわちクラブ・ディールを展開した．投資対象企業を買収後，非公開会社とし，ゼロベース予算方式に基づき工場閉鎖や人員削減によるコスト削減など効率的経営を推進し，再上場による創業者利得を取得した．3G キャピタルは，支配株主として投資対象企業の取締役兼任や取締役派遣を行い，戦略的意思決定を主導することにより徹底した効率の経営を推進した．

特に，PEファームである3Gキャピタルの投資行動は，投資対象企業を買収後，関連業界の企業のM&Aを行うとともに，他の投資家と協調的投資行動を展開しつつ，投資対象企業の支配株主として取締役を選出するという「所有と支配の一体化」に基づいて展開している点を指摘したい．
　PEファームによる投資は，米国株式市場時価総額に占める比率約1.5%（2007年）ではあるが，近年ではグローバルに事業展開する巨大企業を投資対象として，大型M&Aを展開し，世界に与える影響は多大である．3Gキャピタルが関与する一連のM&Aをみる限り，少数の投資機関がグローバルな株式所有ネットワークと取締役兼任ネットワークを展開し，会社支配を通じて投資対象企業の利潤極大化と企業価値向上を追求し，少数の投資機関のための投資運用益の極大化追求傾向がますます強まっているといえよう．

付　記
　本研究はJSPS科研費16H03662の助成を受けた研究成果の一部である．

注
1）PEファンドは未公開株式投資ファンドと邦訳されることがあるが，PEファンドの投資対象は株式未上場企業，非公開企業とは限らない．
2）一般的に投資運用は，直接投資（direct investing）とファンド投資（fund investing）に大別され，両方を組み合わせて運用されることが多い［Fraser-Sampson 2007：2］．
3）英国における機関投資家，とくに年金基金の株主行動に関して，Scottは次のように指摘している．機関のファンドマネジャーが年金基金による議決権行使を通じて，経営上の方針の介入する場合，支配的な利益星座上連関（a constellation of interests）の中の特定の株主間で一時的な提携行動が発生し，このような提携がコーポレート・ガバナンス問題の追求において主導的役割を担ってきた［Scott 2005：51-58］．
4）EBITDA（Earnings Before Interest Tax Depreciation and Amortization）とは，支払利息控除前・税金控除前・減価償却費控除前の利益のことである．EBITDAは企業評価指標として用いられることが多い．

参考文献
小倉将志郎［2016］『フィナンシャリゼーション――金融化と金融機関行動――』桜井書店．
Scott, J.［2005］「英国のコーポレート・ガバナンスの変貌」仲田正機編著『比較コーポレート・ガバナンス研究』中央経済社．
関孝哉［2008］『コーポレート・ガバナンスとアカウンタビリティ論』商事法務．

Amess, K., S. Girma, and M. Wright [2014] "The Wage and Employment Consequences of Ownership Change," *Managerial and Decision Economics*, 35, pp. 131-171.

Carroll, W. [2012] "Capital Relations and Directorate Interlocking : the Global Network in 2007", in G. Murray and J. Scott eds., *Financial Elites and Transnational Business : Who Rules the World?*, Edward Elgar, pp. 54-75.

Cendrowski H., L. W. Petro, J. P. Martin, and A. A. Wadecki [2008] *Private Equity History, Governance, and Operations*, John Wiley & Sons, Inc(若杉敬明監訳,森順次・藤村武史訳『プライベート・エクイティ』中央経済社,2011年).

Correa C. [2013] *Sonho Grande : Como Jorge Paulo Lemann, Marcel Telles e Beto Sicupira revolucionaram o capitalism brasileiro e conquistaram o mundo*, Sextante.

Fraser-Sampson, G. [2007] *Private Equity as an Asset Class*, John Wiley & Sons.

Kaplan, S. N. and P. Strömberg [2008] "Leveraged Buyouts and Private Equity," *Journal of Economic Perspectives*, 23 (1), pp. 121-146.

Glattfelder, J. and S. Battiston [2009] "Backbone of Complex Networks of Corporations : the Flow of Control," *Physical Review*, E (80), pp. 1-12.

Investidor Internacional [2015] Investa na 3G Capital. Retrieved from https://www.investidorinternacional.com/2015/08/20/invista-na-3G-capital/(2015年11月15日閲覧).

Jensen, M. C. [1989] "Eclipse of the Public Corporation," *Harvard Business Review*, 67 (5), pp. 61-73.

3G Capital [2017] Partners, Acquisitions. Retrieved from http://www.3g-capital.com (2017年7月20日閲覧).

Useem, M. [1996] *Investor Capitalism : How Money Managers Are Changing the Face of Corporate America*, Basic Books.

第Ⅲ部　地域・環境問題

第14章

大都市工業集積における地域産業政策の可能性
――東京・大田区の場合――

小 林 世 治

はじめに

　地域産業政策とは，地域産業振興および中小企業支援という複合した課題［植田 2007：25］に対し，「地域」自らが政策立案・執行・評価することである．現状では主たる担い手となる自治体が，地域経済および企業・住民の総体を把握したうえで，中小企業の工業集積をどのように位置づけ，また将来展望を描くかによって，大きく政策スタンスが変わる．大企業主導によるグローバル生産の現状を前提すれば，工業集積を従来どおり維持することはできない．21世紀にふさわしく「バージョンアップ」することが必要である．

　しかしその場合，グローバル化への関わり方，逆に言えば地域とのつながりについて，経済主体間の差異があることに注意しなくてはならない．例えば，工業集積を構成する中小企業にも規模別の階層差があって，これら2つの次元への異なった関わり方がある．また，政策主体としての自治体にとって，地域経済もグローバルとローカルの2つの次元があり，両者の間の関連性や区別をどのように整理するか，問題となろう．大田区のような大都市工業集積の場合，どのような困難があるか，考えてみたい．

1　工業集積内の階層分裂――大田区「悉皆調査」結果から

　筆者は，「工業統計」および大田区が2014年行った「悉皆調査」の結果［大田区2015a］から，工業集積の「小規模性」が最上位層の退出と一部「ダウンサイジング」によって維持されつつも，今後はそれらの影響が失われ最下層＝零細企業の廃業が進むことで，全体構成が大きく変化する可能性を述べた［小林 2016：20］．確かに，工場数は直近2014年において3481件と推測され，ピーク時（1983年9117件）の3分の1近くに激減した［大田区 2015a：15 図表Ⅱ-11］が，従業者規模別構

成が得られる2012年について（表14-1）は，半分以上が「1～3人」の零細層で，「4～9人」層を合わせ小零細層が8割以上を占めていた．つまり，大田区・工業集積を構成する企業の小規模性は，少なくとも2012年当時，依然顕著であった．

表14-1　2012年大田区の従業者規模別「工場」数

従業者規模	工場実数	構成比
1～3人	2,041	51.4%
4～9人	1,188	29.9%
10～19人	408	10.3%
20～29人	154	3.9%
30～49人	92	2.3%
50～99人	58	1.5%
100人以上	26	0.7%
総計	3,967	100%

資料：総務省［2012］「平成24年経済センサス－活動調査」．
出所：大田区［2015a：14 図表Ⅱ-10］より筆者作成．

しかしその後，各企業がどのように業態を展開し，存続あるいは発展を図っているかが問題である．図14-1は，過去3年間において拡大（プラス）あるいは縮小（マイナス）した機能・業務について，アンケートで答えてもらい，そのポイントを合計したものである．みられるように「10人以上」と「9人以下」の層の間で，大きな違いがある．① 製品企画，② 開発・設計，そして③ 試作という「高度化」につながる分野で，「10人以上」それも規模が大きい上層ほど積極的な動きがある．したがって「10人未満」の小零細層の比重低下が進み，工業集積を構成する企業の「小規模性」が薄れるのは確実である．とはいえ，中上位層も「高度化」の成否によって今後の命運が分かれるという，不透明さを残す「過渡期」の特徴を示している．

はたして，量産あるいは多品種少量生産という本来の製造機能ではなく，より「上流」の企画・設計そして試作の機能を強化する動きに，どれだけの成算があるのか？　そのうち試作については，従来から競合が激しく利益が上がらなかったため，十分な展望を見出していない．また今回の調査で注目した，ファブレスなど最新の研究開発タイプも，現状ではそれが全体に占める比重は低い［以上，大田区 2015a：39 図表Ⅲ-31および89 図表Ⅲ-101］．さらに言えば，企画・管理そして広義の「営業」に弱みをもつという，年来の課題も依然解消されていないのである．

しかし，小零細層の全般的衰退と，中規模以上層のうち一定部分の「高度化」への挑戦という，事実上の工業集積の分裂――「両極分化」あるいは上層への集約かまだ定まっていないが――に向かっていることは，念頭におくべきであろう．このうち後者＝中規模以上層は，従来の「ナショナル・テクノポリス」という，大田区・工業集積の全国的位置づけを継承し，大企業のグローバル生産に追随する動きとみなして間違いない．そのことの是非は，後述する新分野開拓のところ

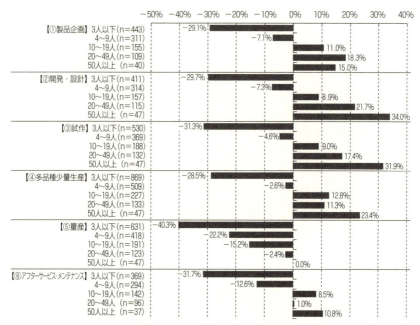

図14-1　大田区におけるものづくり機能・業務の動向
出所：大田区［2015a：30　図表Ⅲ-17］．

で検討する．その前に，政策主体としての自治体（大田区）が，「地域産業」をどのように認識しているか，またせざるを得ないか，みておこう．

2　政策主体の「ものづくり」離れ——産業構造の変化と羽田国際化

　大田区の「地域産業」とは何か，ここまで暗黙裡に前提してきた，小零細規模企業を中心とする機械金属加工，いわゆる「ものづくり」でよいのか？　まず，大田区産業構造における製造業の位置を確認しておこう．**表14-2**にみられるように，製造業は事業所数で最大の卸・小売業（23.8％）に次ぎ16.8％，従業者数だとさらに運輸業に次ぐ第3位で13.1％，付加価値に至ってはこれら上位2業種が25％前後なのに対し11.1％を占めるに過ぎない．このことから大田区は，「ものづくり」の街を標榜しつつ，実際には卸・小売と運輸という広義「流通」を重視せざるを得ないだろう．また都内で3番目の人口（72万人：外国人含む）を有し，町工場に代わって多数のマンションが林立する，一大住宅街へと変貌してい

表14-2　大田区の産業構造：事業所数，従業者数および付加価値額の構成比（%）

産業大分類	事業所数	従業者数	付加価値額
建設業	7.7	5.2	4.1
製造業	16.8	13.1	11.1
電気・ガス・熱供給・水道業	0	0.3	0.8
情報通信業	1.3	4.4	5.6
運輸業，郵便業	5.2	18.6	24.4
卸売業，小売業	23.8	23.3	26.8
金融業，保険業	1.3	2	3.7
不動産業，物品賃貸業	10	3.3	3.5
学術研究，専門・技術サービス業	3.2	1.9	2.1
宿泊業，飲食サービス業	11.5	7.2	2.6
生活関連サービス業，娯楽業	6.6	3.5	2
教育，学習支援業	1.7	1.9	1.8
医療，福祉	6	7.7	6.6
複合サービス業	0.3	0.3	0.2
サービス業（他に分類されないもの）	4.5	7.3	4.7

注1：付加価値額は必要な事項の数値が得られた事業所のみを対象に集計．
　2：外国の会社や法人でない団体を除く．
　3：農業，林業，漁業，鉱業，採石業，砂利採取業は構成比0.1%以下で，数値が秘匿されているため載せていない．
出所：大田区［2015b：6］より筆者作成．

る．これまでの，中小企業・工業集積の維持発展を主眼とした産業施策は，当然その重点を移さざるをえない．

　背景にあるのは，製造業の海外移転＝国内空洞化ばかりでなく，区内・羽田空港の「国際化」と，それにともない大田区が物流拠点化することである．また宅地化の進展は，地価上昇と騒音等の近隣トラブルによって，工場の立地条件をいっそう悪化させた．しかしながら，このまま町工場の減少を放置すれば，地域アイデンティティーの希薄化をもたらし，「外部」の産業・企業にとっても魅力がなくなるというジレンマを抱える．そのため大田区は，グローバル化とこうした地域独自の課題とを結びつける，いわば大田版「グローカル」政策の目玉として，羽田空港跡地に「羽田グローバルアライアンスセンター」を設けることを，大々的に打ち上げた（2015年「大田区企業立地促進基本計画（第二次）」および「羽田空港跡地第1ゾーン整備計画」）．

　羽田空港沖合移転・国際線拡張を踏まえ，すでに2008年から跡地利用が検討されてきたが，2011年の「アジアヘッドクォータ特区」そして2014年の国家戦略特区の区域指定を受け，計画は加速した．空港跡地のうち「第1ゾーン」の中心を

なすのが，上記「センター」である．そこで外国企業と国内開発型企業とが商談し，試作まで行う．当然，区内企業への波及効果を狙うが，完成は2020年を予定し，まだ内容的に不明な部分も多い．むしろこの間進展しているのは，大田区政じたいの「ものづくり」離れと呼べそうな，産業施策の比重低下である．もっぱらコーディネーションやマッチング機能に限定し，その多くを外郭団体である産業振興協会に委ねるようになっている．

それでは工業集積を構成する中小企業の，とくに中規模以上層は，そうしたグローバル化との関連を含め，どのような対応をしているのか？　先述の新分野開拓に関して，これら企業が具体的にどのような動きをしているか，代表例を次節で検討しよう．

3　新たな進出分野をめぐって——医工連携の場合

大田区の産業集積・再生の課題について，筆者はかつて次のように提言した．「新たな市場需要や社会的ニーズに対応する製品や技術の開発が，多様性をもった担い手，そして個性的な需要に支えられる必要から，『地域イノベーション』の場としての産業集積は，見直されるべきであろう．それは，単なるサプライチェーンではない，地域の様々な経済主体を通じた『内部循環』を形成するものである」［小林 2014：58］．しかし，大田区のこの間の地域産業振興策と関わって，とくに中規模以上層の区内企業が進出・展開しようとする新分野をみると，そうした方向と合致するケースもみられるが，そうでないケースもある［吉田 2016参照］．

同じく大田区［2015a］をみると，従来分野と異なる分野への進出を考えている企業が相当数あり，今後の事業展開による再生が期待できる．「新規顧客・新事業分野」開拓の項目がそれである（図14-2）．そのうち，医療・介護や環境・エネルギーなどは関心が高いが，それらは従来ローカル／ナショナルな性格をもち，これまでのグローバル志向が強い上位企業や一部大企業とのつながりは，見直さざるを得ないはずである．しかしながら，「医療」についての政策は，海外市場とくにアジア市場をも視野に入れ，基本的にナショナルなネットワーク組織を特徴としている．そして事実上，地域にこだわらない「コンパクトな産業集積」［大久保 2016：31-45］を容認し，ローカルな性格を脱したものである．

具体的には，2010年経産省の「課題解決型医療機器等開発事業」，そして2014年からは文科省・厚労省を合わせた「医工連携事業推進事業」によって推進され

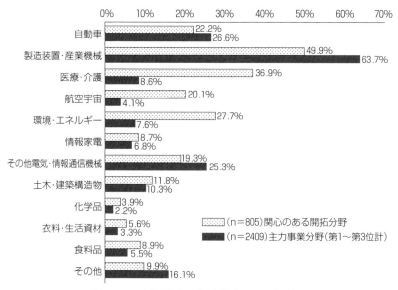

図14-2　新規顧客・新事業分野の開拓分野
出所：大田区［2015a：97 図表Ⅲ-111］．

ている，いわゆる「医工連携」である．そこで示された「開発課題枠」は４つあり，その一つが「新規参入促進枠」で中小企業を想定しているが，それは「短期間で実用化可能な既存機器の改良・改善」に留まる．優先しているのは「よりリスクの高い治療系医療機器開発」「国内市場に先行して海外市場での上市をめざした」医療機器専門メーカーである［覚道 2014：4］．同事業はコンソーシアム方式の実証事業で，プロジェクト・リーダーを中心にメンバーがネットワークを形成する．実際の連携はどうなっているのか？　前半の「課題解決型」期についてではあるが，詳しい内容が示されているのでそれを参照すると，東京圏を中心としたネットワークとなっていることがわかる（**図14-3**）．

　大田区の中小企業にとって有利なことは確かだが，上記の専門メーカーやグローバル志向の強い企業が相手で，それらと新しく提携するハードルは高い．もともと医療機器に関して，大田区企業は「中核」の地位を占めていたわけではない．むしろ近隣の文京区の「製販企業」や，より規模の大きな横浜・川崎地区の企業がその候補となる［柴田 2015］．大田区の場合，基本的に中規模以上層が対象としても，イニシアチブを発揮できるか疑問である．

　また，開発機能を促進し，イノベーションを生み出す期待があるが，その範囲

図14-3　平成22-25年度　医工連携事業化推進事業
出所：経済産業省［2015：12］より作成．

は大田区よりはるかに広域の，産業集積というよりも産業クラスターに近い[1]．ちなみに競合する各地域における「医療機器クラスター」を数えると［北嶋 2015：59］，全国で28，文科省「知的クラスター」のうち「ライフサイエンス」が19確認できた．こうした類似した産業集積ないしクラスターが，多数並立する弊害も気になるが，その背景に各地域経産局の主導性があるとされる［和田 2010：38-40］．かつての「産業クラスター」計画の過ちを繰り返さないか，懸念されるところである．

4　小零細層の活路――都市型複合集積への転換

これまで述べてきた，基本的にグローバル化を促進する施策に対しては，地域の不安定化やアイデンティ喪失への批判があり，またそれに対抗するローカルな経済循環，いわゆる「地域内循環」への関心が高まっている．ただし「地域内循環」といっても，経済主体の活動が，この場合，完全に大田区内に「閉じる」わ

けではない．ここで「地域内循環」と言っているのは，地域内の経済主体がこれまで以上に相互連関を強め，より多くの付加価値を地域に留めることである．すべてを域内で充足できるわけではないし，そうした「地域」範囲を設定することもできない．そもそも地域経済の全体は，ローカルからナショナル，そしてグローバルな経済循環の中に位置づけられ，多層的に構成されているからである．

しかし逆に「開く」場合，この医工連携のケースのように，受動的な地位に甘んじるなら，外部要因（の変化）に左右される度合いが高まり，その政策効果が費用に見合うものか問われるだろう．その点，地元企業が地域資源に依拠し域内需要を支えるという，その意味で自律的な経済分野の重要性が高まっている．少なくとも，この間失われた比重を取り戻す必要性が高まっている，とはいえるだろう．

都市型工業集積に依拠した場合，どのような「地域内循環」を構想できるか？端的に言って，域内市場の特性に着目して，都市の新たなニーズあるいは「社会的課題」に対応した，製造業の多様な展開を考えることである．とくに「都市型産業集積」は，他の多くの産業集積と違い，異なる産業集積の併存した複合体として捉えられる．そこでは「接触の経済」と呼ばれる，さまざまな分野の新結合あるいは交流が可能となり，その一環として，ローカル・ニーズに応える分野も登場するのである［小林 2004参照］．

残念ながら現状では，中規模以上の企業層のグローバル展開にのみ光が当たり，こうしたローカルすなわち地域密着型の可能性は十分切り開けていない．しかし後者を担う中心は，むしろそれらから疎外された小零細の企業層である．確かに，新規事業への転換のハードルは高いが，小規模企業も参入するチャンスはある．とくに今日では，Makersと呼ばれる小規模デザイン集団との連携によって，活路を切り開くことが重要であろう［小笠原 2015］．「ものづくり」の狭い範囲に閉じこもらず，都市型複合集積にふさわしい業態にチャレンジする必要があるのである．

おわりに——もう一つのグローバル化

冒頭で述べた，地域におけるグローバルとローカルとの関係性，その今日における統合の仕方について，いわゆる「グローカル化」の議論がある[2]．詳細は省くが，実際そのことが意味しているのは，多国籍大企業が主導するグローバル化に従属した，ローカル特性の「切り売り」である．地域の安定性が大きく損なわ

れると同時に，現状では「均一化」作用の方が勝って，地域のアイデンティティー危機をもたらす．しかし「グローバル」の含意には，もう一つ「ユニバーサル（普遍性）」があって，それを国ではなく「地域」の各レベル——その基礎はローカルな地域——が共有することを指す．

国連が2015年発表したSDGs（正式名「我々の世界を変革する：持続可能な開発のための2030アジェンダ」）は，まさにこうしたユニバーサル目標を掲げたものである．途上国・先進国に共通する普遍的目標として，ことに貧困撲滅のための開発と企業活動にかんする，基本方針を提示している．核となる考えは「サステナビリティ」いわゆる持続可能性であって，それを支える再生産＝循環システムが欠かせないであろう．したがって，「地域内循環」をベースとするローカルな経済循環，そしてそれを担う地域中小企業の役割は，SDGsの方向と完全に合致している．この「もう一つのグローバル化」に沿うことによって，日本の都市型工業集積は21世紀の新たな産業風土を形成し，自ら再生する手がかりをえられるであろう．そして地域産業政策は，この方向に大きく舵を切ることによってのみ，その役割をはたすことができるのではないだろうか．

注
1）「産業クラスター」は前述の「コンパクトな産業集積」と同じく，有力あるいは潜在力があり成功する可能性の高い，個別企業およびそのネットワークを選別する，という傾向の強い政策アプローチである．小林［2004］も参照．
2）「グローカル」の用語は，もともと日系企業の現地適応を指して使われ始め，グローバル化を前提とし，それを是とし目的とした言葉である．以降，定義も確定せず無概念的な使用が広まったため，本章では意味あるものとは考えていない．

参考文献
植田浩史［2007］『自治体の地域産業政策と中小企業振興基本条例』自治体研究社．
大久保敏弘［2016］「産業集積の高度化による経済活性化」，NIRA総研・地域産業政策研究会『柔軟なネットワークで支えるコンパクトな産業集積へ』NIRA研究報告書．
大田区［2015a］「大田区ものづくり産業等実態調査の実施及び結果検証等業務委託　調査報告書」．
―――［2015b］「平成24年経済センサス―活動調査報告（大田区）」．
小笠原治［2015］『メイカーズ進化論』NHK出版．
覚道崇文［2014］「経済産業省における医療機器産業政策について」『産学連携』10（2）．
北嶋守［2015］「医療機器クラスターを軸にした中小企業の新事業展開」『機械経済研究』46．

経済産業省［2015］「平成26年度医工連携事業化推進事業　5年間の事業成果の総括」.
小林世治［2004］「産業集積の多様性と地域産業政策」『産業学会研究年報』19.
─── ［2014］「縮小する都市型工業集積と中小企業」『経済』12月号.
─── ［2016］「大田区・工業集積における企業規模階層構成」『日本大学大学院総合社会情報研究科紀要』17.
柴田仁夫［2015］「支援現場から見えてきた新たな医工連携の課題」『埼玉学園大学紀要（経済経営学部篇）』15.
総務省［2012］「平成24年経済センサス──活動調査報告」.
吉田敬一［2016］「日本経済の発展と大田区工業集積の変容について」『企業環境研究年報』21.
和田耕治［2010］「国の地域中小企業政策と地方自治体」，吉田敬一・井内尚樹編著『地域振興と中小企業』ミネルヴァ書房.

第15章

中小企業振興と地方行政,企業家の役割

菊地　進

はじめに

人口減少社会に入り,存続可能性が問われる地域が増えてくる.地方の場合,地域経済の担い手は中小企業であり,雇用の担い手も中小企業である.したがって,中小企業の存立が地域社会の存続そのものに直結することになる.

そうした中で,地域社会の維持・発展を図るには,地域社会を構成する,事業者,経済団体,金融機関,教育機関,NPOなど民間団体,そして行政機関が地域の進むべき方向性を心一つにし,それぞれの役割を果たしていくことが必要となる.しかし,その役割が何であるかは必ずしも掘り下げられていない.ここでは,愛媛県東温市の中小零細企業振興条例に関わる取り組みを例に,中小企業振興における行政の役割,事業者・企業家の役割に視点を向け,持続可能な地域経済を実現する条件を考えてみることにする.

1　「地方創生」と産業振興

2014年9月,内閣の下に「まち・ひと・しごと創生本部」を設置し,国は地方に対し,情報支援,人的支援,財政支援を行うとした.情報支援では,RESAS(『地域経済分析システム』)の提供を開始し,各都道府県・市区町村が客観的なデータに基づき,地域の現状を把握し,その特性に即した課題を抽出して策定する「地方版総合戦略」立案の支援を行うこととした.

人的支援では,地方創生コンシェルジュの育成,地方創生人材支援制度,地方創生人材プランなどを掲げ,地方に人材派遣を行ってきている.財政支援では,地方創生事業費,新型交付金の創設,各種補助金等を用意した.

これらの支援,特に交付金,補助金を受けるには,地域の人口ビジョンと総合戦略策定が必要となる.そのため,すべての自治体で,ビジョンと戦略作りが行

われてきている.とはいえ,すぐに出生率が引き上げられるような即効性のある人口ビジョンが作れるわけでなく,希望的人口ビジョンと評されるケースも少なくない.

地方創生とは各地域が自律的で持続的な社会を創生できるようにすることであり,その大事なポイントは,地方に仕事をつくり,安心して働けるようにするところにある.そのために,地方創生本部のいうように,各都道府県・市区町村が客観的なデータに基づき,自らの地域の現状を把握し,その特性に即した地域課題を抽出して戦略的に解決していくことが大事である.しかし,ことはそれほど簡単ではなく,仕事づくりを伴うそうした戦略の立案と実施は地方行政のみがそうしたいと思っても進むものでない.

大事なことは,地域の事業者,商工団体,金融機関,教育機関,NPO等民間機関,そして行政が地域の将来をどうしていくかについて方向性を一致させられるかどうかである.そして,そのことを共有し目指す目標とする地域経済の振興計画を作り,共に実現に努力できるかどうかである.地方の行政にはそうした進行をコーディネートすることが求められる.

そのステップとして,通常,地域経済の振興条例を作り,地域の各層が参画する振興会議を作り,現状を踏まえ,地域経済の振興計画を作っていくことが必要である.地域経済を支えている主体が主に中小企業である場合は,中小企業振興条例と中小企業振興会議が必要となる.

地方自治体の作成する総合計画はこうした取り組みがベースとなるものでなければならない.こうした共創の取り組みに関しては,すでに教訓化されてきている点がある.それは,統計や調査を通じて地域の現状を知る(共通認識を持つ),それを踏まえて地域経済振興を目指す条例を制定する,そして,地域主体を加えての振興会議(円卓会議)を設置し,振興計画を策定する,この3点である.

その上で,行政や議会において単年度の事業を決定し,実施することが望まれる.条例には通常次のような基本要素が必要となる.

地域振興条例の構成
　目的,基本理念,基本方針,行政の役割,大企業の役割,中小企業の役割,経済団体の役割,学校の役割,金融機関の役割,市民の理解と協力,中小企業振興会議の設置

条例の目的は,各層の役割を明らかにすることにより,振興施策を総合的に推進し,地域経済の健全な発展と市民・町民の生活の向上を図ることであり,基本

理念は事業者の役割が果たせるよう，地域の各層が地域経済発展のために一致協力することがポイントとなる．

では，地域の事業者，商工団体，金融機関，教育機関，NPO 等民間機関，そして行政が地域の将来をどうしていくかについて方向性を一致させられるのはどういうときか．それは，地域の人口動向と産業構造をしっかり見据えた時である．それ以外ない．

愛媛県東温市では，2013年3月に「東温市中小零細企業振興基本条例」を制定し，2013年度から17年度までの5年間にわたり，中小零細企業振興のための議論を展開するとともに，具体的な振興施策を講じてきた．そして，2018年度以降の第2ステージへと進もうとしている．

東温市は，2004年に旧温泉郡重信町と河内町が合併してできた市で，松山市に隣接し，三方を山に囲まれ，扇状の平坦地から形成された，温暖で水と緑に満ちたまちである．2015年10月1日の人口は3万4613人で，合併後の国勢調査の人口数を見ると，2005年3万5278人，2010年3万5253人であったから，人口減少が急激に進んでいるわけでない．

現在のところ人口が微減にとどまっているのは，愛媛大医学部・病院がこの地にあり，医療従事者，学生，患者が通う環境にあること，時間的にも，県庁所在地の松山市から鉄道で30分程度であること，四国高速道路網が整備され食品や運輸関係の輸送の拠点事業所が置かれていること，企業誘致に力が入れられ，環境の良さから，少なからずそれが成功してきていることなどによる．愛媛大医学部の誘致，水資源の開発，自動車道の建設，パナソニックなど各種工場の誘致は，東温市ができる以前に愛媛県の産業労働部によって推進されてきていた．それが現在生きてきている．

そして，そのことが，昼夜間人口比率の高さ，転入転出率の高さに表れている．人の流れでいうと，今治市，西条市，新居浜市，砥部町より流入増となり，一部が松山市に転出し，さらに愛媛県全体としては県外に流出している．こうした，松山市との立地関係で維持されている部分があるが，国立社会保障・人口問題研究所の将来人口推計を見ると，国勢調査のあった2015年比で，25年後の2040年には14.9％減少し，さらに2060年には42.4％減少という推計がなされている．何もしないでいるとこうした推計が現実化しかねない．そういう意味では，東温市が「中小零細企業振興基本条例」を作り，取り組みを開始したのはうなずけるところである．

2　中小企業振興条例と事業所調査

　東温市が中小企業振興条例制定の検討を始めたのは，中小企業憲章が閣議決定された2010年で，中小企業家同友会などの企業家団体で大きな話題になるところとなった．そのころ，東温市において『東温市総合計画2012～2014年』が策定される．しかし，そこには中小企業振興に関する基本構想や詳細政策の策定がなかった．そのため，担当課である産業創出課も，中小企業振興条例の制定について本格的に検討することとし，中小企業振興条例事業（2011・12年度）で取り組みを開始した．

　先進事例調査，講師を招いた研究会などを開催するとともに，東温市商工会，同友会東温支部と協議を行い，「市内企業の現状把握調査」を行うことにした．市内事業所の多くは，東温市商工会に加盟しているが（当時300名程度），東温商工会でこの調査を担うのは困難であった．そこで，愛媛県中小企業家同友会がこの依頼を受けることにし，調査に全力を挙げた．

　一方，東温市の下に「中小企業振興基本条例検討委員会（委員長　井藤正信愛媛大教授）」が設置され，事業所調査の実施をはさみながら，2012年度に8度の委員会を開催し，条例案をまとめ，東温市長に提出した．そして，パブリックコメントを経て，2013年3月の議会で『東温市中小零細企業振興基本条例』が可決され，条例に基づく東温市の中小零細企業振興が動き出すことになったのである．

　「中小企業振興基本条例検討委員会」が順調に進んだのは，『平成23年度東温市中小企業等現状把握調査』が実施され，その結果が出てきたことによる．何よりも調査結果で驚いたのが，役員，家族を含む正社員2人以下の事業所が過半数を占めるという小規模性の高さであった（図15-1）．しかも，規模が小さいほど5年後の成長見通しが持てないという深刻な状況を見て取ることができた（図15-2）．

　調査対象は，「タウンページ」に掲載の市内全事業所（1359事業所）から選び，調査基準日を2011年10月12日として，同年12月から翌年1月にかけて実施された．廃業等で調査不能の事業所も少なくなく，調査の実施事業所は1164事業所で，調査拒否もあり，回収は853件に止まった．それでも市内企業の小規模性については疑う余地はなかった．独自調査を通じて明らかになった結果は心への届き方が違うのである．

　そして，こうした実態を知ったことは，振興条例の名称にも大きな影響を与えることになる．すでに取り上げたように，「零細」という言葉を入れることにな

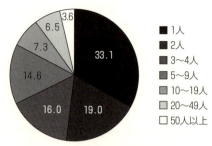

図15-1　正社員規模別事業所割合
（東温市2011年調査）

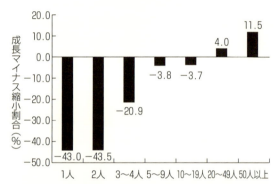

図15-2　事業所の5年後の成長・縮小見通しDI
（東温市2011年調査）

ったのである．この言葉の意味をかみしめ，市内の中小零細企業支援を行うことを誓った．

「東温市中小零細企業振興基本条例」の構成は，前文，目的，主体の定義，基本理念，基本方針，市の役割，事業者の役割，経済団体の役割，学校の役割，金融機関の協力，市民の理解と協力，東温市中小零細企業振興円卓会議となっている．市，事業者，経済団体，学校については主体意識を強調し，金融機関と市民については協力を求める位置にした．そして，その役割（期待するところ）を詳しく規定した．さらに，「東温市中小零細企業振興円卓会議」の設置を条文の中に盛り込んだ．

すべてを取り上げる余裕はないので，ここでは，市の役割，事業者の役割に触れておきたい．まず市の役割である．

> **市の役割（条例第5条）**
> ・前条の基本方針を総合的かつ計画的に推進するため，必要な調査及び研究を行い，財政上の措置を講ずる．
> ・振興施策の実施に当たり，各機関，団体市民と協働し，効果的に実施するように努める．
> ・発注・調達等に当たっては，市内の中小零細企業者の受注機会の増大に努める．

市の役割として，中小零細企業振興を総合的・計画的に進めるために，必要な調査・研究を行うこととした．そして財政上の措置を講じることとした．こうした取り組みを各機関，市民団体と連携・協働で進めることを宣言したのである．

2011年に実施された調査結果から示唆されたのは次のような点であった．

・製品の独自性，技術・精度・品質，迅速さ，細かな対応に自信
・経営戦略，営業，市場開拓・販路拡大，人材，教育訓練の強化が課題
・ブランド力の強化が大事
・経営者の自覚と人材育成が大事

強みは一層伸ばし，弱みは協力しながら克服していくことを目指し，円卓会議での議論は進められ，それを受けつつ，東温市は中小零細企業振興の施策を講じる方向に市政運営の方向を切り替えていった．

こうして，2014年度は，異業種交流会の定期的開催／東京・大阪での合同企業誘致フェア／中小企業振興資金融資事業／中小企業金融制度資金利子補給制度／『東温の匠・極（事業所）紹介冊子』作成事業／とうおん銘菓製作委託事業／とうおんの魅力発信事業（いのとん・観光大使の活用）／とうおん愛味もん発信事業／とうおんまるごと見本市開催事業／とうおんまちづくり型観光事業が実施された．

条例制定後2年目の2015年度には，とうおんブランドづくり推進事業／販路拡大支援事業（見本市参加支援）／販路拡大マッチング事業（東温・松山販路拡大市）／女性のチャレンジ応援事業／とうおん健康医療創生事業／地域資源活用全国展開支援事業／ファミリーフェスティバル開催事業／ゆったりサイクリング開催事業／とうおんの魅力発信事業（いのとん・観光大使の活用）／とうおんまるごと見本市開催事業／とうおんまちづくり型観光事業が実施された．

そして，2016年度は，企業支援事業（女性のチャレンジ応援）／東温市中小零細企業現状把握事業／販路拡大支援事業（見本市参加支援）／ブランドづくり推進事業（知名度向上支援）／地域資源活用全国展開支援事業／エコツーリズム促進事業／ゆ

ったりサイクリング開催事業／中小企業支援事業周知パンフレット作成事業／とうおんの魅力発信事業（いのとん・観光大使の活用）／とうおん健康医療創生事業（愛媛大医学部連携）／インターンシップ制度構築プロジェクトが実施された．

　注意深く見ると，行政にありがちな前年度事業の踏襲というのではなく，新しい事業の導入と既存事業の工夫・発展という姿をとっている．これは円卓会議（振興会議）での議論が始まってくると，前年度踏襲ということは許されない．ここに，まさに条例が制定された意味を見ることができる．

3　中小企業の経営力，人材育成力

　さて，2016年度の事業を見ると，東温市中小零細企業現状把握事業というものがある．これは，2016・2017年度の事業となっており，次のような位置付けが与えられている．

　「平成23年度に実施した中小企業等現状把握調査から5年が経過し，その間，平成25年には『東温市中小零細企業振興基本条例』が制定されている．また，基本条例制定に併せて設置された『東温市中小零細企業振興円卓会議』では，様々な中小零細企業振興のための施策を実施している．

　市内中小零細企業の新たなニーズ及びこの5年間の施策に対する評価等を調査し，今後の中小零細企業振興施策の充実を図ると同時に，現状，課題，問題点等の把握を目的とする．

　さらに，2015度に策定した『第2次東温市総合計画』や『東温市まち・ひと・しごと創生総合戦略』での政策目標に対し，より実りある施策への反映を目指す」．

　いうなれば，2012年の全事業所調査以来実施してきた中小零細企業振興施策実施の総括をし，今後の目標を考える全事業所調査を実施しようということである．

　地方自治体において，なかなかこうした事業まで実施することはできないが，東温市においては事業所の変動は多く，市内事業所の動向には注視が必要であった．政策・施策の効果を確認しながら中小企業振興を進めていくためにも，本来は多くの自治体で求められるところであり，まぎれもなく市の役割となっていると言えよう．

　東温市では『2016年度市内企業現状把握調査』として調査票が作成され，2016年11月から12月にかけて民間のリサーチ会社のもとで実査が進められた．調査票作成と詳細分析は，立教大学社会情報教育研究センターに委託され，筆者の下で作業が行われた．2014年経済センサスの回答事業所1233に加え，タウンページで

確認された新設事業所94の計1327事業所を対象に調査が実施され，調査拒否174，廃業・移転189であったため，有効回答は964となった．

調査項目は，次の通りである．

> 1．貴事業所の概要（所在地，事業種類，従業員数，組織形態，資本金他）
> 2．経営状況（売上・利益の増減，販売先・仕入先，経営上の問題点他）
> 3．経営計画・事業所の強み・インターネット活用，立地メリット
> 4．雇用・採用・教育（従業員の増減，採用予定，人材育成，研修他）
> 5．支援施策の利活用状況（条例の認知，支援施策の利用，施策の希望他）
> 6．今後の見通しと方向性（5年先の見通し，新分野，後継者の有無他）
> 7．企業連携，社会活動（企業団体への加盟，活動内容，社会活動参加他）
> 8．市・県・国等への施策の要望（自由記述）

事業所の概要，経営状況，雇用・採用，支援施策の利用状況，企業連携，今後の見通し，施策要望などは，多くの自治体でも問われる項目であるが，同調査では，経営計画と人材育成に関してあえて質問をすることにした．というのは，条例で事業者の役割が次のように規定されているからである．

> **事業者の役割**（条例第6条）
> ・自主的な努力及び創意工夫により，経営基盤の強化，人材の育成，地域からの雇用の促進及び雇用環境の充実に努める．
> ・職業への理解，人材育成，雇用環境整備のため学校との連携に努める．
> ・市内産品，サービスの利用に努める．
> ・経済団体への加入，振興事業への協力．

事業者・経営者の役割の第1項として，自主的な努力及び創意工夫による経営基盤の強化，人材の育成が謳われている．事業者の努力としてこの点が期待されているわけである．いくら支援しても，当然のことながら，この点で返ってくるところがないと，支援で一丸となることなどありえないからである．

そこで，非常にシンプルであるが，次のような項目を調査票に入れた．

経営指針・経営計画について

① 経営理念の外部発信を行っていますか	1．はい	2．いいえ
② 中長期の経営方針はお持ちですか	1．はい	2．いいえ
③ 毎年の経営計画は作っていますか	1．はい	2．いいえ

④ 月次で事業進捗状況の点検をしていますか	1．はい　2．いいえ
⑤ 経営に関する勉強会があれば参加したいですか	1．はい　2．いいえ

人材育成について

① 人材育成のマニュアルや仕組みはありますか	1．はい　2．いいえ
② 就業規則はありますか	1．はい　2．いいえ
③ 賃金規程はありますか	1．はい　2．いいえ
④ 雇用環境整備の勉強会があれば参加しますか	1．はい　2．いいえ

　地方自治体の行う事業所調査で，こうした項目を加えることはあまりないが，地域の事業所，企業の経営力，人材育成力を確認する上で，実は大事である．これらの項目と売上高変化（過去3年間の増減）をクロス集計し，売上高DI（「(やや)増加」企業から「(やや)減少」企業の割合を引いた％）をとったものが下図である．「増加」企業の割合が多いほどDI値としては高くなり，「減少」企業の割合が多ければその値は低くなる．

　紙幅の関係で，詳しく触れられないが，「はい」，「いいえ」の割合は半々ぐらいが多く，「いいえ」がごく少数というわけではない．そのことを踏まえ，「はい」，「いいえ」別に売上高DIを比べるとその差に驚く．やはり，経営指針を持ち，計画的に経営を行っているか否かで，業績にはっきりと差が出てきているのである（図15-3）．これは，利益DI，業況DIで見ても同じである．

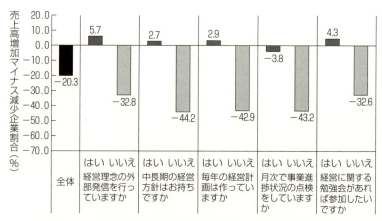

図15-3　経営指針の作成等の有無別に見た売上高DIの違い

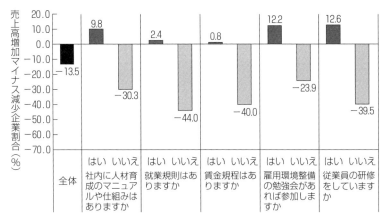

図15-4　人材育成のマニュアル等の有無別に見た売上高DIの違い

　また，人材育成，就業規則，賃金規程関係の項目もそうである．「はい」，「いいえ」で売上高 DI にはっきりした差が出てくる（図15-4）．利益 DI，業況 DI もそうである．人材育成を重視するか，社員とともにどのように事業活動を行うか，その姿勢が業績に表れてくるといってよい．そのことを事業者・経営者は捉えておく必要があり，この点で他の経営にいかに学ぶか，どう独自の工夫をするかが問われている．『東温市中小零細企業振興条例』で事業者の役割が明示されているのは，こうした努力を期待してのことと思われる．

　経営努力の面で事業者・企業家の頑張りが確認できると，地方自治体による支援事業にも熱が入るし，地域金融機関，教育機関の協力もかみ合ってくることになるといえよう．

おわりに

　愛媛県東温市での取り組みを例に，中小企業振興基本条例とそれに基づく支援施策の展開を見てきた．中小企業憲章の閣議決定以降，多くの自治体で条例づくりが進められてきた．そうした中では，大変先進的な取り組みということができる．

　しかし，その真価が問われるのは，高齢化が進み，人口減少が本格的に進むこれからである．中小企業振興の取り組みと人口ビジョンに基づく取り組みは一体不可分のものであり，庁内体制もそれにふさわしいものとならねばならない．地

方創生事業の交付金を受け取るため少なからぬ自治体で，企画部門が対応する形で市内事業者への補助事業を行い，商工労働部門の事業とねじれ現象を生じさせてきている．

地方行政の庁内体制の見直しを含め，条例に定められた各機関の役割が十全に果たされるよう一致努力していくことがこれからの地方の持続可能性にとって重要な要素となってくる．

参考文献

植田浩史［2009］「地方自治体と中小企業振興」『企業環境研究年報』第14号．

植田浩史・植田展大［2016］「東日本大震災と南三陸町の地域産業・中小企業」『企業環境研究年報』第31号．

瓜田靖［2015］「中小企業憲章・条例推進運動の成果と課題」『企業環境研究年報』第20号．

愛媛県東温市［2017］『東温市を支える中小零細企業――2016年東温市事業所現状把握調査――』三恵社．

菊地進［2010］「地方自治体の基本構想と中小企業振興条例」『企業環境研究年報』第15号．

―――［2016］「宮城県南三陸町における中小企業実態調査と地域振興」『企業環境研究年報』第31号．

三井逸友［2011］『中小企業政策と「中小企業憲章」』花伝社．

立教大学社会情報教育研究センター［2014］『輝きに満ちたまち東温市を支える中小企業――東温市中小企業現状把握調査の分析』三恵社．

吉田敬一・井内尚樹編著［2010］『地域振興と中小企業―持続可能な循環型地域づくり』ミネルヴァ書房．

和田寿博［2014］「東温市と松山市の中小企業振興基本条例の制定と初期の取り組みおよび愛媛同友会の役割」『企業環境研究年報』第19号．

―――［2015］「東温市と松山市の中小企業振興基本条例の取り組みおよび愛媛同友会の役割」『企業環境研究年報』第19号．

和田寿博・鎌田哲雄［2012］「愛媛県東温市における中小企業振興基本条例の制定に向けた産学官民の取り組み」『企業環境研究年報』第17号．

第16章

グローバル経済下の地域中小企業の役割
――地場産業の中小企業を中心に――

山 本 篤 民

は じ め に

　経済のグローバル化が進展するなかで，日本の製造業の大企業の多くは，生産の拠点を国内から海外に移転している．近年では日本に比べて相対的に安価な労働力を求めて海外に生産拠点を移すだけではなく，成長する市場を求めて新興国に進出する動きもみられる．その一方で，日本の国内市場は海外からの輸入製品が増加しており，輸入浸透度も高まっている．国内市場向けに製品を製造している企業は，輸入製品との厳しい競争にさらされている．このような影響もあり，日本国内の工場の閉鎖や縮小があいついで起こっている．その結果，日本国内における製造業の就業の場が縮小している．

　製造業が就業の場として大きな割合を占めてきた地域では，工場の閉鎖や縮小によって人口の流出や減少が生じている．就業の場の喪失が人口の流出や減少をもたらし，さらに地域の衰退に拍車をかけるといった悪循環に陥っている地域もみられる．こうした状況に歯止めをかけ，人々が生活しつづけられる地域であるためには，就業の場を維持・創出していくことが必要である．その際，筆者は，次のような理由から，地場産業の中小企業が果たしている役割に注目している[1]．

　第一の理由は，長期にわたり地域に根づき，地域経済の担い手となってきたことである．地場産業の多くは，地域の経営資源を活用して製品を製造している．また，特産品として当該地域で製造されていることに価値があることもあり，簡単には生産拠点を移さない．そのため，いつ移転してしまうかわからない誘致企業とは異なり，地域経済の重要な担い手となっている．

　第二には，全国各地に広範に分布して，各地域で人々に就業の場を提供していることである．地場産業は，東京をはじめとする大都市にも存在するが，地方の都市にも存在する[2]．地場産業の産地は，全国に500以上あるとみられる[3]．それぞれ産地の規模に違いはあるものの，全国各地に存在して，地域の人々に就業

の場をもたらしている．

　第三には，近年，地場産業製品が再評価されつつあることである．その理由としては，安全性や健康面で問題を引き起こす恐れすらある粗悪品や違法まがいのコピー製品が海外から押し寄せており，こうした状況への危機感から安全志向・本物志向・国産志向が高まり，地場産業製品が再評価されているのではなかと考えられる．

　以上のように，地場産業は，依然として地域経済にとって重要な産業であり，今後も発展の可能性を秘めているのではないだろうか．そこで，本章では，地場産業の中小企業が経営を維持・発展させていくための方策について考察していきたい．

1　国内の製造業と地場産業の動向

（1）　国内の製造業の動向

　近年，大企業を中心に製造業の企業の多くは生産拠点を国内から海外に移転している．また，こうした大企業の動きに追随するかたちで，中小企業の海外進出も増加している．日本は，他のアジア諸国などと比較すると人件費が割高になることから，コストを抑えるために生産拠点を国内から海外へ移す動きが続いている．さらに，進出国の市場の成長を期待して海外に拠点を設ける動きも広がっている．その結果，日本の製造業の海外生産比率は，1990年度に6.4％であったものが2000年度には11.8％，そして2015年度には25.3％に達している[4]．

　一方，日本の国内市場は，海外からの輸入製品の浸透度が高まっている[5]．鉱工業全体の輸入浸透度は，2007年には19.7％，そして2013年には23.6％となっている[6]．ちなみに，輸入浸透度の高い繊維工業では，同時期に46.6％から54.4％へと上昇している[7]．国内市場向けに製品を製造している製造業者や，部品を加工している加工業者は，輸入製品との競争が激しくなっていることがうかがえる．

　日本国内での製造業の経営環境は厳しさを増しており，国内の製造業の事業所（民営）は，1991年に85万6896事業所であったものが，2016年には45万3810事業所まで減少している[8]．また，同期間に，製造業の事業所（民営）の従業者数は，1408万7202人から892万5749人へと減少している[9]．

　国内の製造業における就業の場の縮小は，地域に雇用不安や失業問題など深刻な問題をもたらしている．こうした状況に対応してくためにも，地域で就業の場を維持・創出していくことがこれまで以上に重要になっている．

（2） 地場産業の定義

　地場産業の動向を明らかにするのにさきだち，地場産業の定義について触れておきたい．地場産業については，法的な規定や学問的に統一した定義は存在しない．地場産業の先駆的な研究者の1人である山崎は，地場産業を次のような定義している．

　① 特定の地域で起こった時期が古く，伝統のある産地であること．② 特定の地域に同一業種の中小零細企業が地域的企業集団を形成していること．③ 生産，販売構造が社会的分業体制となっていること．④ ほかの地域ではあまり産出しない，その地域独自の「特産品」を生産していること．⑤ 市場を広く全国や海外に求めて製品を販売していること［山崎 1977：6-9］．

　山崎の定義を要約すると，地場産業は，長期にわたり地域に根づいてきた産業であり，当該地域で中小企業からなる企業集団（＝「産地」）を形成して，特産品を社会的分業により生産し，国内外の市場に販売しているということである．このように，地場産業は，多数の中小企業によって構成されており，地域の人々の就業の場にもなっている．また，地場産業製品の生産や流通には，産地内の多数の中小企業が関わることから，地域内の経済循環を促す役割も担っている．こうした点でも，地場産業の中小企業は地域経済の活性化に貢献してきたといえよう．

（3） 地場産業の動向

　続いて，地場産業の動向を確認しておきたい．中小企業庁の委託調査である「全国の産地――平成27年度産地概況調査結果――」（以下「産地概況調査」とする）によると，1産地の平均企業数は52.4企業，平均従業者数は642.2人となっている[10]．また，金額が把握できる136産地の回答によると，1産地の平均生産額は，115億8000万円となっている．

　「産地概況調査」では，産地の企業数や生産額について2010年と2014年の値を比較することができる．それによると，産地企業数は2010年を100とすると2014年は88に低下している．同様に生産額も100から95へと低下している．産地企業数や生産額のうえでは，地場産業の産地は縮小傾向にあるといえる．こうした傾向は，近年はじまったものではない．「産地概況調査」では，「産地製品の出荷水準が最も高かった年代」についてたずねている．その結果は，「昭和49年以前」が30.2％と最も高く，次いで「昭和50年代」が23.8％，「平成元年〜5年」が17.0％，「昭和60年代」が11.1％などとなっている．これによると，オイルショック（昭和48年）やプラザ合意（昭和60年），バブル経済崩壊（平成5年）などを契

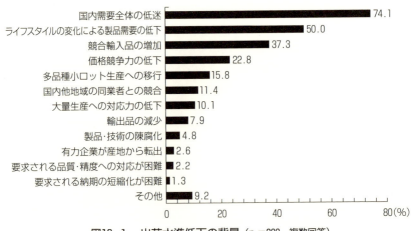

図16-1　出荷水準低下の背景 (n =228, 複数回答)

出所：日本総合研究所[2016]より作成.

機として出荷額が減少に転じた産地が多いものと思われる．

次に，**図16-1**は，産地における出荷水準の低下の背景をたずねたものである．70％以上の産地が「国内需要全体の低迷」をあげている．ただし，より深刻なのは，単に需要の低迷だけではなく，半数の産地が「ライフスタイルの変化による製品需要の低下」をあげていることである．地場産業製品のなかには，和服や和箪笥，茶道具のように日本の伝統的な生活様式や文化・風習と密接に関わるものがある．こうした地場産業製品は，日本人の生活様式が洋風化するなかで日常生活のなかで使用される機会が減少しており，今後も需要が拡大する見通しはたちにくいのが現状である．

さらに，「競合輸入品の増加」(37.3％)や「価格競争力の低下 (22.8％)といった回答も比較的高くなっている．先に輸入浸透度について取り上げたが，地場産業製品についても安価な競合製品が海外から輸入されることで，産地企業は国内市場で苦戦をしいられる傾向がある．こういた状況を打開していくためには，現在のライフスタイルに適合した製品や，海外からの安価な輸入品との競合にさらされないような高付加価値の製品を開発していくことが求められる．

2　地場産業の中小企業の取り組み

これまでみてきたように，近年，地場産業の産地を構成している中小企業は，

需要の低迷や変化に対応できなかったり，海外からの安価な輸入製品に市場を奪われたりして，苦戦をしいられているところも少なくない．また，経営の悪化や将来の見通しがたたずに倒産や廃業にいたるケースもみられる．こうした状況のなかでも，産地で創業をはたしたり，事業を承継・発展させたりしている中小企業も存在している．本節では，産地で新規に創業した中小企業や事業を承継・発展させている中小企業の取り組みを紹介していきたい．

（1） 越前簞笥産地での新規創業

福井県越前市には，江戸時代後期にはじまる和簞笥の産地が形成されている．この地で生産される越前簞笥は，無垢材が使用され，表面は漆塗り，越前打刃物の技術で作られた鉄製の飾り金具がほどこされているところに特徴がある．越前簞笥産地も需要の低迷や先細りにより，近年は縮小傾向となっている．

こうしたなかで，地元出身のa氏は，2012年に木製家具を製造するA社を創業した．a氏は，大学卒業後に建設機械メーカーに就職して設計開発を担当していたが，モノづくりがしたいという思いから，7年勤めた会社を退社して，木工を学ぶために技術専門校に入校した．卒業後に家具メーカーや越前市の簞笥メーカーを経て，独立を果たした．なお，越前市の簞笥メーカーは，同市の後継者育成事業の助成を受けてa氏を雇い入れ育成した．

独立後の2014年には，福井県内の7つの伝統的工芸品産業の若手職人からなる「福井7人の工芸サムライ」[11]の結成に参加し，積極的に製品開発や展示会への出展を行っている．「福井7人の工芸サムライ」に参加した理由は，1人で事業を経営していくと様々な限界があり，異業種の人と交わることで新たな発想や事業のチャンスを得られると述べていた．実際に「福井7人の工芸サムライ」の結成時に行われたファッションショーにおいて，このショーのプロデューサーからヒントを得て，越前簞笥を小型化したキャリーバックを製造することになった．このキャリーバックは話題を呼び，海外からも引き合いがあるという．その他にもデザイナーとの連携により，茶道具箱などの木工製品を手掛けている．もちろん，一般の顧客や家具メーカーから家具の製造や修理の注文もあり，1人では仕事がこなせない状況となっている．売上も順調に伸びていることから，現在，職人を募集しているところである．

（2） 九谷焼産地での事業承継と発展

九谷焼は，1655年に大聖寺藩において製造が開始され，その後，製造が途切れ

るものの,廃窯から約100年後の1807年に加賀藩のもとで再興された.九谷焼の特徴は,「九谷五彩」(赤・黄・緑・紫・紺青)と呼ばれる色鮮やかな絵付けにある.国内はもちろん海外でも高く評価されているが,産地の企業や職人は,年々,減少している.

九谷焼の窯元であるB窯は,1879年に産地問屋として創業され,その後,1897年に製造も開始された.現在,B窯は,三世代にわたる家族と数名のパートの職人,合計6名によって事業が営まれている.六代目にあたるb氏は,芸術大学在学中から創作活動をはじめ,大学卒業後に実家のB窯に入門した.入門後は,九谷焼とB窯を広めるために,様々なチャレンジをしている.

例えば,海外のデザイナーとのコラボレーション製品を製作して,海外の展示会に出展したり,国内の他の陶磁器産地のメーカーとのコラボレーション製品を製作したりしている.伝統的な九谷焼の製品にとどまらず,連携をとおして新たな製品づくりを行っている.また,九谷焼を広く知ってもらうために,別会社をたちあげている.そこでは,転写技術(印刷された模様をシールのように貼りつけて転写する)を利用した製品を製造・販売したり,顧客に模様つけを体験してもらったりしている[12].b氏は,作家的な活動で評価されるだけではなく,事業面でも着実に成果をあげていっている.

(3) 淡路瓦産地での事業承継と発展

兵庫県の淡路島は,三州瓦(愛知県西部),石州瓦(島根県西部)と並ぶ日本の三大瓦の産地である.淡路瓦産地は,良質な粘土に恵まれており約400年の歴史があるといわれている.寺社や伝統的な家屋に多く使用されている「いぶし瓦」の生産は,日本一である.しかし,他の地場産業の産地と同様に,近年は企業数や生産数量は減少している.

C社は,1961年に創業した瓦メーカーである.現在,同社の従業者は,経営者家族4名を含む6名である.三代目で専務のc氏は,新製品の開発など新規事業に取り組んでいる.c氏は,大学卒業後に保険会社に5年間勤務し,その後,家業を承継するために淡路島に戻ってきた.家業に戻って10数年の間に,瓦製造の技術を活かした,コースター(瓦坐)や箸置き(箸坐)などの瓦小物を開発した.また,建物の壁や床の装飾用の丸い瓦タイル(円坐)も開発した.この瓦タイルは「グッドデザインひょうご」の選定商品にもなった.こうした新製品の開発に加えて,コースター作りの体験をはじめ,瓦を焼く際に施主を工場に招いて「火入れ式」といった儀式を行うなど,工場に足をはこんでもらう企画にも取り組ん

でいる．本業の瓦製造についても，各地の屋根工事業者と連携し，国内のみならず海外からの受注も獲得している．

（4） 事例の考察

以上の3つの事例は，30代・40代の若手が創業もしくは事業を承継・発展に導いているものである．それぞれ産地の技術・技能を受け継ぎながらも，そこにとどまることなく新たな発想で新規の事業を展開している点は注目されるところである．新製品の開発については，既存の地場産業製品だけではなく，現代的な需要に対応した製品づくりが行われていることに共通点を見いだせる．また，B窯とC社については，製品開発だけではなく，製作体験などの機会も提供することで，産地や自社工場に足をはこんでもらう工夫もなされている．

さらに，3者の共通点としては，大学進学を機会に地元を離れたことである．また，a氏とc氏については現在の事業とは異なる業種の企業での勤務経験を有していることにある．こうした機会に地元を離れて，客観的に産地や家業を眺める機会があったものと思われる．もう一つ共通する点は，産地外のデザイナーや経営者などと連携し，新規の事業のアイデアを得たり，共同で製品を開発したり，仕事を受注する機会を活かしていることである．この点は，異分野の人々との連携の重要性を示唆しているといえよう[13]．

最後に事例をとおして指摘しておきたいのは，それぞれの中小企業が経営を維持・発展させ，小規模ながら就業の場を維持・創出して地域経済に貢献していることである．

おわりに

近年，各地の経済が衰退し，特に地方では人口の流出や減少が顕著となり，「地方消滅」といった事態も喧伝されている[14]．「地方消滅」の論点や根拠については，様々な批判がなされているところであるが，人々が生活しつづけることが困難になり，人口の流出や減少に直面している地域も少なくない．その背景の一つとしては，地域で就業して所得を得る機会が失われていることにある．

全国各地に分布している地場産業は，かつては地域の就業の場として大きな役割を果たしていた．しかし，地場産業の産地の縮小にともなって，就業の場としての役割も徐々に失われつつある．だが，事例で取り上げた産地の中小企業のように，新たな事業を展開して，小規模ながら就業の場を維持・創出していること

を見逃してはならない．今日，こうした中小企業の経営を後押ししていくことが，持続可能な地域をつくっていくためにも必要になっているといえよう．

注
1) 地場産業の定義については次節で説明する．
2) 地場産業の全国の分布状況については，北村［2006］を参照．
3) 中小企業庁の委託調査である「全国の産地——平成27年度産地概況調査結果——」の対象産地は，全国578産地となっている．
4) 経済産業省「海外事業活動基本調査」各年度版による．対象は，国内の製造業の法人．国内法人ベース（製造業）の海外生産比率＝現地法人（製造業）売上高／（現地法人（製造業）売上高＋国内法人（製造業）売上高）×100.0
5) 輸入浸透度＝（輸入指数×輸入ウエイト）／（総供給指数×総供給ウエイト）×100
6) 経済産業省ホームページ（http://www.meti.go.jp/statistics/toppage/report/bunseki/pdf/h26/h4a1411j1.pdf　2017年9月3日閲覧）．
7) 同上．
8) 総務庁統計局編［1992］および総務省・経済産業省［2017］を参照．
9) 同上．
10) 調査の対象産地数は578産地，そのうち263産地から回答を得ている．回答の遅れや記入不足を除き，252産地の回答結果が集計されている．
11) 福井県には，越前和紙・越前漆器・越前打刃物・越前箪笥・越前焼・若狭塗・若狭めのうの7つの伝統的工芸品（国指定）がある．「福井7人の工芸サムライ」は，鯖江市の眼鏡素材商社に勤務する熊本雄馬氏がオーガナイザーとなり，7つの産地の若手職人によって2014年に結成された．
12) 伝統的な九谷焼は，職人が筆で模様を描いているが，量産化・コスト低減のために転写技術も利用されている．
13) 地場産業の産地企業の連携については，山本［2017］を参照．
14) 「地方消滅」の概要については，増田編［2014］に示されている．ただし，「地方消滅」の論点や根拠に対しては，様々な批判や疑問も投げかけられている．主な批判については，岡田［2014］を参照．

参考文献
岡田知弘［2014］『「自治体消滅」論を超えて』自治体研究社．
北村嘉行［2006］『工芸産業の地域』原書房．
総務省・経済産業省［2017］『平成28年経済センサス‐活動調査（速報）』総務省・経済産業省．
総務庁統計局編［1992］『平成3年事業所統計調査報告 第1巻 全国編』総務庁統計局．

日本総合研究所［2016］『全国の産地――平成27年度産地概況調査結果――』日本総合研究所.
増田寛也編著［2014］『地方消滅』中央公論新社.
山崎充［1977］『日本の地場産業』ダイヤモンド社.
山本篤民［2017］「地場産業における中小企業の産学官連携」，関智宏・中山健編著『21世紀中小企業のネットワーク組織』同友館.

第17章

浜松地域の繊維企業の挑戦

渡部 いづみ

はじめに

　繊維産業は，かつて浜松地域の三大地場産業と呼ばれていたが，現在では浜松市の製造品出荷額全体の約1.3％（平成26年工業統計調査）に過ぎない．当地域の繊維産業は，川中部門の業界であり，利益の高い川下部門に比べ，不利な部門であると言われてきた．「いとへんの街」と呼ばれる当地域では，産地問屋である産元が中心となり染色・整理業，織物業などが高品質な生地を生産し，東京，大阪などのアパレルメーカーや繊維商社，集散地問屋との取引を続けてきた．

　しかし，当地域の繊維産業を構成する産元，染色・整理業，織物業など繊維関連の企業数は昭和40（1965）年頃をピークに減少の一途をたどっている．また，過酷な環境の下，競争を勝ち抜き，何とか生き延びてきたこれらの企業が，今度は後継者不足という共通の課題に悩まされている．

　そのような状況にあっても，高度な織物を武器に世界中のデザイナーに生地見本を送り，ミラノやパリなど世界の名だたるファッション先進地の展示会に出展して，遠州織物を発信し続けている企業や職人がいる．最近では，ミラノ・ウニカ（展示会）に4年連続で出展し，売り上げを伸ばしている機屋もいる．地道な挑戦が成果を上げ始め，冷ややかだった繊維関連業者達の反応も変化を見せ始めた．

　かつて地域を牽引した繊維産業の挑戦に，浜松市，業界組合，ジェトロなども注目するようになり，支援の動きも広がりはじめた．これらの取り組みが繊維産業だけに留まることなく，浜松地域の産業の再生に繋がっていくことが期待される．

1 繊維産業の現状

わが国の繊維産業を構成する大半は中小・零細企業（企業統計によると繊維工業の約85％は，従業員20人未満の事業所）であり，複雑な分業システムの産業構造をもっている．中でも織物業，撚糸業，染色・整理業などは，労働集約型産業の代表ともいわれる産業であり，国際競争力は圧倒的に低下している．そのため，紡績業や単純織物などの労働集約型業種については海外生産へのシフトが進み，国内繊維産業の生産は昭和40年代半ば（1970年）頃をピークに縮小傾向にある．「繊維産業の製造品出荷額は，1991年がピークで，年々減少しており現在はピーク時の3分の1にも達していない．（2014年工業統計「産業編」中分類別従業員4人以上）．わが国繊維産業は，1970年代以降に日米繊維交渉（70～72年），オイルショック（73, 79年），プラザ合意（85年）後の円高と3度のショックを経験し，その度に繊維を取り巻く環境は厳しくなっていった」［片岡 2013：スライド3］．

日本の繊維産業が疲弊していく中，製造品出荷額は急激に減少し，代わりに平成2（1990）年以降は輸入浸透率が増加していった．付加価値労働生産性の低い産業が，より人件費の低い国々へと移転していくことは，経済の法則として抗うことは困難であるが，バブル崩壊後の深刻な不況・デフレも重なり，GAPやH&Mといった海外のファストファッションなど，安価な輸入品がマーケットに氾濫することとなった．同時に，ユニクロやしまむらなどの国内SPA（製造小売）の伸展が既存のファッション・アパレル業界を追い詰めていった．このような現象の中で，これまでと大きく状況が異なっていたのは，「安かろう悪かろう」というかつての常識を覆し，低価格でも高品質の製品が供給されたことであった．その後20年以上も続くこととなったわが国のデフレが大きく影響していることは間違いないが，浜松地域のような川中産地にとっては，ダイレクトに利益減につながる深刻な事態であった．この段階で繊維産業の空洞化は更に加速することとなった．

特に，浜松地域の繊維業者が扱う製品は，主に高級婦人服に利用される細番手, 高密度の綿や麻などの素材で，比較的高価なものであるため，廉価な製品作りのために製造原価の引き下げ圧力が高まることは，非常に不利でありそのことが結果的に競争力を失うことにつながった．

浜松産地をはじめとする国内の川中産地は，ほとんどが中小零細企業で構成されている．産元が産地の中心であるか，機屋（親機）が主な役割を果たしている

かなど，それぞれ特性はあるが，従業員も9人以下，または4人以下の非常に零細な事業所が占めている．繊維産業がこの国のリーディング産業であった時代から，彼らは伝統的に委託加工中心の業態を取り続けてきた．そのためマーケットが途上国からの安価な輸入品に席巻され受注が減少すると，賃織りの機屋を中心とする業界は一気に倒産や廃業に向かうこととなった．行政や組合は，国際化，自立化への対応を促すが，もともと家族を中心に非常に小規模にものづくりを行ってきた事業者にとって，海外展開はおろか，産地問屋に頼らない商売や国内他地域への販路の拡大なども簡単なことではなく，高齢化や事業承継の問題も重なって，企業の数は激減した．国内の繊維産業が力を持っていた昭和40年代～50年代頃までは，川中業種である機屋や染色・整理加工などの業者は，受注・委託加工のみで充分に経営が成りたった．むしろ，委託加工というシステムは，仕事が豊富にある時は，リスクや責任が回避できるため受託する側には非常に都合がよく，「頼まれるからやってやる．」というような立場で発注側にモノも言い易い．しかし，仕事量が減って，安定した注文が入らなくなった際には，長年の「受けた仕事を単純にこなす．」という仕事の仕方に慣れてしまったことが最大の弱みとなった．「浜松に持って行けば織れないものはない．」と言われるほど高い技術力を誇る遠州産地であるが，自身が作っているものがどんな製品になるのか，言い換えれば，スカートになるのかブラウスになるのかさえ判らず布を織っていたのである．当然，独自に販路を開拓する方法も判らなければ，協力できるビジネスパートナーもいなかった．ましてや高級アパレルメーカーの製品が，生地価格の100倍ほどで販売されることも少なくないことなど，想像もできなかった．更に，後継の育成や社員教育などにも取り組んでこなかったため，国際化やIT化に対応できる優秀な人材を確保することができず，高度な技術を持ちながら，廃業せざるを得ないといった事業所も少なくなかった．

　その一方で，一部の力のある企業や危機意識のある生産者は，20年ほど前から委託加工の生産スタイルからの脱却を試みるようになり，成果を現し始めている．浜松地域にも海外の展示会に毎年のように製品を出品し，アパレルメーカーの世界的ブランドとの取引を成立させるなど，着実に結果を出している企業もある．また，国内でも，海外で生産される廉価な大量生産品ではなく，原材料から拘った安全・安心なものづくりに関心を寄せる消費者も見受けられるようになり，地場の製品を購入したい，着用したいというニーズが生まれ，消費者が更に多様化していることはチャンスととらえることができる．

2　浜松産地の現状

　浜松市の平成26（2014）年の工業統計調査によると，従業者1〜3人の事業所数は，前年比3.1%減の3937事業所，従業者数は，前年比1.8%減の7万3665人である．また，従業者4人以上の事業所数は，前年比1.8%減の2104事業所，従業者数は，前年比1.6%減の7万32人，製造品出荷額は，前年比5.8%減の2兆58億円となっている．いずれの指標も減少しており，ものづくりの街と言われてきた浜松市においても，工業が縮小していることがわかる．

　従業者4人以上の事業所の産業別の構成をみると，輸送機械器具が20.4%と最も大きく，繊維工業は6.7%である．繊維工業は，前年より構成比が1.4%大きくなっており，わずかではあるが，事業所数も増えていることは，非常に興味深い．しかし，従業者数では，輸送用機械器具の構成比が32.6%であるのに対し，繊維工業は2.9%で，かつての勢いは全く感じられない．製造品出荷額に至っては，輸送用機械器具が40.4%を占める一方で，繊維工業は1.3%と，かつて当地域の3大地場産業と呼ばれた分野であったとは，少なくとも産業規模だけで見た場合には，判断し難い．

　浜松市の繊維工業，自動車・同付属品及び楽器の製造品出荷額等の状況は，「繊維工業」267億6207万円，「自動車・同付属品」7653億1681万円，「楽器」174億1367万円となっており，改めてデータを確認しても，繊維や楽器は浜松市にとって象徴的な産業ではあるが，地域経済に大きく寄与しているのは，自動車などの輸送用機械器具産業である．

　産地組合である遠州織物工業協同組合に所属する織物業者は，平成8（1996）年の326社から2017年には70社と激減した．しかし，各産地の組合が資産管理を主な仕事としているのに対し，当組合は，国内外の展示会への出展支援や域内の繊維業者などを有機的に結び付ける役割も果たしており，産地全体のオーガナイザーとして遠州織物産業の振興に寄与している．

3　浜松産地・企業の取り組み

　遠州織物工業協同組合に所属する古橋織布有限会社（浜松市）は，4年連続でミラノウニカに出展し，プラダやアルマーニ等といった世界的ブランドにその生地が採用されている．地方の小規模機屋（従業員8名）が，このような成果をあ

表17-1 2015年 遠織 推定生産数量

(単位：㎡)

	品名	1月	2月	3月	4月	5月	6月	7月	8月	9月	10月	11月	12月	合計
絹織物	ポプリン	0	0	0	0	0	0	0	0	0	0	0	0	0
	平地絹布	190,399	217,126	217,304	173,272	126,058	145,154	117,118	123,591	164,283	199,816	241,397	267,579	2,183,097
	綾織物	353,312	346,253	322,586	298,782	266,768	288,764	188,935	234,242	323,223	320,181	439,893	405,709	3,788,079
	変り織物	141,391	163,073	177,422	169,946	149,804	151,338	191,227	185,355	174,995	198,354	212,656	187,108	2,102,669
	別珍コール天	0	0	0	0	0	0	0	258	0	0	0	0	258
	その他絹織物	0	0	0	0	0	397	0	0	0	0	0	0	397
	先染織物	194,923	189,500	165,553	161,417	169,672	169,799	142,590	124,365	143,918	163,292	223,547	215,146	2,063,722
	絹織物合計	880,025	915,952	882,865	803,417	712,302	755,452	639,870	667,553	806,677	881,643	1,117,554	1,074,912	10,138,222
合繊	テトロン平織り	204,090	194,487	197,265	191,539	158,110	155,964	180,783	147,536	141,416	200,236	235,841	226,662	2,233,929
織物	テトロン綾織物	3,154	1,691	2,103	1,736	1,845	2,558	2,194	3,181	3,372	1,873	1,986	3,503	29,196
	テトロン変り織	2,870	5,323	2,221	110,047	16,773	1,196	2,563	1,803	5,246	2,965	17,999	15,785	184,771
	その他合繊	168,555	176,782	178,991	183,738	169,816	145,182	167,526	155,730	153,452	185,076	213,714	209,265	2,107,827
	テトロン麻等混	0	0	0	0	0	0	0	1,010	0	0	0	0	1,019
	合繊織物合計	378,669	378,292	380,580	487,060	346,544	304,900	353,066	309,260	303,486	390,150	469,540	455,195	4,556,742
	スフ織物合計	7,166	58,026	46,492	7,512	23,054	7,251	7,788	4,947	16,575	7,246	9,237	8,130	203,424
	その他織物合計	86,269	76,372	88,136	81,859	44,469	40,000	54,822	47,753	141,807	144,202	94,661	118,869	1,019,219
	合計	1,352,129	1,428,642	1,398,073	1,379,848	1,126,369	1,107,603	1,055,546	1,029,513	1,268,545	1,423,241	1,690,992	1,657,106	15,917,607

表17-2 2016年 遠織 推定生産数量

	品名	1月	2月	3月	4月	5月	6月	7月	8月	9月	10月	11月	12月	合計
絹織物	ポプリン	0	0	0	0	0	0	0	0	0	0	0	0	0
	平地絹布	255,741	233,048	248,518	180,770	141,907	173,943	132,603	151,646	203,177	254,732	270,349	280,416	2,526,850
	綾織物	416,071	336,992	331,539	309,516	270,396	298,413	256,760	335,094	469,082	455,459	570,693	547,085	4,597,100
	変り織物	160,023	149,073	155,999	190,304	158,998	148,175	186,457	169,877	156,166	173,539	163,486	177,325	1,989,412
	別珍コール天	0	0	0	0	0	471	0	0	0	0	0	0	471
	その他絹織物	203,357	185,226	154,182	141,217	147,003	148,172	132,112	121,342	156,873	169,981	211,788	212,639	1,983,892
	絹織物合計	1,035,192	904,339	890,238	821,807	718,294	769,174	707,932	777,959	985,298	1,053,711	1,216,316	1,217,465	11,097,725
合繊	テトロン平織り	195,566	148,936	160,977	160,518	128,708	131,501	133,792	101,489	97,540	99,114	105,895	103,193	1,567,229
織物	テトロン綾織物	2,776	1,725	1,929	2,135	2,123	2,979	2,590	3,664	4,073	2,225	2,070	3,890	32,179
	テトロン変り織	3,912	4,393	2,719	110,911	6,908	1,345	2,562	1,666	7,873	3,118	18,051	16,442	179,900
	その他合繊	167,503	149,031	159,162	163,947	149,743	125,566	120,295	104,813	97,956	120,927	118,843	122,896	1,600,682
	テトロン麻等混	11	10	0	0	0	0	0	875	0	0	0	0	896
	合繊織物合計	369,768	304,095	324,787	437,511	287,482	261,391	259,239	212,507	207,442	225,384	244,859	246,421	3,380,886
	スフ織物合計	6,848	15,729	13,710	2,441	6,789	1,858	2,160	1,236	5,035	1,698	1,825	1,488	60,817
	その他織物合計	100,253	126,224	125,118	88,011	64,829	46,063	52,825	48,079	131,504	147,050	137,894	124,936	1,192,786
	合計	1,512,061	1,350,387	1,353,853	1,349,770	1,077,394	1,078,486	1,022,156	1,039,781	1,329,279	1,427,843	1,600,894	1,590,310	15,732,214

出所：遠州織物工業協同組合資料より筆者作成。

げることは容易ではなく，技術力，人材，資金面が充実していることはもちろん，地道な準備と強い想い，チャンスなどにも恵まれなければ，チャレンジは成功しない．製品力，人材，輸出力などが揃っている機屋は産地内でも2〜3軒ほどで，小規模な商社と取引をしながら，15〜20年ほど前から段階的に，工賃仕事を自社製品の直販に切り替えていく努力を始めていた．「うちでしか織れない生地をつくっていれば，必ずお客さんは来る．」と信じて生産し続けた他社には真似できない高技術織物を認めたのは，素材の良さにこだわるイタリアのファッションブランドだった．平成27（2015）年には「oriya」という自社ブランドを立ち上げ，素材である生地を製品にすることで，改めて遠州織物を認知してもらうという活動にも力を入れている．他に組合員企業のうち，福田織物，杉浦テキスタイルも，独自のノウハウを持ち，成果を上げている．

有限会社福田織物（掛川市）は，織物業を主体におきながら，企画から販売までを行う．1000種類以上の商品を取り揃えるショールームを備えた同社は，単なる機屋の域をはるかに超えている．25年ほど前には，既に産元に頼らない新しい流通形態を模索し，その中で注目したのが「細番手織物」であった．細番手の織物は，しなやかで光沢があり高級品として取り扱われていたが，福田織物はこれまで以上に細い糸を使用した80番手の織物の開発に成功した．それは，福田織物の高い技術力がなければ，生み出せない市場であった．前述の古橋織布同様，仕入れから販売までを一社で行う．域内分業が常識だった繊維業界において，機屋がそこまでを担うということは，やはり非常に画期的なことであった．

80番手糸を使用した「薄く，軽く，やわらかい」高品質なテキスタイルは，有名デザイナーからの問い合わせも多く，マーケットとしても注目され始めている．平成27（2015）年3月には，その活動が評価され，中小企業庁より「がんばる中小企業・小規模事業者300社」に選定された．

同社が特に脚光を浴びるきっかけとなった商品が「光透けるストール」である．細番手織物の高い技術を生かし，通常の高級シャツに使用する糸の2分の1細い糸を超極細糸に紡ぎ，柔らかで滑らかに仕上げた．当初，2万円近いその価格から，小売店から懸念が示されたが，他に類を見ない品質の高さからコンスタントに販売実績を伸ばしている．平成20（2008）年9月に「綿細番手をコアにした，軽量コーデュロイを含めたスーパーエキストラファインテキスタイル（超細番手織物）の事業化」をテーマとして，中小企業地域資源活用促進法に基づく事業計画の認定を受けた．細番手を織るためには，糊付け，機織り（はたおり）の高い技術が必要なため，現在でも80番手を織ることのできる機屋は限られているが，

同社では，さらに難易度の高い100番手，120番手といった超細番手を使用した超薄型の綿生地の開発に挑戦している．120番手を使用したテキスタイルは，綿でありながらシルクのような手触りで，イタリアの高級メゾン（有名ブランドメーカー）からの引き合いがある．

当社は，このように誰にも真似のできない技術と想いで欧州の販路も着実に開拓し始めている．

ただ，組合としては，海外出展を特に強くは勧めていない．遠州産地においては，生産拠点を海外にすることは現在は想定しておらず，海外に出すのは飽くまで生地となった製品のみでよいと考えている．現時点では，生産拠点を海外に持って行っても，当産地の特産である高級テキスタイルが生産できるとは思えない．国や行政は，海外などの新しい販路を開拓するよう提案しているが，国内相手でも商売は充分に成り立つと判断する．大切なのは，海外相手でも国内相手でも「売り先を選ぶことができる製品力を持つこと．」である．資金面が充実している企業ならそれも難しくはないが，限られた資金や人材の中で，切迫した状況で商売をしているため，成功は容易ではない．ただ，当組合では，ファストファッションと競争するつもりはなく，モノの良さを真面目に追及していくことが，当産地の繊維産業と企業を残す道であるとしている．自ら販路を開拓できる力のある機屋は先進事例ではあるが，賃織りを行う機屋が組合員70社のうち6～7割はいなければ，産元機能も失われてしまう可能性があり，当産地のバランスが崩れてしまうため，全ての機屋の賃織りからの脱却を目指している訳ではない．

4　今後の方向性と挑戦

平成19（2007）年6月に取りまとめられた繊維産業の展望と課題，いわゆる繊維ビジョンは，高度複合技術戦略の推進，ジャパンテクノロジーのグローバル展開を目標に掲げ，日本の繊維産業が5年後にどこに向かうべきかという視点で提言された．わが国の繊維産業が，再び国際競争力を取り戻し，グローバルニッチトップのオンリーワンを目指すとして，どんな小さな中小企業でも，それぞれ独自の世界を築き強靭な体質を備えた繊維産業に転換すると説いた．そのためには，「①構造改革の推進，②技術力の強化，③情報発信力・ブランド力の強化，④国際展開の推進，⑤人材の確保・育成に取り組む必要があるとしている．具体的には，産地中小企業の活性化や生産性の向上，横断的な施策の活用，研究開発投資の重点化，異業種との開発協力，技術流出対策，ホーム（日本・東京など）に

拠点を持つ，アウェイで競う（JETROとの連携），新しいライフスタイル需要を創るなどの政策目標が掲げられた」［片岡 2013：スライド21］．

しかし，策定後，リーマンショックや振興国企業の更なる台頭など，大きな環境の変化があり，経済産業省の今後の繊維・ファッション産業のあり方に関する研究会では，平成22（2010）年に新たな報告書をまとめた．そこには，今後の方向として「① 内需依存体質からの脱却・外需の取り込み，② コスト競争からの脱却，感性をビジネスへ，③ 個別から連携・統合へ，④ トップレベルの技術を幅広い分野に，⑤ 社会のニーズを付加価値に変える．」［片岡 2013：スライド22］ということが謳われている．

これらの提言に沿って，浜松産地の今後の取り組みについて検討していく．

まず，「内需依存体質からの脱却・外需の取り込み」については，アジア，ASEANなどでEPAが締結されたり，JETRO浜松が設置されたりという，活動の素地は整ったかのように見える．海外でのコレクションに出展する企業もあり，充分とは言えないまでもJETRO浜松や行政などのフォロー体制も整備されつつある．しかし，海外展開で成果を上げている企業は産地内の2～3社と少なく，効果も限られている．ジャパンクリエイションに参加したいという声もあがっているが，予算面などで追いついていない．ジャフィックのプロジェクトからも声はかかっているが，結果が出るかどうか懐疑的である．関係者からは，所詮大手企業を相手にした政策であり，中小零細企業中心の当産地では，使い勝手が悪いプロジェクトだとの批判もある．国内マーケットにも可能性はあり，生産量の減少も，廃業していく企業の分が減少しているだけで，1社あたりの仕事量は減っていないとの見解もある．

次に，「コスト競争からの脱却，感性をビジネスへ」という点であるが，この点については，当産地は大いに共感するところであり，逆に生き残る方法はそこにしかないと考えている．ファストファッションと競争する必要はなく，当地でしか作ることのできない特別な製品を生み出していかなければならない．ここ20年ほどアパレルビジネスの主流を占めていたSPAという手法にほころびが見え始めているという意見もある．特にリーマンショック後は，低価格衣料品の市場規模は拡大しているが，その一方で，消費することの意味を考える消費者も徐々に増え始めている．情熱を持って社会に貢献するものづくりをしている企業か，自分にとってそれは本当に好きなものか，必要なものかなどを強く意識する消費者が現れる中で，SPAなどこれまで万能と言われてきた手法が，社会の変化に追い付いていない．特に平成23（2011）年の震災のあと，人々の意識は大きく変

化し，作り手の顔が見え，商品の背景にストーリーがあることなどが支持される
ようになった．これまでは良いものを作っていても，大手企業でなければそれを
発信する力が圧倒的に弱かったが，IT，SNS の発達で，スマートフォン 1 台あ
れば，直接，中小企業が世界市場にアクセスすることも，世界から情報を得るこ
ともできるようになった．ものづくりへの想いを発信して，世界の人々から賛同
されれば，クラウドファンディングなどの手法で資金を集められるようにもなっ
ている．あらゆる面で世界は変化しており，それはこれまで陽の当たらなかった
人にもビジネスにも，チャンスを与えることとなる．従来型の踏襲は，通用しな
いのである．浜松でも，地元遠州で生産される高品質の生地（古橋織布）だけを
使って，商品を製作している企業（HUIS）があり，そのコンセプトに共感した消
費者やマスコミなどから注目を集めている．また，地元企業の有志やデザイナー
で組織する「はままつシャツ部」という活動が 5 年前から行われており，月 2 回
の販売会や遠州織物巡り合いツアーなどを開催している．「生地だけでは遠州織
物が広まらない．」，地域内外に遠州織物を広めるためにはシャツに仕立てること
が重要との考えから，織物をシャツに仕立てて販売することを続けており，作り
手の顔が見えると徐々に認知され，産業観光などの視点から行政にも認められる
存在となった．

　「個別から統合へ」は，当地の苦手とするところであり，北陸産地など日本各
地で成功事例が報告されているが，浜松ではその必要性さえも論じられていない．
もともと域内では垂直型分業でのものづくりが定着していたため，横の連携とい
う発想がない，或いは行政や組合が音頭をとっても，強者と弱者の関係になって
しまうのではないかという懸念からうまくいかない．見方を変えれば，まだ当事
者にそれほど追い詰められているという実感がないとも言え，なりふり構わず現
状からの脱却にもがいている産地とは状況が違うと言わざるを得ない．それは，
必ずしも当産地の繊維業界が好調ということではなく，もともと気候も温暖で，
自然も豊か，地域を牽引してきた様々な産業を有する当地において，「繊維がダ
メでも何か他のことで食べられる．」といった安心感が根底にある．それは単純
に悪い事では無いが，連携・統合を阻む要因であることは否めないし，可能性を
潰しているようにも感じるのである．

　「トップレベルの技術を幅広い分野に」では，産地内に成功している企業，生
産者がいる中で，これを「特別な会社」，「自分とは違う人」などと捉え，お手本
から学ぼうとしない傾向にある．折角の先進事例やノウハウを，個々の企業の取
り組みだけに終わらせないよう，組合や行政の主導で交流会などを開催すること

が必要である．しかし，最も重要なのは，当事者達の意識の改革である．

「社会のニーズを付加価値に変える」では，平成28（2016）年に放送されたNHKの「とと姉ちゃん」の舞台として，遠州産地が取り上げられたことにより，日本各地はもとより，地元の子ども達や学生などにも，広く地場産業である遠州繊維が知られることとなった．価格だけではない，製品の裏側にあるストーリーや丁寧なものづくりが評価の対象となることを再認識する機会となった．

おわりに

ここまで遠州繊維産地の取り組みの方向性について述べてきたが，長く衰退産業の代表と言われ続けた繊維産業にも，新たな発展の可能性が見え始めている．これまでの資本主義社会では，資本は集積・集中を重ねて経済規模が拡大し，その過程で中小企業は大企業との競争に敗れて衰退するというのが一般的な定説であった．産業集積のある大都市は成長し，中小都市地域は衰退するというのも資本主義のあるべき姿であったが，ここにきて資本の法則が働かず，市場原理が正常に機能していないという現象が世界を覆っている．資本主義経済の必然的な方向であったグローバリズムも多くの矛盾が露呈して，その反動でナショナリズムが台頭してきている．これまでの資本主義のメカニズムが定説通りに機能しなくなっている原因として，消費者の志向の多様化，少品種大量生産・大量消費の崩壊，大企業の転換困難，大企業の衰退，有力中小企業の台頭という流れがある．これまでのように規模や資本の大きさにとらわれることなく，世界市場の情勢や動向を受信し，世界市場に情報を発信する力を持つ人や企業であれば，全世界と取引できる仕組みが出来上がっている．それを充分に活用するためには，産地内，域内での交流を深め，業界を超えて必要な情報や知識，意識を共有しあうことが重要となる．

参考文献
石川県［2008］「石川県繊維産業戦略～繊維ルネッサンス構想～「繊維王国いしかわ」の復権に向けて」石川県商工労働部産業政策課．
伊藤正昭［2011］『新地域産業論——産業の地域化を求めて——』学文社．
鹿住倫世編著［2016］『アジアにおける産業・企業経営——ベトナムを中心として——』白桃書房．
橘川武郎［2014］『日本の産業と企業——発展のダイナミズムをとらえる——』有斐閣．
辻村和佑・溝下雅子［2014］「我が国繊維産業の現状と課題」*KEO DISCUSSION PAPER*,

No. 91 April．
野長瀬裕二［2012］『地域産業の活性化戦略——イノベーター集積の経済性を求めて——』学文社．
長谷川秀男［1998］『地域産業政策』日本経済評論社．
渡部いづみ［2014］「企業の衰退と地域経済の変化——浜松地域の産業の現状——」『浜松学院大学研究論集』第10号．

ウェブサイト

遠州織物工業協同組合（http://www3.tokai.or.jp/enori/ive.htm　2017年2月13日閲覧）．
片岡進［2013］「繊維産業の現状及び今後の展開について」経済産業省（http://www.meti.go.jp/policy/mono_info_service/mono/fiber/pdf/130117seisaku.pdf　2017年2月13日閲覧）．
関東経済産業局電子広報誌いっとじゅっけん「国内外に新たなテキスタイルを訴求することで産地の活性化を図っていく～有限会社　福田織物～」(http://www.kanto.meti.go.jp/webmag/kigyojoho/1507kigyou_keiei.htm　2017年2月13日閲覧）．
経済産業省「繊維産業の現状と課題」(http://www.meti.go.jp/committee/summary/0004638/report02.pdf　2017年2月13日閲覧）．
繊維学会　繊維学会誌（https://www.jstage.jst.go.jp/browse/fiber/-char/ja　2017年2月11日閲覧）．
繊研Plus　繊研新聞「今アパレルビジネスに求められること」(http://www.senken.co.jp/news/management/business-fashion/　2017年2月13日閲覧）．
日本アパレル・ファッション産業協会（http://www.jafic.org/projects/support/jpf/　2017年2月11日閲覧）．
日本繊維産業連盟　各種統計・資料（http://www.jtf-net.com/shiryo/index.htm　2017年2月12日閲覧）．
浜松市「浜松市平成26年工業の動向」（http://www.city.hamamatsu.shizuoka.jp/gyousei/library/cyousakekkasyo/6_kougyoutoukeicyousa/cyousakekka/documents/h26_4_kougyoutoukei.xlsx　2017年2月13日閲覧）．
浜松市「浜松市平成26年産業中分類の製造品出荷額」（https://www.city.hamamatsu.shizuoka.jp/gyousei/library/cyousakekkasyo/6_kougyoutoukeicyousa/cyousakekka/documents/h26_doukougaiyou.pdf　2017年2月13日閲覧）．
HUIS　HP（http://1-huis.com/　2017年2月11日閲覧）．
綿工連公式WEBサイト　遠州産地（http://www.jcwa-net.jp/2009-01-15-14-30-43.html　2017年2月12日閲覧）．

第18章

「循環型地場産業」の創造
―― 持続可能な循環型社会の形成に向けて ――

熊坂　敏彦

1　「脱成長時代」における「地場産業」の復権

　今，わが国は，戦後70年が過ぎて大きな「転換期」に立っている．特に，1980年代以降，アメリカを中心とする「グローバリゼーション」「新自由主義」の波に巻き込まれることによって，独自の成長要因を失い，「格差社会」「新たな貧困」等に象徴される諸問題を抱えている．

　また，2011年3月の東日本大震災と東京電力福島第一原子力発電事故は，われわれにわが国が世界有数の「地震列島」であること，原子力の「安全神話」「低コスト神話」「地域振興神話」が無意味であったこと，原発事故が起きると放射性物質による自然汚染が広がり，家庭・コミュニティ・地域が分断・破壊され，長期間にわたって自然や人間に大きな影響をもたらすこと等を改めて認識させてくれた．

　こうして，われわれは，今，「脱成長社会」，「ポスト・グローバル化社会」，「脱原子力社会」等への「岐路」に立ち，新しい「国のかたち」を創生することを強く求められている．

　本章は，「持続可能な循環型社会」「地域分散型社会」「脱原発型社会」等，「新しい社会」を志向するものである．その「新しい社会」においては，地域が主体となった多様な「地域づくり」が必要であり，地域内での経済循環が重要となる．さらに，地域の産業の中核として「地場産業」の復権が期待される．というのも，「地場産業」は「新しい社会」において「地域づくり」の担い手として再評価しうる数多くの「DNA」を有しているからである．

　本章は，「持続可能な循環型社会」の形成に向けて，新しい時代の「地場産業」を論ずるものである．すなわち，①「空洞化」し消滅しつつある旧来の「地場産業」の中に，新時代に対応した革新的事例を抽出し，新時代に生きる伝統的な「地場産業」の「DNA（遺伝子）」や「種子」を検出する，②旧来の「地場産

業」の範囲を新時代の環境変化に対応させて拡大し，新しい時代の新しい「地場産業」の概念を構築する等を試みるものである．

2 「地場産業」の現状と問題

(1) 従来型「地場産業」の定義

一般に，「地場産業」とは，「零細企業の地域集団による広域商品の生産流通体系」［板倉 1981］，「自然環境の優位性や原料資源の存在，豊富な労働力や特殊な技術，さらに有力な商人の存在を条件として産地を形成している中小企業」［下平尾 1985］等と定義されている．

また，その特性として，「① 特定の地域に起こった時期が古く，伝統のある産地であること，② 特定の地域に同一業種の中小零細企業が地域的企業集団を形成して集中立地していること，③ 多くの地場産業の生産，販売構造がいわゆる社会的分業体制を特徴としていること，④ 他の地域ではあまり産出しない，その地域独自の「特産品」を生産していること，⑤ 地域産業とは違って市場を広く全国や海外に求めて製品を販売していること」［山崎 1977］があげられる．

なお，「伝統的工芸品産業」も，「地場産業」に含まれる．それは，「伝統的工芸品産業の振興に関する法律」(1974年公布) に基づいて経済産業大臣が指定する「伝統的工芸品」をつくる産業で，「伝統的な技術・技法，伝統的な原材料を使って，古来より民衆の日常生活に用いられてきた生活用品を工芸品として生産する産業」と定義されている．

(2) 産業構造変化に伴う「地場産業」の存立基盤の変化

このような「地場産業」は，わが国の産業構造の変化の中で構造的な不況業種となり，「空洞化」を余儀なくされてきた．すなわち，1970年代は，「ニクソンショック」による変動相場制移行後の「円高」ならびに「オイルショック」によるコストアップと，それら2つの「ショック」による環境変化から壊滅的な打撃を受けた．1980年代は，1985年の「プラザ合意」以降の急激な「円高」によって深刻な影響を受けた．1990年代には「バブル崩壊」と長期不況，国際競争激化等によって苦境に陥った．2000年代には「グローバル化」，特に東アジア・中国からの安価な輸入品との競合によって「空洞化」が深刻化した．

こうして，1985年から2005年の20年間に，産地内企業数は約12万件から約4万件へ3分の1に縮小し，「産地」の生産額は半減，輸出額は5分の1に激減した．

「地場産業」の一部をなす「伝統的工芸品産業」も，生産額はピーク時1983年度の約5500億円から2006年度にはその3分の1へ，2010年度以降は約1000億円と5分の1の規模まで縮小している[1]．まさに，わが国の「手仕事」を中心とした「地方文化」や「伝統文化」は，「グローバル化」に伴う産業構造の変化の中で「空洞化」の危機に瀕しているといえよう．

3 「産地革新」の展開と新たな「地場産業」創生の萌芽

(1)「産地革新」の展開と類型化

「地場産業」は，前述のような事業環境の変化や産業構造の変化に対応して様々な「産地革新」に取り組んできた．一般に，「産地革新」とは「事業転換」と同義であり，その内容は，① 製品そのものの転換，② その質的な転換，③ 市場の転換，④ 生産方法の転換，⑤ 経営の転換等とされる [山崎 1977]．

最近におけるわが国の「地場産業」産地の「産地革新」の内容と主な事例を類型化すると以下のようになる（表18-1）．それらは，「ものづくり」に関する「革

表18-1 「地場産業」の主な「産地革新」事例（順不同）

区分	番号	内容	主な事例	革新的DNA
ものづくり	i	事業転換（製品・業種）	燕三条（製品多様化），鯖江（製品多様化・異業種参入），清酒産業（高級酒転換）	事業転換力
ものづくり	ii	連携	ネットワーク：大田区・墨田区・東大阪等の共同受注，秋田県酒造5社・「NEXT 5」 コラボレーション：高岡銅器と山中漆器，笠間焼・益子焼と酒造業界 産学官連携：墨田区「江戸っ子1号プロジェクト」	連携力 ネットワーク力
ものづくり	iii	デザイン力・ブランド力	山形（奥山清行氏「山形カロッツェリア研究会」のブランド「山形工房」） 今治タオル（佐藤可士和氏との「ブランド化事業」），鯖江メガネ「ブランド育成」	文化力 デザイン力
まちづくり	iv	産業観光	墨田区「スミファ」，燕三条「工場の祭典」，笠間焼「陶炎祭」 豊岡「カバンストリート」，波佐見焼「グリーンツーリズム」	地域コミュニティ創造力
ひとづくり	v	人の誘致・育成	笠間焼「作家誘致」，墨田区「フロンティアすみだ塾」	人間性，人材育成力

出所：新聞記事，ヒヤリング等．

新」のみならず，「まちづくり」や「ひとづくり」とかかわる革新も含んでいる．

　ⅰ．「事業転換」

　事業環境の変化に対応して，製品や業種の転換が見られる．典型的な事例として，燕三条産地（新潟県）では，金属洋食器から金属ハウスウェアへ業種転換がみられ，鯖江産地（福井県）では，メガネフレームから医療器具・航空機部品などへの製品転換が進行していること等があげられる．また，全国の清酒製造業産地でも，普通酒から高級酒（純米酒や吟醸酒など特定名称酒）への製品転換が進みつつある．

　ⅱ．「連携」

　「地場産業産地」の生き残り戦略として，様々な「連携」（「ネットワーク」「コラボレーション」「産学官連携」等）が見られる．

　「ネットワーク」は，中小企業同士が「連携」して「共同受注」や「共同販売」等を行うものである．事例として，東京都大田区の「発注・受注ネットワーク」，墨田区の「ラッシュすみだ」，大阪府東大阪市の「横受けネットワーク」等がある．また，秋田県の酒蔵5社の若手経営者は，「品質向上」や「高級化」を目指して技術交流集団「NEXT 5」を立ち上げ，「共同開発」「共同生産」等を行っており，成果をあげている．

　「コラボレーション」は，異業種・異分野間で「連携」することによって新しい「製品開発」や「販路開拓」等を行うものである．事例としては，高岡銅器（富山県）と山中漆器（石川県）による新商品開発，笠間焼（茨城県）や益子焼（栃木県）の産地における陶磁器産業と産地内の酒造産業との「コラボレーション」によるイベント企画開催や商品開発等があげられる．

　「産学官連携」も「連携」の一つであり，産地の企業と地元大学と公的機関が「連携」して商品開発等を行うことである．墨田区のモノづくり中小企業6社が大学や研究機関と「連携」して進めている無人深海探査機「江戸っ子1号」プロジェクト等が注目される．

　ⅲ．「デザイン力」「ブランド力」

　「デザイン力」とは，産地や産地企業が著名なデザイナー等と「連携」して付加価値の高い，時代のニーズに合った新製品開発やマーケティングに取組むことである．事例として，山形の「地場産業」（鋳物・木工家具・繊維等）と山形出身の世界的なカーデザイナー・奥山清行氏との「連携」による「山形カロッツェリア研究会」の取組み，今治タオルとデザイナー・佐藤可士和氏との「連携」による新製品開発，販路開拓等，「デザイン力」向上による「産地革新」の取組み等が

あげられる．

「ブランド力」とは，「産地」や「地域」の「差別化」を強め，「高付加価値化」を図り，全国・世界市場に飛躍するために，産地・地域全体で認知力向上に取組むことである．上記の「山形カロッツェリア研究会」の「山形工房」ブランドや「今治タオル」の他，産地あげて「脱 OEM 化」＝「自社ブランド育成」に成功した「鯖江メガネ」産地の事例等があげられる．

iv.「産業観光」

「地場産業」は，「地域資源」の一つとして工房・工場見学やイベント開催等を通じて内外から観光客を呼び込み，「まちづくり」に貢献している．事例として，墨田区の「スミファ（すみだファクトリーめぐり）」，燕市と三条市の「燕三条工場（こうば）の祭典」，笠間焼産地の「陶炎祭（ひまつり）」，豊岡鞄産地（兵庫県）における商店街との連携による「カバンストリート」の観光化，波佐見焼産地（長崎県）における農業と連携した「グリーンツーリズム」等があげられる．また，全国の清酒製造業産地に見られる「酒蔵ツーリズム」や「酒まつり」等も「産業観光」の事例である．新潟県酒造組合が主催する「にいがた酒の陣」という国内最大級の日本酒イベントには85蔵が参加するが，2日間で10万人を超す来場者があり，外国人も年々増加して「国際化」にも一役買っている．

v.「人の誘致・育成」

産地や産地企業の「サバイバル戦略」として最も重要なのが人材の育成であり，そのために人材を誘致することである．

典型的な事例として，笠間焼産地があげられる．同産地では，第2次大戦直後の「産地存亡の危機」に際して，当時の産地の関係者が陶芸団地や芸術村などインフラ（受け皿）を整備して外部から「作家誘致」を推進し，人材を育成してその後の産地発展につなげた．そうした伝統を受け継いで，最近においても，産地関係者が茨城県工業技術センター窯業指導所を茨城県立笠間陶芸大学校に改め，外部から著名な陶芸デザイナーを招聘（誘致）する等「人の誘致」によって「人の育成」を図り，技術力，芸術性，デザイン性，ブランド力の向上を図ろうとしている．

（2） 新しい時代に生きる「地場産業」の「DNA」

以上のような「地場産業」の環境変化への取組みや「産地革新」事例の中に，われわれは「地場産業」の新たな存在意義や使命を見出すことができる．それらは，「地場産業」の「DNA」というべきものであり，新時代の「地域づくり」の

「種子」となりうるものである（**表18-1**）．それらは，総じて，グローバル化した大企業にはない，地域や地場に根差した「地場産業」ならではのものである．

その主なものは，以下のとおりである．

第1は，「事業転換力」である．「地場産業の歴史は，事業転換の歴史である」と言われるが，「地場産業」には，経済環境の変化に適応していく「小回性」や「弾力性」があるとみられる［山崎 1977］．

第2は，「連携力」「ネットワーク力」である．「地場産業」は中小零細企業が主体であるため単独での取組みには限界があり，「産地革新」成功事例の多くは，様々なタイプの「連携」によるものである．そのような「連携」は，新時代の社会経済構造を象徴する「分かち合い」や「共生」とも親和性が高い．

第3は，「文化力」「デザイン力」である．もともと「地場産業」は，職人の手仕事や伝統的な技，産地作家の作品・芸術品に支えられており，そこで生み出された製品は「地域文化」や「日本文化」を代表するものも多い．

第4は，「地域コミュニティ創造力」である．「地場産業」は，大企業とは違って「磁場」に吸引されるように「地域」と一体化しており，地域社会やコミュニティの構成員の一員としての面を持つ．「地域資源」であることはもとより，「まつり」や「地域イベント」の推進者としての役割も大きい．

第5は，「人間性」「人材育成力」である．「地場産業」は，大企業と違って，「等身大の技術」「人間の顔を持った技術」で成り立っており，自然・環境に親和的であるばかりではなく，人にとっても優しい産業である．そして，地域の若者に対して，人間的な仕事，創造的な仕事，喜びを与える仕事を提供し，有能な人材を育成してきた．

4　「循環型地場産業」の定義と特徴

（1）「地域づくり」の中核としての「地場産業」

「地場産業」の環境変化への対応の中で，「産地革新」の多くを占めている「ものづくり」だけではなく（**表18-1**），「まちづくり」や「ひとづくり」との関係という視点で捉えなおすと，「地場産業」は「地域づくり」の中核としてより一層存在感を増してくる．

すなわち，従来の「地場産業」を核にして，地域農業（農林水産業），地域エネルギー産業，地域商業，地域観光・サービス・地域金融業等，地域内の他の「地域産業」と「連携」しながら，「ものづくり」と「まちづくり」と「ひとづく

り」が一体化し融合した内発的な「持続可能な循環型社会」を創生してゆく可能性がある（図18-1）．そして，「地場産業」は「地域づくり」の中核として，自らを「革新」しながら「新しい地域の産業」すなわち「循環型地場産業」を創造し，地域を発展させる可能性を有している．さらに，「地場産業」を中心に，他の「地域産業」や関係者（地方自治体，諸団体，協同組合，大学，NPO/NGO，生業，個人等）と様々な「連携」や「協働」を通して，「新しい社会」の重要課題と向き合いながら，地域を創生し，「新しい社会」を創りだすことができる．

さらに，「循環型地場産業」は，新しい時代の重要な課題を解決することにも貢献することができる．それは，大きく以下の4点である（図18-1）．

第1は，「自然・環境再生」である．地場産業，地域農業，地域エネルギー産業等が「連携」して，農業の再生（6次産業化等）や再生可能エネルギー利用の拡大につとめることによって，わが国全体の食料やエネルギーの自給率を高め，人間と自然が共生した地域主体の「持続可能な循環型社会」を構築することができる．

第2は，「地域イノベーション」である．「脱成長時代」の産業構造・地域構造は，従来の「大規模集中型」から「小規模分散型」に移行し，企業も技術シーズ型の量産型大企業から市場ニーズ型の多品種少量生産型中小企業が主流となる．地場産業，地域エネルギー産業，地域観光・サービス・地域金融業等が「連携」し，「地域イノベーション」を推進することによって，そうした時代にふさわし

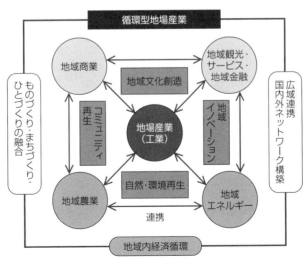

図18-1　循環型地場産業の概念図

い新技術・製品・サービス開発や起業が行われることが期待される.

　第3は,「地域コミュニティ再生」である.「地域分散型社会」の構築には,その主体となる「地域」や「コミュニティ」の再生が重要となる.地場産業,地域農業,地域商業等が「連携」し,推進者となって「産業観光」を中心とした「まつり」・「イベント」や「着地型観光」等を行うことによって地域コミュニティの再生が図られ,交流人口が増加することが期待される.

　第4は,「地域文化創造」である.「地場産業」は,もともと「手仕事」や「作品づくり」等を通じて地域文化の担い手であったが,さらに,新時代のニーズを踏まえて,地域商業,地域観光・サービス・地域金融業等と「連携」することによって個性的な地域文化を創造し,「地域ブランド力」向上に貢献することが期待される.

　このようにして,地域内で「ひと」「もの」「かね」「情報」「知識」が循環し,従来のような大企業や原発を地方に誘致する「外来型開発」ではなく,「内発的発展」による食料やエネルギー等の「自給圏」が創出されると,国全体としての「循環型社会」「地域分散型社会」の構築に一歩近づくことができる.そして,ものづくり・サービス生産・芸術文化創造・環境保全等が融合化し,さらに,農業・工業・サービス業の高次な総合へと展開する可能性がある.これこそ,次世代の「持続可能な循環型産業構造」モデル（図18-1）に他ならない.

（2）「循環型地場産業」の定義と特性

　「循環型地場産業」とは何か.それは,「新しい時代」,すなわち「ポスト・グローバル化時代」「脱成長時代」「脱原子力時代」において,「地域づくり」を担う「新しい産業」であり,「持続可能な循環型社会」を創生する地域の産業の総称である.それは,従来の「地場産業」とは大きく異なるものである.「循環型地場産業」は,単に「ものづくり」にとどまるものではなく,「持続可能な循環型地域づくり（まちづくり）」や「地域の自立的なひとづくり」とかかわる産業であり,業種も,従来のように地域内の製造業だけではなく,地域農業（農林水産業）,地域商業,地域観光サービス業,地域エネルギー産業,地域金融業等,広く「地域産業」全般を含むものである.また,その主体は,地域の中小零細企業だけではなく,個人,生業,協同組合,NPO/NGO等も含むものとなろう.

　次に,「循環型地場産業」の特性として,以下の6点をあげることができる.すなわち,①歴史の古さや伝統性を超え,未来創造的なものである,②産地形成には拘らない,③社会的分業には拘らず,様々な連携の下で水平的・垂直的

な結合へ発展するものである．④ 地域の特産品（もの）を産出するだけではなく，地域内のサービス・情報・ノウハウ等のソフトも提供する．⑤ 市場は，地域内，国内，世界と広い．⑥ 「ものづくり」だけではなく「まちづくり」や「ひとづくり」と融合した「持続可能な循環型の産業」である．

さらに，このような「循環型地場産業」が「持続可能な循環型社会」構築の中心となって機能するうえで，基礎自治体としての市町村の枠を超えた「広域連携」や「都市農村交流」，さらには「海外とのネットワーク形成」など，「域外交流」推進による「外延的発展」が重要になっていくであろう．国や地方自治体にとっては，そこをサポートすることが，新しい時代の地域政策，産業政策の要諦となるであろう．

おわりに

以上の試論は，「循環型地場産業論」のいわば「序説」であって，今後，フィールドワークの範囲を広げながら実証・事例研究を積み重ね，それを体系化していきたい．

幸いなことに，私の身近なところにおいてもすでに「循環型地場産業」の萌芽が散見される．

まず，私の故郷・福島，東日本大震災と原発事故の被災地において，① 喜多方市の大和川酒造店の佐藤彌右衛門会長が中心になって設立した会津電力（株）や飯舘電力（株）による大規模な再生可能エネルギーの開発利用，「ふくしま自然エネルギー基金」設立等による地域再生・地域活性化事業の推進，② 福島市土湯温泉の温泉業者らが設立した（株）元気アップつちゆのバイナリー発電や小水力発電等の震災復興・まちづくり事業の推進，③ 郡山市田村町の酒蔵・仁井田本家（仁井田穏彦社長）の自然米づくり・自然酒造りをベースとした「田村町自然の里計画」への展開等が見られる．

次に，私の「地場産業」研究の故郷・茨城県笠間市においては，既述のように陶磁器産業を中心にした「産地革新」に加えて，陶磁器産業や農業を中心に地域内諸産業の「連携」と笠間市のサポートによる「農商工観光連携」ともいうべき様々な「地域づくり」の試みが活発に行われている．

さらに，「条件不利地域」とされる本州最北端の村，下北半島の佐井村では，漁業の6次産業化，漁業と清酒製造業や電器産業等との「連携」による水産加工品の開発と販売，「うに祭り」や「ひらめ祭り」等の「イベント」，DNPのスマ

ホアプリ「YORIP」等SNSを活用した「観光化」等，地域内に新しい「循環型地場産業」の創生と新しい時代にふさわしい「地域づくり」の息吹を感じ取ることができる．

今後，上記のような「循環型地場産業」による新しい「地域づくり」，多様な「地域づくり」の事例・モデルが数多く創出されて全国的に広がることを切に期待したい．

参考文献

板倉勝高［1981］『地場産業の発達』大明堂．
熊坂敏彦［2005］「地場産業による地域・コミュニティ再生の可能性——茨城県・笠間焼産地を事例として——」『武蔵大学論集』第53巻第2号．
―――［2006］「地場産業産地の競争力とイノベーション——笠間焼産地の事例を中心に——」『産業学会研究年報』第21号．
―――［2012］『茨城産業見聞録——地域産業革新への取組み——』筑波銀行総合企画部調査広報室．
―――［2014］「『地方創生』における『地場産業振興』の重要性——笠間焼産地等の革新的取組みに学ぶ——」『筑波経済月報』12月号．
―――［2015a］「『地方創生』において重要なこと——地方から『第4の矢』を——」『筑波経済月報』1月号．
―――［2015b］「地場産業の活路」，大西勝明編『日本産業のグローバル化とアジア』文理閣．
―――［2016a］「清酒製造業の経営革新の方向性——女性市場拡大・国際化・観光化を中心とした事例研究——」『昭和女子大学現代ビジネス研究所2015年度紀要』．
―――［2016b］「循環型地場産業の創造——脱成長時代の地域創生への視座——」『経済科学通信』No. 141.
―――［2017］「清酒製造業（地酒メーカー）の「国際化」の意義と可能性——東日本主要産地・酒蔵の革新的取組みに学ぶ——」『昭和女子大学現代ビジネス研究所2016年度紀要』．
下平尾勲［1985］『現代地場産業論』新評論．
十名直喜［2012］『ひと・まち・ものづくりの経済学——現代産業論の新地平——』法律文化社．
―――編著［2015］『地域創生の産業システム——もの・ひと・まちづくりの技と文化——』水曜社．
―――［2017］『現代産業論——ものづくりを活かす企業・社会・地域——』水曜社．
山崎充［1977］『日本の地場産業』ダイヤモンド社．

第19章

東京オリンピックと地域経済
―― 産業連関表と部門費振替表の類似性を手がかりとして ――

内 野 一 樹

はじめに

　東京オリンピックを目前にひかえて世の中の期待は日増しに高まっている．そこでは，華々しく経済（波及）効果がうたわれている．今日，経済効果は産業連関表（Inter-industry Relations Table）を利用して算出されているが，そのような試算を頻繁に目にする情況において，産業連関表について考察することにどれだけの意味があるであろうか．これまでこの分析手法に対してはさまざま批判がなされてきたが，その方法上の難点は克服されていないのではなかろうか．

　産業連関表に対する批判については，先行研究がある．本章では，先行研究に学びつつ，その延長線上で産業連関分析の展開ともいえる経済効果の試算について考察する．産業連関表が東京オリンピックの地域経済への波及効果の計算に利用される情況に照らして，これまで批判されてきた論点について検討する．そこでは，敢えて原価計算における部門費振替表（Departmental Cost Allocation Sheet）と対比することによって新たな知見を加えたい．ここで，部門費振替表は，原価計算の最も中核的な部分を構成するものであり[1]，国民経済計算との類似性から見れば，それは矩形の産業連関表ともいうべきものである．

　もちろん製造活動のミクロ的な原価計算的な説明と経済活動のマクロ的な国民経済計算的な説明は，異なるところが多々あり，必ずしも同じ水準で論ずることはできない．しかし，原価計算との類似性を手がかりに国民経済計算における問題について考えてみることにも意味があるように思われる．

1　産業連関分析

（1）産業連関表

　産業連関分析とは，産業部門間の相互依存関係を計数化して，ある経済活動に

表19-1　産業連関表の構成

		産業部門〈買い手〉				最終需要	移輸入	総生産額
		1	2	…………	n			
産業部門〈売り手〉	1	x_{11}	x_{12}	…………	x_{1n}	F_1	M_1	X_1
	2	x_{21}	x_{22}	…………	x_{2n}	F_s	M_2	X_2
	⋮							
	n	x_{n1}	x_{n2}	…………	x_{nn}	F_n	M_n	X_n
粗付加価値								
総生産額								

よって引き起こされた消費，投資，輸出等の変化が各産業部門に及ぼす影響を明らかにする手法である．1936年に米国の経済学者レオンチェフ（W. W. Leontief）によって提唱され，広く世界中で利用されている．産業連関分析には，産業連関表という，一定期間における各産業部門の財・サービスの生産・販売を行列の形でまとめられた一覧表が用いられる．産業連関表の横方向には，中間需要，最終需要，移輸出が並び，販売先の内訳（販路構成）が示される．縦方向には中間投入，粗付加価値が並び，支払いの内訳（費用構成）が示される．これらのうち中間需要と中間投入の間で取引される部分は，内生部門と呼ばれる．なお，移輸入は，内生部門，最終需要部門で消費及び投資額として計上されているので，マイナス表記される（**表19-1**を参照）．

（2）　経済効果の計算方法

経済効果とは，ある出来事が特定の国・地域にどれぐらいの経済的な影響を及ぼすのかを模擬実験し，金額で表したものである．経済効果の算出の基礎となっているのは，ある産業に新たな需要が生じ，その需要を満たすために生産活動が起こると，原材料や部品等の取引や消費活動を通して他の産業にも次々と影響を及ぼすという考え方である．いわば水面に石を投じると波紋が次々と広がるように，新たな需要が発生すると多方面に影響が及ぶことになる．

経済効果は，本来は市中に拡散していく無限の注文を足し合わせて求められる．しかし，産業連関表を使うと，無限に波及効果を追っていくことなく，最終需要の変化の前後とも均衡状態が続くということを仮定すれば，最終需要の変化に逆

行列係数を掛け算することで簡単に求めることができる.

というのは,投入係数行列を A,部門別産出量行列を X,最終需要行列を F,移輸入行列を M,単位行列を I とおくと,産業連関表の横系列(**表19-1** の網掛け部分)は次式で表されるからである.なお,投入係数とは,ある産業部門が1単位の生産をするのに必要な原材料等の単位を示したものであり,原材料等の投入額を当該部門の生産額で割り算して求められる.

$$AX + F - M = X \qquad ①$$
$$F - M = [I - A]X \qquad ②$$
$$\therefore \quad X = [I - A]^{-1}(F - M) \qquad ③$$

上掲の①式は,需要と供給の均衡を表しており,A, F, M は既知数で,X は未知数である.②・③式は,未知数 X を求める連立方程式の解法である.②式は,①式を要約したものである.③式の $[I-A]^{-1}$ は逆行列係数行列である.逆行列係数とは,ある産業部門に1単位の最終需要が生じた場合に,各産業部門の生産額が最終的に誘発される単位数を示したものである.③式において,任意の $(F-M)$ に対して,未知数 X が決まる.すなわち,最終需要が与えられると,それに対する部門別産出量を算定できる.例えば,移輸入がない場合($M=0$ の場合),③式において最終需要を ΔF とすると,それに対する生産額への波及効果 ΔX は,$\Delta X = [I-A]^{-1} \Delta F$ として一義的に求められるのである.(移輸入がある場合は,$\Delta X = [I-A]^{-1}(\Delta F - \Delta M)$ になる.)

2　部門別計算

(1)　部門費振替表

部門別計算は,場所別計算とも呼ばれ,費目別に把握された原価要素を原価部門と呼ばれる計算上の場所に分類・集計する手続であり,原価計算における2番目のプロセスである.部門別計算を経るのは,工場における生産活動は単一ではなく,いくつかの活動の集合として考えられるからである.そのような集合としての生産活動を作業・技術上の範囲と管理責任上の範囲の両方を考慮して設定したものが原価部門といわれる計算上の区分である.すなわち,原価部門は,技術的な意味,空間的な意味の部門が管理責任の単位として分権化された場合に成立するものである.このような原価部門は,製造部門と補助部門に大別される.製造部門は,製品の加工に直接的に従事する部門であり,機械(加工)部門,組立

表19-2 部門費振替表

	補助部門		製造部門	
	1	2	3	4
補助部門費	k_1	k_2	—	—
1部門費	x_{11}	x_{12}	x_{13}	x_{14}
2部門費	x_{21}	x_{22}	x_{23}	x_{24}

部門等が挙げられる.他方,補助部門は,補助的サービスを提供して他部門を支援する部門であり,資材管理部門,運搬部門等が挙げられる.

部門別計算は,2段階の集計手続から成っている.まず原価を製造部門と補助部門に集計(部門個別費の賦課・部門共通費の配賦)する.次に,補助部門に集計された原価(補助部門費)を関係する製造部門に配賦し直す(補助部門費の再配賦).補助部門費の再配賦において,部門費振替表が作成される.部門費振替表の横方向は,補助部門,製造部門が並び,配賦先の場所が示される.縦方向には,補助部門費が並び,配賦の内訳が示される(**表19-2を参照**).

(2) 補助部門費の再配賦

補助部門費の再配賦の方法としては,さまざまなものが挙げられるが補助部門間のサービスの授受という事実を配賦計算の中にどれくらい精密に反映させるかという程度の差でしかない.ここでは,連立方程式法と呼ばれる配賦方法の操作を順に観察してみよう.

以下において部門費振替表について検討するが,説明の便宜のために4つの原価部門から成り立っている設例を掲げることにする[2].

【設例】

(1) 某工場では,補助部門として資材部門と運搬部門を,製造部門として機械(加工)部門と組立部門を設定している.

（2）補助部門費は，次の配賦率によって，製造部門に再配賦する．

	補助部門		製造部門	
	資材部門	運搬部門	機械部門	組立部門
資材部門費	0.00	0.10	0.50	0.40
運搬部門費	0.20	0.00	0.40	0.40

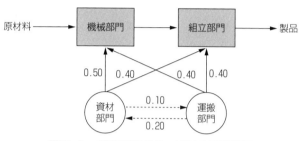

図19-1　補助部門のサービスの授受関係

　連立方程式法とは，補助部門相互で配賦が行われる関係を連立方程式として定式化し，処理する方法である．すなわち，各補助部門のサービスの総投入と総産出が等しいという相互関係から連立方程式を作り，まず補助部門費総額を求める．そこで，資材部門費総額を x_1，運搬部門費総額を x_2 とおけば，次の連立1次方程式の関係が成り立つ．

$$\begin{cases} x_1 = 1080 + 0.20 x_2 \\ x_2 = 480 + 0.10 x_1 \end{cases}$$

　この連立方程式を解くと，$(x_1, x_2) = (1200, 600)$ が求められる．したがって，資材部門費総額1200円と運搬部門費総額600円を，機械部門・組立部門に再配賦すれば，**表19-3**の部門費振替表が得られる．

表19-3　部門費振替表　〈連立方程式法〉

	補助部門		製造部門	
	資材部門	運搬部門	機械部門	組立部門
補助部門費	1080	480	—	—
資材部門費	0	120	600	480
運搬部門費	120	0	240	240

上述の関係を行列で表示してみよう.
　補助部門 i の配賦後の総額を x_i, 補助部門 i の自部門費を k_i, 補助部門 i に対する他の補助部門 j からの配賦率 a_{ij} とおくと,

$$x_1 = k_1 + a_{11}x_1 + a_{12}x_2 + \cdots\cdots + a_{1n}x_n$$
$$x_2 = k_2 + a_{21}x_1 + a_{22}x_2 + \cdots\cdots + a_{2n}x_n$$
$$x_n = k_n + a_{n1}x_n + a_{n2}x_n + \cdots\cdots + a_{nn}x_n$$
$$\therefore x_i = k_i + \sum_{j=1}^{n} a_{ij}x_j$$

ここで, 補助部門費総額行列を X, 自部門費行列を K, 配賦率行列を A, 単位行列を I とおくと, $X = K + AK$

$$[I-A]X = K$$
$$\therefore X = [I-A]^{-1}K$$

よって, 上式は, 産業連関表の③式と同じ表現をとっていることがわかる.

(3) 産業連関表と部門費振替表の異同

　以上見てきたように, 産業連関表と部門費振替表は, 数学的には連立方程式体系によって形成されている.
　まず部門については, どちらもアクティビティ・ベースによって分類されている. アクティビティ・ベースとは, 仮に同一部門で複数種の生産活動が行われている場合には, それぞれの生産活動を別々の部門に振り分けるという部門設定の原則である. 産業連関表では, 部門は産業分類に依拠して規模が大きいので, 当然のことながら同一の部門には数種類の生産活動が含まれる. したがって, 投入係数が複数個にならないように, それぞれの生産活動を別々の部門に振り分けなければならない. それに対して, 部門費振替表では, 部門は工場・企業内で設定されているので規模が小さい. すなわち, 同一部門が数種類の生産活動を含まないように, 技術的な観点から部門が設定されている.
　なお, 部門費振替表において, 原価部門の数を増加させて, 原価部門内の作業の同質性を高めれば, 一見するとより正確な製品原価が計算されるように思われる. しかし, 原価部門を細かくすると, 特定の原価部門に跡づけることのできない原価の割合を高めることになるので, 却ってその正確さは相殺されてしまうことに注意しなければならない.

次に，パラメータである投入係数と配賦率は，どちらも一定であることを前提としている．パラメータが一定であるということは，部門における生産技術に変化がないということを意味する．産業連関表は，通常5年おきに作成されるので，非現実的である．それに対して，部門費振替表は通常1カ月おきに作成される．なお，部門費振替表の配賦率は，0以上1未満である．自部門の数値は0である．というのは，ある補助部門費をその補助部門に配賦するための比率を意味するので，これを0としておかなければ，いつまでたってもその補助部門費の配賦を終えることができないからである．また，1未満の小数値で示されているのは，もし1であれば，ある補助部門費はその補助部門に全額配賦されて，製造部門には全く配賦されないことになるからである．

最後に，既知数の最終需要と補助部門の自部門費は，決定の仕方が異なる．産業連関表における最終需要は，産業連関分析の外部で独立に推計しなければならない．それに対して，部門費振替表における補助部門の自部門費は，部門別計算の一連の流れの中で算定される．

（4） 経済効果の恣意性

産業連関分析では最終需要が外から与えられる．すなわち，最終需要の変化は，個人の嗜好等を数え上げる場合もあり，一義的には決まらない．最終需要を産業連関分析の範囲外の方法で推計することは恣意的であり，虚構を持ち込むことにつながりかねない．

例えば，東京オリンピックの経済効果については，東京都オリンピック・パラリンピック準備局や複数のシンクタンクが試算を発表している．その規模には，約3兆〜32兆円と大きな開きがある．

2017年3月に，東京都は32兆3000億円（対象期間は2013〜30年）という経済効果を発表した[3]．東京都は誘致前の2012年には，3兆円とする試算を既に発表している．数値が10倍以上に膨らんでいる理由は，レガシー（遺産）から生じる効果を含めたことにある．すなわち，施設整備費や大会運営費等の直接効果5兆2162億円に，大会後のレガシー効果なるもの27兆1017億円を加えているのである．

このレガシー効果について，東京都は3つに分類して説明している．一つ目は，「新規恒久施設・選手村の後利用，東京都のまちづくり，環境・持続可能性」に関わる項目5兆2732億円である．そこでは，交通インフラの整備，バリアフリー対策，水素社会の実現等が挙げられている．

2つ目は，「スポーツ，都民参加，文化，教育・多様性」に関わる項目1兆

7028億円である．そこでは，スポーツ実施者・観戦者の増加，障害者スポーツの振興，都民参加・ボランティア活動者の増加等が挙げられている．

3つ目は，「経済の活性化・最先端技術の活用」に関わる項目20兆1257億円である．そこには，おもてなし環境整備から中小企業の振興，ITS技術・ロボット産業の拡大等が含まれている．この一見するとオリンピックには関係なさそうな内容を含む項目がレガシー効果の中でも最大であり，全体の4分の3を占めている．

民間のシンクタンクの試算も同様に不透明である．例えば，2014年1月に，森記念財団都市戦略研究所では，東京都の2012年試算に新たな数値を合算して，19兆4000億円（対象期間は2014～20年）の経済効果があると発表している[4]．その試算全体の3分の1は，ドリーム効果なるもの7兆5042億円が占めている．ここで，ドリーム効果とは，「社会全体で華やかな喜ばしい出来事が起きたとき，だれもが気分が高揚して，つい財布のヒモが緩み，さまざまな消費行動が拡大する」ことを意味している．そこでは，ハイビジョンテレビ等の高性能機器の購入促進，オリンピックに触発されたスポーツ活動の拡大，スポーツ用品の購入促進が挙げられている．

また，2017年2月に，みずほ総合研究所では，30.3兆円（対象期間は2014～20年）の経済効果があると発表している[5]．その試算の大部分は，直接効果約1.8兆円の10倍以上の付随効果なるもの28.4兆円が占めている．この付随効果には，オリンピックに触発された都市インフラ整備・首都圏民間投資加速12.0兆円，ダイバーシティ対応加速0.9兆円が含まれている．

このように産業連関表を用いた経済効果の試算が抱える問題点は，いまだに払拭しきれていない．

おわりに

オリンピックの開催によって，開催都市がいくばくかの経済的な恩恵を受けるという側面があることは否めない．しかし，いうまでもないことであるが，それはオリンピックを開催することの副産物である．オリンピックを開催する本来の目的は，「オリンピック憲章」に定められたオリンピズムの理念の実践にあるのであって，開催都市が経済的な恩恵を受けることが優先的な目的ではない．「オリンピック憲章」第2条13項の「IOCの使命と役割」には，「環境問題に対し責任ある関心を持つことを奨励し支援する．またスポーツにおける持続可能な発展

を奨励する．そのような観点でオリンピック競技大会が開催されることを要請する」と記されている．「持続可能な発展」であるから，オリンピックが終わった後で，利用価値のなくなるような施設をつくることは許されない．

いみじくも東京都は，2017年2月に企業向けのシンポジウム「SDGs持続可能な生産消費の具体化〜五輪の調達を好機に！」を行った．SDGsは，国連総会において合意された2030年までの開発アジェンダであり，17個の目標と169個の達成基準を掲げた広範な行動指針である．東京都はSDGsの目標12「つくる責任つかう責任」の達成を目指している．

オリンピックの施設整備にかかる費用は，初期投資だけでなく，維持費用がかかり，さらには老朽化に伴う改修費用も発生する．開催を前にして盛り上げる舞台を整備することもさることながら，開催後の施設利用を考えることが重要であろう．スポーツ施設として利用するのか，コンサートやイベント等の多目的施設として転用するのか，取り壊すことを前提とした仮設の施設にするのか，といったことを今いちど考える必要がある．「持続可能な発展」のためには，オリンピック終了後を見据えて，長期的な視点から地域経済がダメージを受けないように検討しなければならないはずである．

注

1) 下記論考では，原価の計算式を通算的に分析している．併せて参照されたい．拙稿［2002］「原価計算論の数学的基礎」『立教経済学研究』56(1)，147-152頁．
2) 設例は，伝統的原価計算と活動基準原価計算を比較するCooper［1988］より作成した．
3) 東京都オリンピック・パラリンピック準備局HP（http://www.2020games.metro.tokyo.jp/taikaijyunbi/torikumi/keizaihakyuukouka/　2017年8月24日閲覧）．
4) 森記念財団都市戦略研究所HP（http://www.mori-m-foundation.or.jp/pdf/140107_Olympic2020_release.pdf　2017年8月24日閲覧）．
5) みずほ総合研究所HP（https://www.mizuho-fg.co.jp/company/activity/onethinktank/pdf/vol008.pdf　2017年8月24日閲覧）．

参考文献

小笠原博毅・山本敦久編［2016］『反東京オリンピック宣言』航思社．
小川勝［2016］『東京オリンピック――「問題」の核心は何か――』集英社．
小長谷一之・前川知史編［2012］『経済効果入門――地域活性化・企画立案・政策評価のツール――』日本評論社．
佐々木勝［2017］「オリンピックに経済効果はあるのか？――スポーツの経済学①――」『経済セミナー』695．

中谷孝久・川瀬進・大城肇［2001］『産業連関表の系譜と分析〈徳山大学研究叢書22〉』徳山大学総合経済研究所．
渡邉隆俊［2010］『地域経済の産業連関分析』成文堂．
Cooper, Robin [1988] "The Rise of Activity-Based Costing—Part One : What Is an Activity-Based Cost System?," *Journal of Cost Management*, Vol. 2, No. 2, Summer, 1988, pp. 45-54.
Zimbalist, A. [2015] *Circus Maximus : the Economic Gamble behind Hosting the Olympics and the World Cup*, Washington, D. C. : Brookings Institution Press（田端優訳『オリンピック経済幻想論——2020年東京五輪で日本が失うもの——』ブックマン社，2016年）．

第20章

中国の新型都市化とサステナビリティ
―― 都市，産業，人口の融合 ――

賈　曄

はじめに

　都市化とは，地域における都市人口が農村人口に比べて増加することを指し，一般的には，工業化の進展に伴い，多くの雇用を必要とする産業が都市部に集中することによって，農村人口は都市に集積する自然的なプロセスである．しかし，中国政府は1990年代後半に入ってから，国家戦略である「五か年計画」やトップ指導層による「中央経済工作会議」で繰り返し強調しているように，政府主導でこのプロセスを積極的に推進する政策を実施している．本章では，これらの政策の背景を踏まえ，政策の狙いを分析して，サステナビリティに向けての課題と方向性を提起したい．

1　中国の都市化プロセス

　中国における都市は，行政区分の「市」と「鎮」により構成され，常住人口規模により「大都市」，「中都市」および「小都市」とに分類される．一般的に，「市」には「中都市」以上，「鎮」には「小都市」が相当する．また，「市」は通称「城市」とも呼ばれるため，都市化は，「城市化」あるいは「城鎮化」とも呼ばれる．特に中小都市の都市化プロセスを強調する場合には，後者の「城鎮化」を使うことが多い．政府の都市化率の公式データ（国家統計局・国家データベース）によると，これまで中国における都市化のプロセスは，1950年代終わり頃の「大躍進」という特殊な時期を除けば，おおむね産業化プロセスと合致していたが，近年は都市化率と都市型産業化率が常に同じ動きにあるとは限らない．政府の政策が多く影響している．そこで，都市化成長速度の視点から大きく3つの時期に区分して双方の動きを検討する．当時の政策の影響が読み取れる（図20-1）．
　1949年から1977年までの第1の時期においては，国の経済回復期である初期を

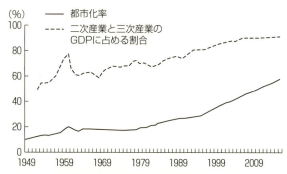

図20-1 中国の都市化率と都市型産業(二次産業+三次産業)割合の推移
出所:中国統計局・国家データベースより筆者作成.

除いて,産業化が進んだにもかかわらず,都市化プロセスはほとんど進まなかった.これは,当時の完全な計画経済と人口の移動を抑える政策によるものであった.結果として,この時期内には工業総生産が40倍弱増加し,二次と三次産業のGDPに占めるシェアが5割弱から7割強に増えた(中国統計局・国家データベース)が,都市化率は7%しか伸びず,年間伸び率はわずか0.25%であった.

第2の時期は,改革・開放政策が実施された1978年から1990年代半ばまでである.本格的な都市化は,この時期に始まった.当初の原動力は,農村改革政策と人口移動抑制の緩みであり,このことは解放された農村労働力の流入による都市の拡大,「郷鎮企業」の登場と成長による小都市の成長とにつながった.その後,1980年代半ばより,経済のグローバリゼーションの恩恵を受けて,国際分業制の下での労働集約型・輸出型産業の成長とともに,国の東南沿海部を中心とした新都市の誕生や中小都市の拡大により,都市化率は徐々に増加した.この時期における政府の都市政策は,産業の成長に応じたインフラの整備を基本とすると同時に,小規模都市の建設を積極的に推進するいわゆる「城鎮化」であった.行政区分の「鎮」の数は,1985年2851から1992年1万4182へと約5倍に増えた(中国統計局・国家データベース).中規模以上の都市は,開放都市のまわりに「開発区」と名付けられる工業団地の建設を中心として拡大した.これらの政策の結果,第2の時期内の都市化率は,都市型産業化率とほぼ同じ速度の,年間0.64%増加し,その結果1978年17.92%から1995年29.04%まで高まった.

第3の時期は,前述した政府主導の推進策が打ち出された1990年代後半からである.政策のきっかけは,「世界の工場」と称されるまでに工業化した中国が,

アジア金融危機などの国際情勢の影響も受けて，やや供給過剰の課題に直面していたことであった．そこで，政府は産業構造を調整するとともに，内需拡大を経済のさらなる成長のエンジンとすることを試みた．その目玉政策の一つは，都市化の推進であった．2001年に公表された「第十次五ヶ年計画」においては，都市化が初めてトップレベルの国家戦略とされ，「積極的かつ継続的に都市化を推進する」と記された．これまでの小規模都市の発展を中心とした政策から，中規模以上の都市の拡大を推進することと，すなわち「城鎮化」から「城市化」へと政策が変更された．代表的なのは，上海の「浦東新区」や天津の「濱海新区」の開発建設である．この政府主導の政策により，中国の都市化プロセスは大幅に加速し，都市化率は産業化率の上昇を上回る年間1.35%の伸び率となり，1995年29.04%から2016年57.35%までほぼ2倍に高まった．

2 従来型都市化の課題

膨大な人口を抱える中国では，改革開放政策以来の高速な都市化プロセスにおいて，様々な問題が生じた．例えば，2の時期に建設された多くの小規模都市を中心とした都市インフラの未整備，経済優先策による環境破壊，地域間分布の不均衡などが挙げられる．本章では，特に経済の持続可能な成長という視点から，2つの深刻な問題に注目する．すなわち，戸籍制度に起因する農民工問題と産業化なき都市化問題である．前者は改革開放以来の本格的な都市化プロセスにおいて徐々に顕在化した問題であり，後者は政府主導の高速都市化プロセスにおいて生じた問題である．

（1） 農民工問題

中国の戸籍制度は国民の登録制度から始まったが，1950年代後半，農村から都市への人口移動を厳しく制限するために，「中華人民共和国戸籍登録条例」が公布され，国民の戸籍は「農業戸籍」と「非農業戸籍」に分別・管理されるようになり，農業戸籍者の都市への移住は許されなかった．1970年代終わり頃に実施された農村改革政策に伴い，解放された農村労働力の都市への移動，すなわち出稼ぎは許されるようになったが，戸籍の変更は容易ではなかった．例えば，1985年に公安部が公布した「都市人口管理に関する暫行規定」では，「農業戸籍」から「非農業戸籍」への変更割合は上限が年間1万分の2と規定されていた．その後，戸籍政策は何度も改正されたが，このヒトを土地に拘束させる制度の根本は未だ

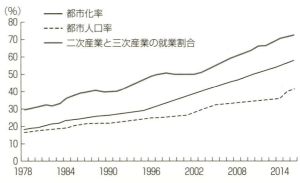

図20-2 常住人口による都市化率と戸籍人口による都市人口率及び二次産業と三次産業の就業割合
出所：中国統計局・国家データベースより筆者作成．

に直されていない．象徴的なのは，1954年憲法における「国民の移動と居住の自由」に関する規定は1975年憲法において廃止され，いまだに回復されていないことである．

　このような戸籍制度の制約により，都市に6か月以上常住した人口によって算出した都市化率の公式データと非農業戸籍人口による都市人口率の間にギャップが生じ，このギャップは1980年代以降次第に拡大した（図20-2）．このギャップは都市に就業・居住している農業戸籍者によって生成したものであるが，彼らは，「農民工」と称されている．その数は，2016年末には2.82億人に達しており（新華社, 2017.3.14），二次産業と三次産業就業者数の半分強を占めている．農民工は，就業地における戸籍を取得していないため，子女の教育，就業，医療，養老，住居などの公共サービスを受けられない．国家統計局の発表によると，2014年末において，出稼ぎの農民工の労災保険，医療保険，養老保険への加入率は20%前後であり，失業保険，生育保険の加入率は10%未満であった．また生活費支出の約半分は住居支出であった［発展改革委員会 2017］．結果として，都市化推進策の成果であるこれら見かけ上の都市人口の増加は，「農民工」が安定しない状況に置かれているために消費主導型経済と内需拡大への貢献度は低く，政策の根本である持続可能な経済成長策にはつながっていない．

（2）産業化なき都市化問題

　1990年代半ばまでの産業化先行の都市化に対して，その後の政府主導のプロセ

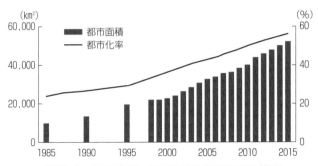

図20-3　産業化率，都市化率と都市面積の推移

出所：中国統計局・国家データベースより筆者作成．

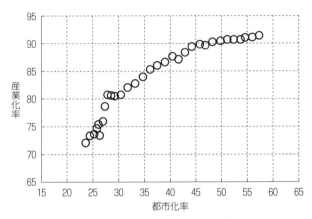

図20-4　都市化率と産業化率

出所：中国統計局・国家データベースより筆者作成．

スは，都市化先行へと移行していった．この移行の最大の特徴は，都市面積の拡大である（図20-3）．各地方政府は，土地開発権の売買による財政収入の確保やインフラ整備による一時的な投資需要の拡大などの手法で積極的に都市を拡大した．1984年から始まった東部沿海域の開放都市周辺に工業団地建設のための開発区を全国に広げた結果，2011年発展改革委員会のデータ［楊偉民 2011］によると，認可された国家レベル級および省レベル級の各都市周辺の開発区は，1500カ所で総面積1万平方キロに達した．また，2013年時点における12の省と自治区の調査結果によると，144の地方都市は都市機能整備や近代都市建設の名義で200以上の新区を開発していた［人民日報 2013］．その結果，1995年から2015年までに，都市

常住人口率が1.9倍にとどまったのに対して，都市面積は2.7倍以上になった．すなわち，土地の都市化は人口の都市化よりもはるかに先行していたのである．

これら開発区建設のほとんどは，農業用地を建設用地に用途変更した後に必要なインフラ整備を行ってから，企業を誘致するというプロセスをとっている．産業がないのに，都市が拡大するだけではなく，その土地に居住している農村人口も都市化され，結果として都市化率が増える．都市化の速度は次第に産業化の速度を凌ぎ（**図20-4**），産業化なき都市化問題を引き起こした．都市の生産性が低下するのみならず，都市化された住民は，安定的な雇用がないため，貧困問題や都市内部の二階級構造に結びついて，都市化率の上昇は地域経済の持続可能な成長には貢献できなかった．

3　持続可能な成長のための新たな都市化政策

世界の経済情勢，特にグローバール化と国際分業の恩恵を受けて成長してきた中国経済のこれまでの成長パターンが限界に近づいてきたため，政府は新たな新成長戦略の一環として都市化推進策の実施を試みた．しかし，固有の戸籍制度による制約や成長理念などの影響で，様々な問題が発生し，経済の持続可能な成長への推進策としては不十分であった．そのため，政府は国家トップレベルの戦略である「国家新型城鎮化計画（2014-2020）」を制定した．「城市化」から再び「城鎮化」への転換はこの計画の最大の特徴であり，全国における都市あるいは都市群の分布配置，都市計画や都市機能の強化，環境との調和，格差縮小のための都市と農村の協調などあらゆる分野について，発展方針に関する指導性の意見と実施に関する具体策を定めた．上述した農民工および産業化なき都市化という2つの深刻な問題に対して政府は対策を打ち出した．

農民工問題の解決は，政府の最優先課題であり，2020年の主要目標の約半分は，農民工に関するものであった（**表20-1**）．まず，常住人口による都市化率の増加速度を年間1％程度に減らし，農民工の戸籍変更を加速することで，**図20-2**に示した常住人口と戸籍人口の都市化率のギャップを縮める．2020年までに1億人の農業戸籍者を非農業戸籍者に変更する．しかし，大規模都市にはキャパシティの制限があるため，中小都市を中心にギャップを縮める．次に，仮に戸籍変更ができなくても，都市の公共サービスの拡大により，農民工の子女の教育，就業，医療，養老，住居などの問題の解決を図る．特に就業支援のために農民工職業技能向上計画を定め，公的資金の投入による年間1000万人の未就業農民工の技能訓

表20-1　新型城鎮化計画の主要目標

項目	2012年実績（%）	2020年目標（%）
都市化レベル		
常住人口による都市化率	52.6	60程度
戸籍人口による都市化率	35.3	45程度
基本的公共サービス		
農民工子女の義務教育率		99以上
農民工を含む基本職業技能訓練実施率		95以上
常住人口養老保険加入率	66.9	90以上
常住人口医療保険加入率	95	98
常住人口保障性住居カバー率	12.5	23以上
インフラ		
人口百万以上都市の公共交通利用率	45	60
公共用水普及率	81.7	90
汚水処理率	87.3	95
生活ごみ無害化処理率	84.8	95
家庭ブロードバンド接続率	4	50以上
コミュニティ総合サービス施設カバー率	72.5	100
資源環境		
1人あたり建設用地面積（平方メートル）		100以下
再生可能エネルギー消費割合	8.7	13
新築にグリーン建築の割合	2	50
都市面積の緑地割合	35.7	38.9
国家大気基準の達成率	40.9	60

出所：国家新型城鎮化計画（2014-2020年）［新華社 2014］より筆者作成.

練，企業による年間1000万人の農民工のオンジョブ技能向上訓練，補助金制度による年間100万人の農民工ハイレベル技能人材の育成，農民工予備軍の技能訓練，農民工への公益性教育，農民工技能訓練のためのキャパシティ・ビュッディングなどの具体的な施策を定めた．目標実現のために，戸籍制度改革やコスト分担政策，各級政府の責務規定などを定めた．このような人間本位，すなわちヒトの都市化を中核とする基本原則に基づいた新型都市化の推進によって，経済全体の持続可能な成長に必要な消費型内需拡大を試みた．

　産業化なき都市化問題に対して，政府は都市の持続可能性の向上を目指す「四化同歩，統籌城郷」の基本原則を打ち出した．すなわち，情報化，産業化，都市化と農業近代化を同時に推進して，「四化」の融合と協調の促進により，都市発展と産業を支え，就業移転と人口集積の統一を図る．具体策として，まず，都市周辺の新区設立に関して，人口密度や資源環境のキャパシティなどの基準条件を

設定し，都市拡大の速度を制限し，土地の都市化を規制する．また，都市就業支援を強化するために，産業配置と構造の調整を通じて，都市経済の活性化を強化する．特に，都市のイノベーション能力向上のために，新たな制度，政策，金融環境を創出すると同時に，産官学イノベーション・メカニズムの構築，イノベーション基地の建設，人材育成などを推進する．さらに，起業環境を改善するために，政府の規制を緩め，財政的支援や優遇税制，起業投資誘導や政策性金融サービスなどの手段を通じて，新たな起業メカニズムを構築する．これらの政策や施策などの実施による新型都市化を通じて，経済の持続可能な成長を目指す．

総じて，この新しい戦略は，過去の都市化プロセスに生じた課題の解決を図ると同時に，持続可能な成長戦略の一環であると見ることができる．戦略の中心は，自然形成の都市を作るのではなく，人為的形成の都市，つまり都市経済の形成である．また，この戦略では，これまでの政府主導から政府誘導に切り替え，市場原理を尊重し，新型都市化を市場原理に基づく発展プロセスを目指している．

4　サステナビリティに向けて

新型都市化政策の実施から2年経ち，2015年と2016年の「国家新型城鎮化報告」［発展改革委員会 2016；2017］によると，ヒトの都市化については早くも成果を上げている．2014年と比べて，2016年の戸籍人口都市化率は35.9%から41.2%へと5.3%高まり，常住人口都市化率増加2.6%の倍以上である．特に，1年目の2015年には，それぞれの上昇率は4%と1.33%であり，ヒトの見かけ上の都市化と真の都市化のギャップは大幅に縮められた．しかし，2年目の2016年は，それぞれの上昇率は1.3%，1.25%となっており，戸籍変更した農民工の数と新たに都市に流入した農民工の数はほぼ同じであった．この理由は，制度に原因があるのではなく，農民工自身の意志によるものである．人民日報（2016年4月30日）の報道によると，中国社会科学院による中西部農民に対する意識調査の結果，都市移住したい意識が「非常に強い」と「強い」の合計が33.56%に対して，都市移住したくない意識が「非常に強い」と「強い」の合計は49.13%であった．四川省統計局による都市農民工に対する意識調査の結果にも，都市戸籍を取得したい割合はわずか14.8%であった．

農民工のこのような意識の裏側には，農村部の土地政策などの影響もあるが，都市における安定した就業環境の欠如の影響を否定できない．戸籍変更によるヒトの都市化プロセスは，制度の変更や行政指導で比較的容易に実現できるが，産

業を育成することによる安定的就業の創出は短期間での実現は難しい．そのため，新型都市化政策の補助策として，国務院は2015年6月に「農民工等の里帰り創業のサポートに関する意見」［国務院 2015］を各地方政府および各省庁に公布した．地方小規模都市のインフラ整備と起業サービス体系の構築の促進と同時に，起業審査プロセスの簡略化，優遇税制の実施，財政支援の強化，起業金融サービスの整備，起業団地建設の支援などの政策を制定することによって，出稼ぎ先で成功した農民工の里帰り起業を促進し，地場産業の創出による小規模都市の成長を図った．「意見」に基づいて政府は「農民工里帰り起業を奨励する三か年行動計画綱要」を策定し，7つの行動計画についてのそれぞれの主要責任機関となる中央省庁を明確に指定した（表20-2）．

中国における都市化プロセスは，産業化の結果としての自然発展方式から，経済の持続可能な成長に資するために政府主導方式に変えられた．しかし，固有の戸籍制度の制約や成長理念などの影響で様々な問題が生じ，都市化プロセスと都市自身の持続可能性の欠如，経済の持続可能な成長の可能性不十分であった．そこで現在では，政府は新型都市化戦略の実施により，再び市場主導の自然発展方式に戻そうとしている．この自然発展方式の起点，つまり正のスパイラルの原点は，やはり産業の創出である．前文にも紹介したように，中国では都市を「城市」と呼ぶ．その中に，「城」は人の住居の集積地であり，「市」は産業活動が行われる市場を意味する．産業と住居地を融合して，そこにヒトが集積してこそ，真の都市化プロセスといえる．

国全体のサステナビリティを図る政策の一つとして，都市化戦略だけの推進よ

表20-2　農民工里帰り起業を奨励する三か年行動計画綱要と主要責任機関

行動計画	主要責任機関
起業サービス能力向上計画	発展改革委員会，人力資源社会保障部
農民工里帰り起業団地整備計画	発展改革委員会，人力資源社会保障部，住居と都市農村建設部，国土資源部，農業部，人民銀行
農業農村資源開発による起業支援計画	農業部，林業局，国家民委，発展改革委員会，民政部，貧困補助弁公室
インフラ整備による起業支援計画	発展改革委員会，工業と情報化部，交通運輸部，財政部，国土資源部，住居と都市農村建設部
農村における電子商務示範計画	商務部，交通運輸部，農業部，財政部，林業局
起業訓練行動計画	人力資源社会保障部，農業部
里帰り起業と万衆イノベーションの結合計画	科学技術部，教育部

りも，上述した「農民工里帰り起業を奨励する三か年行動計画綱要」に示された7つ目の行動計画である「里帰り起業と万衆イノベーションの結合計画」のように，他の成長戦略との協働が肝要である．

引用文献

国家統計局・国家データベース，http://data.stats.gov.cn/index.htm　2017年7月7日．
新華社「全国农民工总量达到2.82亿」2017年3月14日．
発展改革委員会「国家新型城鎮化報告2015」2016年4月．
楊偉民「城市化存在盲目过度开发问题」，十二五都市化発展戦略計画フォーラム，2011年3月26日，上海．
人民日報「切记城镇化不是盲目"造城"」2013年9月3日．
新華社「国家新型城鎮化計画（2014-2020年）」2014年3月16日．
発展改革委員会，「国家新型城鎮化報告2016」2017年7月．
人民日報海外版「农民为何不愿"农转非"」2016年4月30日．
国務院「国務院弁公庁農民工等の里帰り創業のサポートに関する意見」2015年6月．

参考文献

「中国新型都市化実現の虚実」富士通総研，2013年3月26日．
岡本信広「中国はなぜ都市化を推進するのか？——地域開発から都市化へ」．
葉華「『都市化成長』から『都市型成長』への転換の時代に移行する中国」『知的資産創造』2012年9月号．
邵永裕「中国新型都市化建設の現状と新たな強化政策の展開」『MIZUHO/CHINA Monthly』2016年4月号．
三浦有史「中国「城鎮化」の実現可能性を検討」『JRI レビュー』Vol. 3, No. 13, 2014年．
劉家敏「中国が目指す「都市化」とはなにか」『MIZUHO』2013年9月30日．
金森俊樹「中国の都市化問題」大和総研，2013年10月1日．
范小晨「中国国家新型都市化計画と『人の都市化』の加速」．
BTMU China Economic TOPICS（No. 54），2014年9月16日．
自治体国際化協会北京事務所「中国が取り組む人間中心の『新型都市化』政策——都市と農村の二元構造の打破は経済成長につながるか」*Clair Report*, No. 424（July 9, 2015）．

第21章

企業と環境問題の関係性
―― 異なる視点からの分析 ――

所　伸之

は じ め に

　2020年以降の地球温暖化対策に関する国際条約である「パリ協定」は2016年11月に発効したが，直後に発足したアメリカのトランプ政権は2017年6月にアメリカが「パリ協定」から離脱することを正式に表明し，国際的な非難を浴びている．前回の「京都議定書」においてもアメリカは同様の行動をとり，温室効果ガスの削減義務を負わなかった．21世紀の世界において人類が取り組むべき最大の課題の一つである地球温暖化問題に対するアメリカのこうした行動は決して容認されるものではないが，今回はわずかながら希望の光がさしている．それは，ゼネラル・エレクトリックやゼネラル・モーターズ，グーグルといったアメリカ企業がトランプ政権の方針に反対し，「パリ協定」の順守を求めたことである．多くのアメリカ企業が地球温暖化問題の深刻な状況を認識し，連邦政府の方針とは関わりなく温暖化対策を推進すると宣言したことは，アメリカの「パリ協定」離脱という重苦しい雰囲気のなかで前途に希望を見出す明るいニュースであったといえる．

　われわれは企業と環境問題の関係性を考える際に，異なる視点を有している．すなわち，企業活動が環境にネガティブな影響を与えているか，又はポジティブな影響をもたらしているかという視点である．政府の方針に関わりなく温暖化対策を推進することを表明しているような企業に対しては，明らかにポジティブな視点で捉えており，その活動を支えるために出来ることを考えようとする．一方，規制を守らずに有害物資を排出し，大気汚染や土壌汚染を引き起こしているような企業に対してはネガティブな視点で捉え，その活動を封じ込めようと考える．一般に企業にはこの相反する2つの側面が内在しており，状況に応じてどちらかの側面が顔を出す．

　本章では，企業と環境問題の関係性についてこれまでの経緯を踏まえながら整

理し，異なる視点の実態を明らかにする．その上で，健全な市民社会の存在こそが企業のネガティブ・ファクターとしての側面を抑え，ポジティブ・ファクターとしての側面を促進させることに繋がるという議論を展開する．

1　ネガティブ・ファクターとしての企業

　企業と環境問題のかかわりを考える時，われわれが最初に想起するのは大気汚染，土壌汚染，海洋汚染といった環境汚染問題である．人類の工業化の歴史はこうした環境汚染の歴史と重なり合う．日本が1950年代後半～70年代にかけて経験した公害問題はその典型である．高度経済成長期と呼ばれたこの時代，企業は工場から排出される有機水銀やカドミウム等の有害物資を適正に処理せずに直接，河川に垂れ流した．その結果，水俣病やイタイイタイ病と呼ばれる公害患者が続出し，大きな社会問題となった．本来，こうした企業の活動を規制しなければならない立場の行政も経済成長を優先し，有効な法規制を講じなかった．似たような状況は近年の中国においても見られる．20世紀の終盤から急速に経済発展を遂げた中国では経済成長を最優先し，汚染対策は疎かにされた．その結果，深刻な大気汚染や河川汚染が引き起こされたのである．

　こうした状況の下での企業活動は明らかにネガティブな側面が強く出ている．つまり，成長や利益を優先するあまり，コストが掛かる汚染対策を疎かにしているのである．環境汚染問題の場合，問題の図式を単純化して捉えることが可能である．すなわち，環境汚染を引き起こした主体とそれにより被害を受ける主体の特定は容易である．言うまでもなく，環境汚染を引き起こした主体は汚染物資を大気や土壌，河川に撒き散らした企業であり，それにより被害を受けるのは汚染地域に暮らす住民である．つまり，加害者としての企業，被害者としての地域住民という構図が明瞭である．このように加害者―被害者の構図が明瞭な場合，対処方法もまたシンプルである．すなわち，加害者の活動に規制を加え，汚染の発生源を根絶することで問題を解決することが可能である．いわゆる「エンド・オブ・パイプ」と呼ばれる手法である．日本では，公害問題が深刻化した1960年代に公害対策防止法，大気汚染防止法，水質汚濁防止法などの環境汚染防止のための法規制が整備された．1971年には環境庁（現在の環境省の前身）が設立されている．

　こうした企業のネガティブ・ファクターに対する社会の視線は当然，厳しいものとなる．グリーンピースやBUND等，国際的に活動するNPOは企業を「環

境の破壊者」「環境汚染の元凶」と見なし，対決姿勢を鮮明にした．またアカデミズムの世界でも企業の法的，道義的責任を厳しく問いただす企業の社会的責任論が台頭した．経営学の領域では鈴木［1994］，青山［1996］，所［1998］，足立［2014］の研究がある．日本，アメリカ，ヨーロッパ等の先進諸国では現在，環境保全のための法

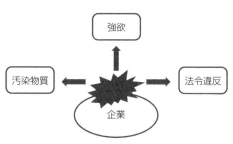

図21-1　ネガティブ・ファクターとしての企業
出所：筆者作成．

体系が整備されており，かつて見られたように企業が汚染物資を大気中や河川に撒き散らすような行為は起こりづらくなっている．「エンド・オブ・パイプ」の手法は限定された地域の環境汚染問題の解決には効力を発揮する．しかしながら，それで問題が全て解決されたわけではない．企業のネガティブ・ファクターは状況に応じて顔を出す可能性が絶えず存在するからである．

　例えば，先進諸国の企業が発展途上国で活動する場合，当該国の環境規制を順守していれば法的には問題はないが，そもそも発展途上国の場合，環境規制の基準が緩く，国によってはきちんとした法整備がなされていない場合もある．そうした国では社会全体での環境意識も低いため，先進諸国の企業の中には環境汚染対応へのハードルを下げ，自国では許容されない汚染物資を排出したりするケースもある．当該国の法規制に従い活動しているという論法は法的には問題ないのかもしれないが，やはり道義的な問題があると言わざるを得ない．こうした活動をしている企業はネガティブ・ファクターの顔を出しているのである．また，後段述べるフォルクスワーゲンのケースのように環境規制が厳しい先進国の市場においても，環境規制をすり抜けるための悪質な手段を講じる等，ネガティブ・ファクターの話題には事欠かない状況である．つまり，優良企業として社会から高い評価を得ている企業であっても，その内部にはネガティブ・ファクターの側面が潜んでおり，状況に応じて顔を出すということをわれわれは忘れてはならないのである．

2　ポジティブ・ファクターとしての企業

　さて，企業には前述したネガティブ・ファクターとしての側面とは別にポジテ

ィブ・ファクターとしての側面も有する．このことは環境問題の性格の変遷と深く関わっている．ネガティブ・ファクターの場合，限定された地域の環境汚染問題とのかかわりにおいて指摘されたが，周知のように現在の環境問題は地球温暖化問題に代表されるように地球規模の環境の劣化，悪化の問題が中心となっており，限定された地域の環境汚染問題はその中に包摂されている．では地球規模の環境問題と限定された地域の環境問題の2つを企業活動との関係性で捉えた場合，どのような違いがあるのであろうか．

　一つは，環境問題に対する責任の所在である．前述したように，限定された地域の汚染問題の場合，加害者と被害者の構図が明瞭である．この場合，汚染物資を排出し環境汚染を引き起こした企業の責任は明らかであり，故に企業は「環境汚染の元凶」としてネガティブに認識されることになる．これに対して地球規模の環境問題の場合，加害者として企業の責任を明確に問うことは可能であろうか．例えば，地球温暖化問題のケースで考えてみると，気温上昇の原因となる二酸化炭素の排出量増加は人間の生活の営みの過程で起きており，企業活動のみに起因するものではない．無論，企業活動の過程で多くの二酸化炭素は排出されていることは確かであり，企業に大きな責任があることは確かであるが，一般家庭からも多くの二酸化炭素が排出されているのである．つまり，温暖化問題の場合，加害者―企業，被害者―住民という単純な図式で問題を把握することは出来ないのである．このことは，企業活動と環境問題の関係性においてネガティブ・ファクターとして企業を捉えるという認識に変化をもたらすことになる．

　もう一つは，環境問題の解決に向けて果たすべき企業の役割の違いである．限定された地域の汚染問題の場合，行政が汚染の発生源である企業活動に法的規制を加えることが重要であった．ここでの企業の果たすべき役割とは，法規制を順守し汚染物資を適正に処理することに尽きる．その役割は極めて受動的である．これに対して地球規模の環境問題の場合はどうか．温暖化防止や生物多様性の維持等の問題に対して企業の果たすべき役割とはどのようなものであろうか．確かに前出の法的規制の順守という役割も存在する．環境保全のための法規制は国内法，国際法ともに多数あり，それらを順守することは企業の果たすべき重要な役割である．しかしながら，企業の果たすべき役割はそうした受動的な役割だけであろうか．答えはノーである．何故なら現在の環境問題を解決するためには，現行の社会経済システムを経済偏重型のシステムから経済と環境の調和型のシステムに転換していく必要があり，そのためには企業によるイノベーションの創造が不可欠であるからである．

18世紀の産業革命以降，近代社会は何度か社会経済システムの転換を経験してきた．Schumpeter[1934]によれば，資本主義経済は約50年の周期で景気の循環を繰り返すとされ（この景気循環は"コンドラチェフの波"と呼ばれる．），新たなイノベーションの創造がそれを牽引してきた．例えば，18世紀の後半から19世紀の前半にかけ

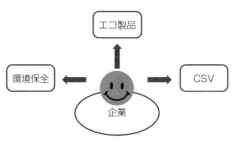

図21-2　ポジティブ・ファクターとしての企業

出所：筆者作成．

ての蒸気機関の発明，20世紀前半の自動車の大量生産，20世紀後半のIT技術の発展等，ダイナミックな技術革新が起こり，景気を主導した．そしてこうした技術革新は単に景気を主導しただけではなく，社会経済システムのドラスティックな転換も引き起こしたのである．直近の事例を挙げれば，インターネットの普及によるIT革命はまさに好例である．インターネットの普及は企業活動のみならず，個人のライフスタイルも大きく変え社会経済システムの転換をもたらした．最近では，あらゆるものをインターネットに繋げるIoT（Internet of Things）が注目されており，インターネットを活用した可能性はさらなる広がりを見せている．つまり，企業による技術革新，イノベーションの創造には既存の社会経済システムを新たなステージに転換させる力が秘められているのである．

この文脈で捉えれば，経済偏重の現行の社会経済システム（大量生産・大量消費・大量廃棄型）を経済と環境の調和型のシステム（循環型）に転換させるためには，やはり企業の創造するイノベーションが必要となる．つまり，社会が企業に求める役割は単に法的規制を順守するという受動的なものだけではなく，環境配慮型の製品・サービスを創造し，市場を通じて社会に浸透させていくことで社会を変革していくというより積極的，主体的な役割である．例えば，自動車メーカーが技術革新により現在のガソリン車から電気自動車へのシフトを進めれば，温暖化や大気汚染の問題は解決に向けて大きく歩を進めることになるだろ．また，電力会社が化石燃料に依存した現行の発電方法から自然エネルギーによる発電方法に切り替えればやはり大幅な二酸化炭素の排出量削減につながる．

さて，このように企業が環境問題の解決に向けて積極的，主体的に役割を果たそうとしている場合，われわれはそうした企業活動をポジティブ・ファクターとして認識することになる．このポジティブ・ファクターとしての企業活動に対し

ては，行政は法的規制を課してその活動を抑え込むのではなく，むしろ法的規制によりその活動を支援することになる．エコカーに対する優遇税制や自然エネルギーの固定価格買い取り制度などはその典型といえよう．また，NPOなどもネガティブ・ファクターとしての企業活動に対しては厳しい対決姿勢をとっていたが，ポジティブ・ファクターとしての企業活動については支援や協力する姿勢をとることが重要である．実際，NPOと企業がパートナーシップ，コラボレーションの関係を構築し，互いに協力しながら環境問題に取り組むケースなども目立ってきている．

3　市民社会と企業

これまでの考察で明らかになったように，企業と環境問題の関係性にはネガティブ・ファクターとポジティブ・ファクターの2つの視点がある．これは例えば，A企業の場合はネガティブ・ファクターの視点で捉え，B企業に関してはポジティブ・ファクターの面から分析するというスタンスを意味するのではなく，A企業もしくはB企業の組織内部に2つの相反するファクターが存在し，両方の視点から捉える必要があるということである．環境問題に対する社会的な関心が高まっている現代社会では，かつてのように企業がネガティブ・ファクターの顔を堂々と出すことは難しくなっている．自社の活動が環境問題を引き起こしていることを認めたい企業はいないだろう．従って，通常はネガティブ・ファクターは前面には出てこない．しかしながら，企業の内面にはネガティブ・ファクターが確実に潜んでおり，外的環境の変化に応じて顔を出すことがある．われわれにそのことを実感させたのは2015年に発覚したドイツの自動車メーカー，フォルクスワーゲンの排ガス不正事件である．世界に衝撃を与えたこの事件について概観しておこう．

フォルクスワーゲンの排ガス不正事件は2015年9月にアメリカで発覚した．事件の発端は，ウェストバージニア大学による公道での調査実験である．無作為にフォルクスワーゲンの「ジェッタ」「パサート」，BMWの「X5」を選び走行時の窒素酸化物の数値を測定し，検査試験時の数値と比較した．その結果，フォルクスワーゲンの2車種について走行時の数値が検査試験時の数値の40倍の値を記録したのである．一方，BMWについては走行時と検査試験時の数値に大きな差異はなかった．不審に思った大学は連邦環境保護局に実験結果を報告し調査を依頼した．それによりフォルクスワーゲンの不正が明るみになったのである．フォ

ルクスワーゲンの不正は，排ガス浄化装置に違法な制御ソフトを搭載することで行われていた．すなわち，ハンドルが固定された検査試験台では正常に排ガス浄化装置を作動させ，ハンドルを動かす実際の走行時には排ガス浄化装置が作動しないようなプログラムが組み込まれた制御ソフトが搭載されていたのである．ディーゼル車の排ガスには大気汚染の原因となる窒素酸化物が含まれているため，アメリカでは厳しい環境規制がある．

　フォルクスワーゲンはアメリカの厳しい環境規制をクリアできるだけの技術力を有していた．アメリカ政府が2009年に導入した環境規制「Tier 2 Bin 5」は，1 kmあたりの窒素酸化物の排出量を0.044グラム以下に規制するというものであり，これはEUの基準「ユーロ5」より4倍以上厳しいものであった．同社の開発した排ガス浄化装置はこれをクリアできる性能を有しており，従って違法ソフトなど搭載せず，実際の走行時にも排ガス浄化装置を作動させていれば何も問題はなかったのである．では何故，同社は不正を行ったのであろうか．

　背景にはトヨタ自動車との販売台数世界一の座をめぐる熾烈な競争があったと言われている．フォルクスワーゲンは中国市場にいち早く進出しトヨタやGMと並ぶ自動車業界のグローバル・プレーヤーの地位を確立していたが，アメリカ市場の開拓では出遅れていた．トヨタがハイブリッドカーを開発し，アメリカ市場で販売実績を積み上げていたのに対抗するため，フォルクスワーゲンは前出の排ガス浄化装置を搭載したクリーンディーゼル車を前面に打ち出し，アメリカ市場の開拓に乗り出していたのである．広大な国土のアメリカでは長距離走行が一般的であり，排ガス浄化装置をフルに稼働させると耐久性に不安が生じる．走行性能に不安が生じる状態ではトヨタのハイブリッドカーに対抗することはできない．そのため，検査試験時のみ排ガス浄化装置を稼働させる違法ソフトを搭載したものと見られている．

　このフォルクスワーゲンの行った不正行為は，明らかに同社の組織内部に存在するネガティブ・ファクターが顔を出したことにより起きたものである．すなわち，同社は実際の走行時に規制値の40倍もの窒素酸化物が排出され，大気汚染が引き起こされることよりも同社の販売台数を増やすことの方を優先したのである．フォルクスワーゲンは環境先進国といわれるドイツを代表する自動車メーカーであり，高いブランド力をもつ世界企業である．その活動は一般にポジティブ・ファクターの側面から捉えられており，よもや今回のような事件を引き起こす企業とは見られていなかった．しかしながら，そうした企業であってもその内面にはネガティブ・ファクターが潜んでおり，経済的利益の追求のために，通常はポジ

ティブ・ファクターの陰に隠れていたもう一つの側面が現れたのである．

　さて，こうした企業の内面に潜む2面性に対してわれわれはどのように対処すればよいのであろうか．つまり，企業のネガティブ・ファクターを抑え込み，ポジティブ・ファクターを拡大させるための方策である．筆者は健全な市民社会の構築こそがその鍵であると考えている．では健全な市民社会とはいかなる社会を指すのであろうか．その指標の一つがNPOの活動にあるのではないかと思われる．前出のフォルクスワーゲンの排ガス不正事件においても，同社の不正を暴くきっかけを作ったのは「クリーン交通の国際協議会」(ICCT) というNPOの活動であった．同団体による自動車の走行時の排ガスと検査時の排ガスの数値比較の地道な活動がフォルクスワーゲンの不正を暴くきっかけになったのである．この事実は裏を返せば，行政機関によるチェック体制の不備を示している．企業活動の監視，監督は本来，行政機関の仕事であるが，「お役所仕事」という言葉に象徴されるように概して行政によるチェックは硬直的かつ形式的な場合が多く，企業の不正を見落とす場合がある．また発展途上国においては行政機関と企業が癒着し（無論，先進国においても同様のケースは見られるが），そもそも行政によるチェック自体が機能していない場合もある．NPOは行政，企業に代わる第3セクターと呼ばれるが，企業活動を監視，チェックし，問題があれば告発するNPOが社会に多数存在することは，健全な市民社会が構築されているかどうかを図るバロメーターの一つであろう．

　その一方で企業の有するポジティブ・ファクターの側面を鼓舞し，拡大させていくためにも健全な市民社会の構築が必要である．近年，Porter and Kramer [2006, 2011] の主張するCSV (Creating Shared Value) の考え方が脚光を浴びている．CSVとは，様々な社会的課題を企業がビジネスを通じて解決することを目指すものであり，社会的課題と企業が追求する経済的価値を同じベクトル上で捉えようとする考え方である．CSVに対しては様々な批判があるが，CSVの理念，考え方自体は決して誤ったものではない．前述したように，地球温暖化問題の解決は企業の創造するイノベーションなしでは決して解決しえないものである．重要なことは，企業のポジティブ・ファクターを鼓舞し，拡大させていくために市民社会が積極的に支援することである．前出のNPOの活動で言えば，企業とパートナーシップの関係を構築し，コラボレーションにより環境に優しい社会の構築に向けて互いに努力することが求められる．また，環境に優しい製品の購入を促すために，行政による優遇税制や補助金等の支援策も当然のことながら必要である．つまり，行政・企業・市民によるコラボレーションの輪が形成される健全

な市民社会の構築が企業のポジティブ・ファクターを助成することに繋がる．

おわりに——2つの視点の融合

　最後に企業の有する2つの側面であるネガティブ・ファクターとポジティブ・ファクターの融合の可能性について触れておきたい．この2つの側面は一見，真逆の性格を有しており融合の可能性は低いように思われるが，その可能性はあるのである．前出の Porter［1991］は厳しい環境規制は企業の成長の阻害要因ではなく，両者は両立し得るという考え方（いわゆるポーター仮説）を主張した．ポーターの主張をめぐっては賛否両論があるが，例えば，アメリカで1970年に制定されたマスキー法（自動車メーカーに対して，排気ガスに含まれる CO（一酸化炭素），HC（炭化水素），NOx（窒素酸化物）などの物資を1/10に削減することを求めた法律）を世界で最初にクリアしたのは CVCC（希薄層状燃焼）エンジンを開発した日本のホンダであった．その後，ホンダは低公害車のトップランナーとして世界に飛躍していくことになったことは周知の事実である．つまり，環境規制は企業のネガティブ・ファクターを抑え込むことが目的とされるが，その副次的効果として企業の技術革新やイノベーションを誘発し，結果としてポジティブ・ファクターに転換する可能性があるのである．われわれはこうした側面を理解しながら，適切に対応していかなければならない．

参考文献
青山茂樹［1996］「地球環境問題と企業の社会的責任，社会貢献」，林正樹・坂本清編著『経営革新へのアプローチ』八千代出版，346ページ．
足立辰雄［2014］『原発・環境問題と企業責任』新日本出版社．
鈴木幸毅［1994］『環境問題と企業責任（増補版）』中央経済社．
所伸之［1998］「環境の世紀と日本企業の行動」，長谷川廣編著『日本型経営システムの構造転換』中央大学出版部，57-82ページ．
Porter, M. E.［1991］"America's Green Strategy," *Scientific American*, Vol. 264, No. 4.
Porter, M. E. and M. R. Kramer［2006］"Strategy and Society：The Link between Competitive Advantage and Corporate Social Responsibility," *Harvard Business Review*, December.
─── ［2011］"Creating Shared Value," *Harvard Business Review*, January-February.

第22章

原子力発電の持続不可能性

山 田 雅 俊

はじめに

　日本の電力業界が岐路に立っている．エネルギー政策の基本方針である3E+S[1]の視点から，電源構成（エネルギー・ミックス）の再検討，電力市場の自由化，電力システムの改革が注目されている．特に電源構成の再検討は，2011年3月11日の東日本大震災に伴う東京電力福島第一原子力発電所の事故（以下，福島原発事故）以来，日本の電力業界において喫緊の課題になっている．福島原発事故を契機として，日本のベースロード電源の一つを担ってきた国内の原子炉は適合性審査のために停止された．その背景には，いわゆる「安全神話」への疑義（=原子力発電の社会的受容性の低下）がある．原子力発電所（以下，原発）の停止に伴う電力供給の不足を，現在も液化天然ガス（LNG）などの輸入化石燃料に依存する火力発電によって賄っている[2]．その結果，日本のエネルギー自給率は2010年度の19.9％から2014年度の6.0％へと低下している［経済産業省資源エネルギー庁2016］．また，輸入化石燃料への依存度は2014年度に過去最高の88％を記録し，日本は福島原発事故から2015年度まで貿易赤字を計上している[3]．輸入化石燃料への依存度が増大したこともあって，2015年度の日本の温室効果ガス排出量の88.7％（117万4648トン［CO_2換算］）は「エネルギー分野」から生じている［国立環境研究所 2017：3-2］．日本はポスト京都議定書とされるパリ協定（2016年発効）の批准に遅れを取り，低炭素社会の確立に向けて国際的な主導権を握ることが難しくなっている．現在の日本のエネルギー供給は3E+Sの視点から，著しい後退を余儀なくされている．このような状況を改善するために，脱化石燃料を達成し得る電源構成を計画し，実行することが課題になっている．

　脱化石燃料の手段として，原発の再稼働と再生可能エネルギー発電の普及・拡大という2つの方法があり得る．実際に，原子力と再生可能エネルギーは1970年代にオイルショックによる原油不足への対応の手段として注目された．またこれ

らの一次エネルギーは発電時に二酸化炭素（CO_2）を排出しないことから，しばしばクリーン・エネルギーとして定義され，1990年代以降の気候変動問題への対応の手段として注目されるようになっている．しかし，原子力発電は排水による海水温度の上昇，放射性廃棄物およびその再処理技術の開発，廃炉費用など様々な課題がある．さらに，原発事故によって人間に致命的な被曝被害を与え，社会に対して甚大な被害をもたらすことは周知の事実である．一方で，再生可能エネルギー発電は，電力需要との関係から安定供給，発電コスト，分散型発電による電力供給網の構築（＝電力市場の自由化と電力システム改革）などの課題に直面している．低炭素社会としての持続可能な社会を確立するためには，脱化石燃料と脱原発の実現，再生可能エネルギー発電の普及・拡大が条件になる．日本の電力業界において，これらの課題を解決するような持続可能型の環境経営（sustainable management）は未だ見られない．

再生可能エネルギーの普及・拡大の課題，および持続可能型の環境経営の特徴については別の機会に議論することにして[4]，本章では，日本における原子力発電の歴史を振り返りながら，その導入と普及は3E+Sとは別個に国際的な軍事政策への主体的な対応という論理をもっていることを確認する（1節および2節1）．次いで，原子力はクリーン・エネルギーではなく3E+Sに逆行するような持続不可能な技術であること，および原子力発電は持続可能な社会の確立に貢献し得ないことを議論する（2節2）．原発ビジネスは経済合理性を欠いているため営利企業には不向きな事業である．原発ビジネスに投資する民間企業は，持続可能型の環境経営やCSRの視点から必ずしも支持できるものではない（おわりに）．

1　核の平和利用と日本における原子力開発体制の整備

日本の原子力発電の歴史は，1950年代の世界的な核軍縮の動向という国際政治的環境に対する日本政府の政策的対応から始まる．第二次大戦中に原子爆弾の開発で先行したアメリカは，戦後に「核の独占」によって覇権を掌握することを構想していた．しかし，1950年代には，既にイギリス，カナダ，ソビエト連邦などが核保有国になっていた．1952年11月にアメリカが世界初の水爆実験をマーシャル諸島のエニウェトク環礁において実行するなど，当時，核兵器を中心とする軍拡競争によって国際的緊張が高まっていた．この国際的緊張を緩和して核戦争を回避するために，アメリカのドワイド・D・アイゼンハワー大統領は，1953年12月にニューヨークで開催された「原子力の平和利用に関する国連総会」において，

「核の平和利用（Atoms for Peace）」演説を行った［宮本 2015：40］．この演説で，アイゼンハワーは，上記のような国際的緊張に言及しながら，核エネルギーによる電力供給，核軍縮を目的とする国際的な原子力管理機関の創設を提起した［アイゼンハワー演説資料］．これを受けて，実際に，核拡散の管理を使命とする国際原子力機関（IAEA；International Atomic Energy Agency）が1957年7月に発足している．1954年5月，アメリカとソビエト連邦が他国に先駆けて競い合うように商業用の原発を設立し，東西陣営の各国に核の平和利用の実践を示している．同年，アメリカによるビキニ環礁での水爆実験により第五福竜丸の乗組員が被曝被害を受けているが，改進党の中曽根康弘らは日本の復興を目的として日米関係を強化するために，原子力研究開発予算を上程した．これによって，日本も原子力開発を開始することになった［大西 2017：194-195］．

ジュネーブで国連主催の原子力平和利用国際会議が開催された1955年，日米原子力研究協定が締結された．岡山県と鳥取県の境に位置する人形峠でウラン鉱床が発見されていたが，この協定により，日本はアメリカから研究目的で濃縮ウランを提供されることになった．これ以後，1957年までの間に，日本政府によって，原子力3法（＝原子力基本法，原子力委員会設置法，原子力局設置に関する法律）の制定（1955年12月），原子力委員会の設置（1956年1月）[5]，特殊法人日本原子力研究所の発足（1956年3月），原子力燃料公社[6]の設立（1956年8月）が行われた．民間組織として，電力会社や重電機メーカーによって構成される日本原子力産業会議（1956年3月）が，また，東京電力などの電力会社9社や電源開発株式会社[7]などの出資によって日本原子力発電株式会社（以下，原電）（1957年11月）が設立された．

以上のように，1950年代前半に核軍縮と管理的な核拡散を目的とするアメリカの国際政治戦略を受けて，日本は1950年代後半に原子力研究や原子力行政の体制整備を行った．このように整備した体制を基盤にして，1960年代半ば以降，英米企業から技術を導入し，日本国内で原発を建設することになる．日本における原子力発電の導入・建設は，戦後の日米関係における権力バランスから，アメリカによって押し付けられたものであるとする議論がある［例えば，宮本 2015］．このような議論は，例えば，①日本における原子炉の技術は，株式会社東芝（以下，東芝）や株式会社日立製作所（以下，日立）などの原子炉メーカーが下請けになって，ウェスティングハウス（以下，WH）やゼネラル・エレクトリック（以下，GE）から提供されたこと，ならびに②国内の現行法では日本の電力事業者，原子炉メーカー，および技術提供者である米国企業に福島原発事故などの責任を問えないことを論拠にして，原子力発電に関する日本の主体性を問うことに特徴が

ある．日本における原発の導入・普及はアメリカの政策的イニシアチブによるものであるとしても，そのことを過度に強調する議論は，その意図とは裏腹に，東京電力や東芝などの日本企業の社会的責任（CSR；corporate social responsibility）を問うことをいっそう難しくしてしまうのではないだろうか．国際政治における権力格差があるにしても，そのパワー・バランスの中で国策として日本政府と民間企業が主体的に核の平和利用と管理的な核拡散に対応してきたと理解することによって，日本の電力事業者と原子炉メーカーの社会的責任を検討すること，および日本の電力業界の自律的な発展を展望することができるようになる．

2　日本における原子力発電の導入・普及と限界

（1）　日本における原子力発電の導入・普及

日本国内で初めて運転を開始した商業用原発は東海発電所（茨城県東海村，1965年4月）である．原電が運営事業者であるこの発電所は，世界初の商業用原発であり軍事用プルトニウムの生産工場でもあるイギリスのコールダーホール原発（1956年運転開始）と同じ技術（黒鉛減速炭酸ガス冷却型原子炉）を用いている．その技術はイギリスGEによるものであり，日本は同社から原子炉の技術を輸入することにしたのである[8]．外資の技術を導入して日本に商業用原子炉を建設したことは，1956年10月に原子力委員会がイギリスに派遣した調査団[9]の成果であり，外国政府や外資企業からの圧力によるものではない．

日本は，日米安全保障条約が存続し続けることを条件として，1970年2月に核拡散防止条約（1968年7月制定）に署名した．同条約に加盟することによって，日本は25年間核兵器非保有国になるというIAEAによる保障措置の受け入れ義務を負うと同時に，原子力平和利用の権利を獲得した．すなわち，核の平和利用に関する日本の権利は国際的に公式に承認されることになった．ここで原子力発電と原子爆弾は原理的に共通していることに注意すべきである．原発は核分裂反応をゆっくりと行う．その反応を連鎖的に起こすのが原子爆弾である．ウラン濃縮や核分裂反応の技術を原発によって保有することは，原子爆弾を開発する能力を持つことを意味する［上田 2011：16-17］．つまり，1950年代以来の核の平和利用は，核兵器非保有国であっても原子爆弾につながる原子力技術を持つ機会を得るという論理をもっているのである．多くの国が核拡散防止条約に加盟して核の平和利用が普及することによって，実質的に管理的な核拡散が進行し，冷戦構造は強化されていくことになった．

非核三原則を国是としながら科学技術立国を目指す日本は，アメリカの軽水炉技術を導入するために，福井県の敦賀市（1970年3月），美浜地区（1970年7月），福島県双葉郡（1971年3月）に原子力発電を建設し運転を開始する．原電が運営事業者である敦賀発電所と東京電力が運営事業者である福島第一原発の1号機はアメリカGEによる沸騰水型軽水炉を導入し，関西電力が運営事業者である美浜発電所はWHによる加圧水型軽水炉を導入した[10]．敦賀発電所と美浜発電所は大阪で開催された日本万国博覧会（1970年3月から9月）に電力を供給することによって，その運営を開始した．

　1973年のオイルショックによる原油価格の高騰を契機として，原子力と新エネルギー（＝現在で言うところの再生可能エネルギー）は輸入化石燃料の代替エネルギーとして注目されるようになる．大気汚染などの公害問題への対応という視点からも，これらの一次エネルギーは期待された．2000年までに新エネルギーによるエネルギー供給を20％まで高めることを目的として，工業技術院（現，国立研究開発法人産業技術総合研究所）は1974年7月にサンシャイン計画を開始した．しかし，新エネルギーによるエネルギー供給＝再生可能エネルギー発電の開発は，電源3法（＝電源開発促進法，特別会計に関する法律，発電用施設周辺地域整備法）（1974年10月公布）と電源立地特別交付金制度（1981年10月創設）による過疎地域での原発建設の加速化[11]，1980年代以降の原油価格の低下などによって注目されなくなった［島本 2014：44-46；橘川 2011：392-403］．

　日本では1970年代に19基の原子炉が主に福島県と福井県に増設された．増設地域と各地に増設された原子炉の基数は以下のとおりである．すなわち，福島県の福島第一原発6基（東京電力），福井県の敦賀原発1基（原電），美浜原発3基（関西電力），高浜原発2基（関西電力），大飯原発2基（関西電力），島根県の島根原発1基（中国電力），佐賀県の玄海原発1基（九州電力），静岡県の浜岡原発2基（中部電力），愛媛県の伊方原発1基（四国電力）である［本間 2016：47-49］．この増設の過程で，東芝，日立，三菱重工業株式会社（以下，三菱重工）などの国内の原子炉メーカーはGEやWHなどから技術を学習し，国内の市場シェアを拡大していった．

　1984年には宮城県の女川原発（東北電力）が運転を開始しているが，1980年代後半以降は重油，原油，LNG，海外炭を含む輸入化石燃料の価格が低下したため，火力発電が再び中心的な発電になった．日本では，原子力は，再生可能エネルギーとともに化石燃料の代替エネルギーとして注目されていたことから，電源開発のペースは低下した［島本 2014：40-44；橘川 2011：392-403］．原子力と再生可

能エネルギーはその開発の意義を再検討する必要があった．特に原子力は国防のために平和利用し続けるためにも，優れた電源であることの根拠を強化する必要があった．

（2） 3E+Sに逆行する原子力発電

1990年代に入ると，気候変動枠組条約（1994年3月発効）や京都議定書（1995年12月採択）など，気候変動問題に対応するための国際的枠組みが整備されるようになった．原子力と再生可能エネルギーは発電時にCO_2を排出しないことから，クリーン・エネルギーとして注目されるようになった．例えば，アメリカのオバマ政権によるグリーン・ニューディール政策では，資源枯渇の抑制と気候変動対策の効果的な手段として開発の対象とされた[12]．日本政府は，エネルギー政策基本法（2002年6月施行）に基づいてエネルギー基本計画（2003年10月，2007年3月，2010年6月）を定期的に更新し，エネルギーの安定供給と環境への適合の視点から原発をベースロード電源として位置付け，その利用の拡大を図ってきた．また経済産業省による新・国家エネルギー戦略（2006年5月）は，エネルギー安全保障（＝安定供給）を確立するための世界最先端のエネルギー需給構造の実現，エネルギー問題と環境問題の一体的解決による持続可能な成長基盤の確立，アジアや世界のエネルギー問題を克服するための資源外交・エネルギー環境協力の総合強化などをその内容としており，これらの実現に向けた取り組みとして原子力立国計画，運輸エネルギーの次世代化計画，新エネルギーイノベーション計画，総合資源確保戦略，アジア・エネルギー環境協力戦略などを示している［経済産業省 資料］．このように，3E+Sの視点から，原発と再生可能エネルギー発電の利用の拡大は政策的に推進されるようになった．しかし，原発の利用については，多くの批判がなされている．その論点は，大別して①平常運転時の環境不適合性，②バックエンド問題，③原発の非経済性である．以下では，これらの論点について見ていく．

上述したように，原発は気候変動問題の解決に貢献するクリーン・エネルギーの一つとされることがある．環境経営の重要なツールの一つであるライフサイクル・アセスメント（LCA）によれば，事業活動の環境負荷は調達・物流・製造・販売・使用・廃棄を含む一連のプロセス全体を視野に入れて評価されなければならない．原発の場合，燃料となるウランの採掘，燃料の製造（ウラン濃縮）と輸送，放射性廃棄物処理の過程でCO_2ほかの温暖化物質が放出されている．また，原発の平常運転時（＝発電時）に冷却材として使用される海水は，原発の排熱の

ために約 7 ℃温められた状態で海に放出されている．福島原発事故後に全国的に原子炉が停止されて以来，原発周辺海域の海水温が低下傾向にあることから，原発の平常運転時に生じる温排水が海水温の上昇の主因になっていること，海水の温暖化は海の生態系や漁業に否定的な影響を与えることが指摘されている［上田 2011：16；足立 2014：106-109］．原発は発電時を含むすべてのプロセスにおいて，気候変動を促進する要因になっている．

　原発はその事業プロセスにおいて，CO_2 だけでなく放射性廃棄物も排出する．日本では，官民一体になって核燃料サイクルの開発を試みてきた．科学技術庁の傘下に動力炉・核燃料開発事業団（現，独立行政法人日本原子力研究開発機構）を設立したこと（1967年10月）を契機として，高速増殖炉実験炉「常陽」（1977年，茨城県大洗町），新型転換炉原型炉「ふげん」（1978年，福井県敦賀市），高速増殖炉原型炉「もんじゅ」（1991年，福井県敦賀市），日本原燃株式会社（1992年 7 月設立）による六ケ所再処理工場（1992年，青森県六ケ所村）を建設し，使用済み核燃料の再処理技術について研究を行ってきた．これらの施設の建設には，原子炉メーカーの東芝，日立，三菱重工業，富士電機株式会社が協力している．

　これらの研究施設は費用対効果の点で，これまで成果を上げることができなかった．例えば，六ケ所再処理工場は，イギリスやフランスに依存していた使用済み核燃料の再処理を日本が自立して行えるようにすることを目的として建設された．その建設費は，当初7600億円と計算されていたが，実際には 2 兆1900億円が費やされた．使用済み核燃料は各原発に設置されている貯蔵プールに 3 年から 4 年の間冷却してから六ケ所再処理工場に輸送されている．貯蔵スペースに限界があることから，日本原燃は東京電力との共同出資によって，青森県むつ市に中間貯蔵施設（リサイクル燃料備蓄センター）を建設した（2013年 8 月）が，現在のところこの貯蔵施設は正式に操業を開始していない．1998年以来，国内の原発54基から使用済み核燃料が六ケ所再処理工場に搬入されているにもかかわらず，この再処理工場も2017年の現時点で正規の運転に入っていない．

　操業以来，稼働し続けてきた常陽は実験用装置の破損により2007年に停止している．現在も休止中である．常陽の実験データを基に創設されたもんじゅは，総建設費 2 兆4000億円を必要とした．もんじゅは第 4 世代の原子炉開発において国際的にも主導的な役割を果たすことが期待された．しかし，1995年に冷却用ナトリウムの漏洩による火災事故を起こしたため，運転を停止した．2010年 5 月から約 3 カ月の間，運転を再開したものの，炉内の中継装置が破損したため，再び運転を停止している．それ以来，2016年12月に廃炉が正式に決定されるまで，再稼

働されることはなかった．もんじゅの維持費用は，稼働しているか否かにかかわらず，1日5500万円，年間200億円かかっているという．経済合理性と安全性の欠如により，廃炉が決定されたと思われる．

2017年7月現在，高浜原発1基（関西電力），伊方原発2基（四国電力），川内原発2基（九州電力）の合計5基の原子炉が再稼働し運転中であるが，使用済み核燃料を再処理した後にも高レベル放射性廃棄物は残る．この高レベル放射性廃棄物をガラス固化体に変換し，30年から50年冷却し，その後，地中300メートル以上の地下に埋めて何万年という半永久的な期間にわたって保管するという地層処理が計画されている．ガラス固化体は数メートルの範囲に近寄ると20秒ほどで死んでしまうほど強い放射能を出すというが，原発を再稼働して使用済み核燃料を排出し続ける以上，その再処理と保管は日本のエネルギーの準国産化のためにも必要であるとされる．既存のおよび今後排出される使用済み核燃料は後世に対する負の遺産である．

原発や核燃料サイクル施設の廃炉にも相応の費用がかかる．例えば，もんじゅの廃炉費用は，政府の試算によれば，30年間で3750億円である．しかし，この試算には使用済み燃料プールの耐震対策費や冷却用ナトリウムを取り出す技術などの費用は含まれていないため，追加費用が生じると思われる．また，24年間の運転を終了し，2007年に廃炉が決定されたふげんの廃炉費用の総額は，朝日新聞の試算（2002年3月31日）によれば，千数百億円（＝解体費用：300億円，解体に伴って生じる廃棄物の処分費用：400億円，施設撤去までの維持費：数百億円，運転中に生じた放射性廃棄物の処分費用：140億円）であるという．2011年3月に爆発事故を起こした福島原発の廃炉費用は，経済産業省の試算によれば，26.5兆円である．

以上から，原子力発電は，発電時の費用とCO_2排出という点で他の発電技術に対する比較優位を持ち，日本のエネルギー自給に資するという論理によってしばしば支持されているが，原子力の準国産化の条件としての核燃料サイクルの開発の状況とその開発費用，ならびに廃炉費用も含めて考えると，原発は経済合理性，安定供給，環境合理性と安全性，すなわち3E+Sの視点を著しく欠いた技術であり，持続不可能な技術であるといえよう．

おわりに

国防の課題として核の平和利用を推進する原子力政策は，日本において，民間営利企業である電力事業者や重電メーカーなどに原発ビジネスのチャンスを提供

してきた．民間営利企業が管理的な核拡散による軍縮に貢献することはCSRの一つと言えるかもしれない．しかし，環境適合性に欠ける危険な原子力技術，経済合理性に乏しい原発ビジネスへの参入は，近年の東京電力の反CSR的な組織行動や東芝の粉飾決算に代表されるように，営利企業を不祥事に導くようである．3E+Sの視点から評価できない原発ビジネスは国民の生命と社会の発展を脅かす持続不可能な経営である．電力業界における環境経営とCSRの今後の発展が期待される．

注

1) 日本のエネルギー政策は，従来から安定供給＝エネルギー安全保障（energy security），経済合理性（economic efficiency），環境への適合（environment），および安全性（safety）を基本方針としてきた．一般的に，これらの英語表記の頭文字をとって「3E+S」という．
2) 経済産業省によれば，東日本大震災直前の2010年度の電源構成は，石炭25%，石油等6.6%，LNG29.3%，その他ガス0.9%，原子力28.6%，水力（大型）8.5%，再生可能エネルギー等1.1%であった．これに対して2014年度は，石炭31%，石油等10.6%，LNG46.2%，水力（大型）9%，再生可能エネルギー等3.2%であった［経済産業省資源エネルギー庁 2016］．
3) 財務省の『平成28年度貿易統計』によれば，2016年度は円高傾向による輸出の増大と原油安のため，日本は貿易黒字に転じている．しかし，発電用燃料を輸入資源に依存しているという状況は続いている．
4) 再生可能エネルギー発電の普及・拡大については，［山田 2017］を参照．持続可能型の環境経営の特徴については，［Yamada 2017］を参照．
5) 初代委員長には当時の国務大臣である正力松太郎が就任した［大西 2017：195］．
6) 1967年10月に動力炉・核燃料開発事業団（動燃）に改組．
7) 電源開発株式会社（通称：J-POWER）は国内の電力不足の解消を目的として，電源開発促進法（1952年7月制定）に基づき，1952年9月に設立された公益事業体である．
8) 外資の技術に依存して原子力発電を日本に導入するという決定を不服とし，物理学者の湯川秀樹は原子力委員を辞任している［大西 2017：198］．
9) 同調査団の団長は石川一郎（初代経団連会長，元日産化学工業社長）である［大西同上：195-198］．
10) 沸騰水型軽水炉，加圧水型軽水炉，およびその他の原子炉の技術的特徴については，［橘川 2011：303-307］に詳しい．
11) 過疎地域における原発建設の加速化の過程において，東京電力などの電力事業者は広告業界を利用して，いわゆる原発の「安全神話」の構築を図っている［本間 2016］．
12) オバマ政権によるグリーン・ニューディール政策は，The Green New Deal Groupに

よる報告書 A Green New Deal（2008）に基づいている．

参考文献

アイゼンハワー，ドワイド・D.「平和のための原子力（1953年）」演説資料（http://www.inaco.co.jp/isaac/shiryo/pdf/wwwf-majordocs-peace.pdf　2017年7月25日閲覧）.
「朝日新聞」2002.3.31.
足立辰雄［2014］『原発・環境問題と企業責任』新日本出版社.
上田昌文［2011］『わが子からはじまる原子力と原発きほんのき』クレヨンハウス.
大西康之［2017］『東芝原子力敗戦』文芸春秋.
橘川武郎［2011］『日本電力業発展のダイナミズム』名古屋大学出版会.
経済産業省ホームページ「『新・国家エネルギー戦略』最終とりまとめについて」（http://www.meti.go.jp/policy/sougou/juuten/simon2006/simon2006_13-2.pdf　2017年7月26日閲覧）.
経済産業省資源エネルギー庁［2016］『日本のエネルギー2016年度版 エネルギーの今を知る20の質問』ピーツーカンパニー.
国立環境研究所地球環境研究センター温室効果ガスインベントリオフィス（GIO）編，環境省地球環境局総務課低炭素社会推進室監修［2017］『日本国温室効果ガスインベントリ報告書2017年』国立環境研究所.
財務省［2017］『報道発表 平成28年分貿易統計（速報）の概要』（http://www.customs.go.jp/toukei/shinbun/trade-st/gaiyo2016.pdf　2017年7月26日閲覧）.
島本実［2014］「エネルギー自給の二つの方法：原子力と再生可能エネルギー」，橘川武郎・安藤晴彦編著『エネルギー新時代におけるベストミックスのあり方――一橋大学からの提言』第一法規，34-50ページ.
本間龍［2016］『原発プロパガンダ』岩波書店.
宮本光雄［2015］『エネルギーと環境の政治経済学――「エネルギー転換」へいたるドイツの道――』国際書院.
山田雅俊［2017］「エネルギー産業と環境経営」，所伸之編著『環境経営とイノベーション』文眞堂，81-100ページ.
Yamada Masatoshi [2017] "Ecological Modernization of Business Management：The Innovation of Environmental Management for Changing into Sustainable Society," in Kappei Hidaka ed., *Industrial Renaissance: New Business Ideas for the Japanese Company*, Chuo University Press, pp. 71-94.

あとがき

　本書の執筆陣の母体となっている産業研究会は，1990年代後半より本格的に集団的研究活動を開始している．研究活動の開始以来，今日まで20年が経過する．その20年の節目を機会にその軌跡を以下に回顧しておきたい．

　産業研究会は，特定の学派に基づく研究集団ではない．自由で民主的な研究を推進することを重視してきた．それだけに当初より，多くのメンバーの研究を収斂していくことは困難な作業であった．こうした問題を抱えつつ，ベルリンの壁の崩壊後の新興国の台頭が顕著となる1996年より1998年までの3年間，故藤井光男教授を研究代表者とし，『東アジアにおける国際分業の進展と技術移転――自動車・電機・繊維産業を中心として――』というテーマで，文部科学省科学研究費補助金を取得し，実態調査を踏まえた本格的な研究活動を始動させた．その研究成果として2000年に，藤井光男編著でミネルヴァ書房より，同名の著書を出版している．

　次に，21世紀に入り，2001年には，故古賀義弘教授を研究代表者として「中国郷鎮企業の経営実態に関する研究」というテーマで，国際総合（日本大学学術助成金）として研究を展開し，藤井光男・丸山恵也編著（2001）『日本の主要産業と東アジア――国際分業の経営史的検証――』八千代出版を発行している．同書は，第二次世界大戦前についての研究も基盤にアジアの中の日本企業の分析を試みている．2003年から2006年かけては，「東アジアの経済発展と中国企業の変貌」というテーマで科学研究費補助金を取得し，研究成果として古賀義弘編著『日本産業と中国経済の新世紀』唯学書房（2004）や『東アジアの経済発展と中国企業の変貌』唯学書房（2010）を発表している．

　その後，2011年には，古賀義弘編著『中国の製造業を分析する』唯学書房（2011）を，2015年には，大西勝明編著『日本産業のグローバル化とアジア』文理閣（2015）を公刊している．海外の研究者の協力をも得ながら，中国研究に重点を置いた研究活動を続けてきた．

　このように科研費を取得し，海外・中国や日本各地での実態調査を実施し，研究成果を発表するという活動スタイルを基軸とした研究活動を進めてきた．本研究会は，多様なメンバーの参画が特徴であり，メンバーには一部入れ替えがあったが，丸山恵也，故古賀義弘を中心に企業に焦点を当てながらも企業にとどまらず産業としての視点を加え，また日本にとどまらずアジアにまで領域を広げた研究活動をしてきた．この間，中国日本経済学会や北京社会科学院とも研究連携を

築いてきている．

　今回の研究の着手は，2015年に始まる．2015年末に，会員に対して新企画に向けたアンケートを実施し，関心のあるテーマを全員で確認する作業を開始した．しかし，会員の自主的な研究活動を重視しつつ，他方で，研究集団としての統一性を持たせることは容易なことではなかった．

　このような作業のなかで，国連の持続可能な開発目標（SDGs）を本書における企画の統一課題に据えて各自が執筆を試みようとしたが，研究の多様性ゆえに，SDGsを統一テーマとして，その下で各自が研究を進めるという形態での著作の発表を成功させることは容易ではなかった．ただ，すべてとはいえないまでも，SDGsを意識した論考がそれなりに含まれていることが本書の特徴となっている．

　この間，工場見学を実施し，合宿研究会を開催して，問題意識の確認や共通の研究基盤形成を模索してきた．また今回の企画の特徴は，当初企画した際のメンバー22名全員が研究成果を発表することになったことである．過去の産業研究会が発行した著書よりも，最多の執筆者で構成されることになった．過去の研究成果報告は，丸山惠也，故古賀義弘を中心に比較的少人数で編集されていたが，今回は，メンバーが若返り，増員され，研究テーマも時宜にかなったもので構成されている．

　メンバーの問題意識や論考を相互に批判検討しながら，一月に1回のペースでの研究会開催を予定してきたが，必ずしも原則通りにはいかなかった．また，当初は，著書の出版を前提としたものではなかったため，22名の問題関心の確認や再検討については，時間的な制約もあり，十分な討議がなされたとはいえなかった．それにもかかわらず，執筆予定者全員が，自身の課題について報告し，討議を経て著作にこぎつけることができた．

　この多様な見解を有する22名が，リベラルな立場で，相互に補完しあいながら，望ましい明日の産業社会を構想しつつ，一つの体系性を有する著書として発表したものが本書である．統一テーマへの迫り方，新たな社会経済現象の分析などに関して積み残した課題は少なくない．それらについては，産業研究会の今後の活動に託していきたい．

2018年3月

編集委員会
大　西　勝　明
小　阪　隆　秀
田　村　八十一

《執筆者一覧》(掲載順，＊は編著者)

村上 研一（むらかみ　けんいち）[第1章]
　1972年生まれ．関東学院大学大学院経済学研究科博士後期課程修了，博士（経済学）．現在，中央大学商学部准教授．「日本の外需依存的再生産構造の特質と変容」『季刊経済理論』第48巻2号，2011年．『海外進出企業の経営現地化と地域経済の再編』（共著），創風社，2011年．『現代日本再生産構造分析』日本経済評論社，2013年．

飯島 正義（いいじま　まさよし）[第2章]
　1955年生まれ．日本大学大学院経済学研究科博士後期課程満期退学．現在，日本大学非常勤講師．「カメラメーカーの経営多角化」『日本カメラ産業の変貌とダイナミズム』日本経済評論社，2006年．「海外生産の全面展開と地域産業——長野県諏訪地域を中心にして」『日本デジタルカメラ産業の生成と発展』日本経済評論社，2015年．『現代日本経済史年表1868〜2015年』（矢部洋三代表編者・共著），日本経済評論社，2016年．

秋保 親成（あきほ　ちかなり）[第3章]
　1975年生まれ．中央大学大学院経済学研究科博士後期課程修了，博士（経済学）．現在，流通経済大学准教授．『グローバル資本主義の構造分析』（共著），中央大学出版部，2010年．『グローバリゼーションと日本資本主義』（共著），中央大学出版部，2012年．『現代日本経済演習』（共著），流通経済大学出版会，2017年．

柴田 徹平（しばた　てっぺい）[第4章]
　1982年生まれ．中央大学大学院経済学研究科博士後期課程修了，博士（経済学）．現在，岩手県立大学社会福祉学部講師．「個人請負就労者の働き方の類型とその特徴——建設業種を事例として」，労務理論学会編『労務理論学会誌　第26号』晃洋書房，2017年．「建設産業における個人請負化の新たな段階とその特徴」，中央大学経済研究所編『中央大学経済研究所年報　第49号』2017年．『建設業一人親方と不安定就業』東信堂，2017年．

＊田村 八十一（たむら　やそかず）[第5章]
　日本大学大学院商学研究科博士後期課程満期退学．現在，日本大学商学部教授．『会計のリラティヴィゼーション』（共著），創成社，2014年．『内部留保の研究』（共著），唯学書房，2015年．「批判的経営分析の可能性と課題」『会計理論学会年報』第31号，2017年．

＊大西 勝明（おおにし　かつあき）[第6章]
　1943年生まれ．専修大学大学院経済学研究科博士課程単位取得退学，商学博士．専修大学名誉教授．『日本半導体産業論——日米再逆転の構図——』森山書店，1994年．『大競争下の情報産業』中央経済社，1998年．『日本情報産業分析——日・韓・中の新しい可能性の追究——』唯学書房，2011年．

丸山 惠也（まるやま　よしなり）[第7章]
　1934年生まれ．専修大学大学院経済学研究科修士課程修了，経営学博士（立教大学）．『日本的経営——その構造とビヘイビア』日本評論社，1989年．『日本的生産システムとフレキシビリティ』日本評論社，1995年．『現代日本の多国籍企業』（編著），新日本出版社，2012年．

＊小阪 隆秀（こさか　たかひで）[第8章]
1948年生まれ．日本大学大学院商学研究科博士後期課程単位取得退学．現在，日本大学商学部教授．『現代企業の構図と戦略』（共編著），中央経済社，1999年．『情報ネットワーク経営』（共編著），ミネルヴァ書房，2001年．「グローバル化における『企業と社会』」，日本比較経営学会編『会社と社会』文理閣，2006年．

那須野公人（なすの　きみと）[第9章]
1954年生まれ．慶應義塾大学大学院商学研究科博士課程単位取得満期退学，博士（経営学）．現在，作新学院大学経営学部教授．『日本のものづくりと経営学――現場からの考察――』（共編著），ミネルヴァ書房，2009年．『アジア地域のモノづくり経営』（共編著），学文社，2009年．「グローバル化と現代のものづくり」，新経営学研究会編『新経営学総論――経営学の新たな展開――』学文社，2015年．

國島 弘行（くにしま　ひろゆき）[第10章]
1955年生まれ．明治大学大学院経営学研究科博士後期課程単位取得退学．現在，創価大学経営学部教授．『「社会と企業」の経営学――新自由主義的経営から社会共生的経営へ』（共編著），ミネルヴァ書房，2009年．「日本企業の危機と株主価値志向経営――日本的経営の解体と再生をめぐって――」，日本経営学会『経営学論集』第84集，2014年．「現代の「鉄の檻」としてのアメリカ大企業――株主価値志向コーポレート・ガバナンス批判――」，市民科学研究所『市民の科学』第8号，2015年．

高橋　衛（たかはし　まもる）[第11章]
1962年生まれ．立教大学大学院経済学研究科博士課程後期課程単位修得．現在，常葉大学経営学部教授．『日本産業のグローバル化とアジア』（共著）文理閣，2015年．

谷江 武士（たにえ　たけし）[第12章]
1945年生まれ．駒澤大学大学院商学研究科博士課程単位取得退学，博士（商学）．名城大学名誉教授．『ユーゴ会計制度の研究――所得分配会計変遷史――』大月書店，2000年．『事例でわかるグループ企業の経営分析』中央経済社，2009年．『内部留保の研究』（共編），唯学書房，2015年．

岩波 文孝（いわなみ　ふみたか）[第13章]
1964年生まれ．立命館大学大学院経営学研究科博士後期課程修了，博士（経営学）．現在，駒澤大学経済学部教授．「会社支配論とコーポレート・ガバナンス」，海道ノブチカ・風間信隆編『コーポレート・ガバナンスと経営学』ミネルヴァ書房，2009年．「アメリカにおける金融危機とコーポレート・ガバナンス改革」，日本比較経営学会編『比較経営研究』（日本比較経営学会誌），第36号，2012年．「ブラジル株式市場とコーポレート・ガバナンス」，日本経営学会編『経営学論集第86集　株式会社の本質を問う――21世紀の企業像』千倉書房，2016年．

小林 世治（こばやし　せいじ）[第14章]
1951年生まれ．京都大学大学院経済学研究科博士課程単位取得退学．元日本大学教授．「下請法と『優越的地位の濫用』規制の新動向」『中小商工業研究』第112号，2012年．「縮小する都市型工業集積と中小企業」『経済』2014年12月．「大田区・工業集積における企業規模階層構成」『日本大学大学院総合社会情報研究科紀要』No. 17，2016年．

菊地　進（きくち　すすむ）[第15章]
1949年生まれ．立教大学大学院経済学研究科修士課程修了．『格差社会の統計分析』（共編著），北海道大学出版，2009年．『輝きに満ちたまち　東温市を支える中小企業』（共編著），三恵社，2014年．『経済系のための情報活用1・2』（共編著），実教出版，2015年．

山本 篤民（やまもと　あつたみ）[第16章]
1973年生まれ．駒澤大学大学院経済学研究科博士課程満期退学．現在日本大学商学部准教授．『日本中小企業研究の到達点』（共著），同友館，2010年．『中小企業の国際化戦略』（共著），同友館，2012年．『21世紀中小企業のネットワーク組織』（共著），同友館，2017年．

渡部いづみ（わたなべ　いづみ）[第17章]
帝京大学大学院経済学研究科後期博士課程単位取得退学．現在，浜松学院大学現代コミュニケーション学部教授．『中国の製造業を分析する——繊維・アパレル，鉄鋼，自動車，造船，電機・機械』（共著），唯学書房，2011年．『ナイン・センス　九つの思考空間——マネジメントと地域産業を考える』（共著），静岡学術出版，2011年．『日本産業のグローバル化とアジア』（共著），文理閣，2015年．

熊坂 敏彦（くまさか　としひこ）[第18章]
1951年生まれ．東北大学経済学部卒業．現在，専修大学商学部非常勤講師，昭和女子大学現代ビジネス研究所研究員．『茨城産業見聞録——地域産業革新への取組み——』筑波銀行総合企画部調査広報室，2012年．『日本産業のグローバル化とアジア』（共著），文理閣，2015年．

内野 一樹（うちの　かずき）[第19章]
慶應義塾大学大学院商学研究科後期博士課程単位取得退学．現在，立教大学経済学部教授．『社会化の会計——すべての働く人のために——』（共編著），創成社，2011年．『経済成長の幻想——新しい経済社会に向けて——』（共編著），創成社，2015年．『勘定理論の可能性——批判的勘定理論の継承と発展に向けて——』（共著），会計論学会，2017年．

賈　　曄（か　よう）[第20章]
1963年生まれ．立教大学大学院経済学研究科博士後期課程単位取得退学．現在，東京国際大学商学部教授．「中国における雇用システムの変遷と労働契約法の制定」『東京国際大学論叢　商学部編』第79号，2009年．『中国の製造業を分析する——繊維・アパレル，鉄鋼，自動車，造船，電機・機械』（共著），唯学書房，2011年．『日本産業のグローバル化とアジア』（共著），文理閣，2015年．

所　伸之（ところ　のぶゆき）[第21章]
1960年生まれ．中央大学大学院商学研究科博士課程後期単位取得退学，博士（経営学）．現在，日本大学商学部教授．『ドイツにおける労働の人間化の展開』（単著），白桃書房，1999年．『進化する環境経営』（単著），税務経理協会，2005年．『環境経営とイノベーション——経済と環境の調和を求めて——』（編著），文眞堂，2017年．

山 田 雅 俊（やまだ　まさとし）[第22章]
　1976年生まれ．中央大学大学院商学研究科博士課程後期課程修了，博士（経営学）．現在，玉川大学経営学部教授．「環境経営における経営戦略の機能」中央大学博士論文，2010年．"Ecological Modernization of Business Management: The Innovation of Environmental Management for Changing into Sustainable Society," in Kappei Hidaka ed., *Industrial Renaissance: New Business Ideas for the Japanese Company,* Chuo University Press, 2017．「環境経営の研究方法論——環境経営システムという視点——」，工業経営研究学会『工業経営研究』第31巻 No.2，2017年．

現代の産業・企業と地域経済
——持続可能な発展の追究——

2018年5月20日	初版第1刷発行	＊定価はカバーに表示してあります

編著者の了解により検印省略	編著者	大西　勝明
		小阪　隆秀
		田村八十一
	発行者	植田　　実
	印刷者	田中　雅博

発行所　株式会社　晃洋書房

〒615-0026　京都市右京区西院北矢掛町7番地
電話　075(312)0788番(代)
振替口座　01040-6-32280

装丁　野田和浩　　印刷・製本　創栄図書印刷(株)

ISBN978-4-7710-2975-0

JCOPY 〈(社)出版者著作権管理機構 委託出版物〉

本書の無断複写は著作権法上での例外を除き禁じられています．複写される場合は，そのつど事前に，(社)出版者著作権管理機構(電話 03-3513-6969, FAX 03-3513-6979, e-mail: info@jcopy.or.jp)の許諾を得てください．